Michael Schnelle

# Rund um Hamburg

## Holsteinische Schweiz bis Lüneburger Heide

60 ausgewählte Touren

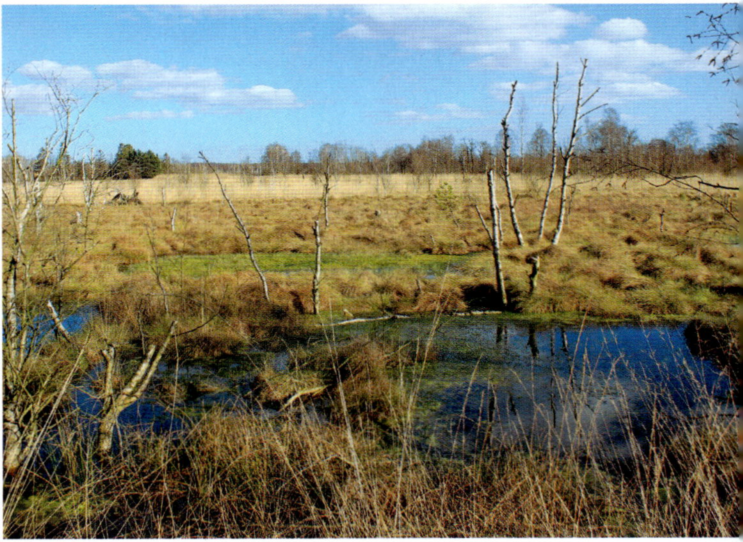

# VORWORT

Die idyllischen Naturlandschaften um Hamburg laden nicht nur zum Radfahren, sondern gerade auch zum Wandern ein. Hohe Berge gibt es natürlich nicht, aber die Eiszeiten haben ein hügeliges, abwechslungsreiches Gelände hinterlassen, bei dem der Wanderer durchaus ins Schwitzen kommen kann. So erreichen der Bungsberg als höchste Erhebung in Schleswig-Holstein 167 Meter und der Wilseder Berg in der Lüneburger Heide 169 Meter. Zu den Höhepunkten gehören aber auch Wanderungen entlang der Elbe, durch romantische Flusstäler, entlang einsamer Waldseen oder durch die ursprünglichen Landschaften Mecklenburgs.

Ausgedehnte Wälder und viele Seen prägen etwa die Landschaft in Schleswig-Holstein und Mecklenburg. Nicht wegzudenken sind auch die zahlreichen Knicks: Baum- und Buschreihen mit Wegen dazwischen, die den Wind abbremsen, positiven Einfluss auf den Wasserhaushalt haben und wertvollen Lebensraum für Pflanzen und Tiere bieten. Trockene Böden, Kiefern- und Birkenwälder mit eingestreuten Heideflächen sind dagegen charakteristisch für die Lüneburger Heide – ebenso wie die Heidschnucken, eine klein gewachsene, genügsame Schafrasse, die man aber eher selten sieht. Weite Flächen sind als Naturparks oder Naturschutzgebiete ausgewiesen.

Viele der beschriebenen Wege sind Wanderern vorbehalten und per Fahrrad nicht befahrbar. Andererseits ist es nicht immer möglich, abseits von Asphaltwegen zu laufen. Längst sind nicht alle Wege markiert, sodass Sie sich strikt an die Beschreibungen im Buch halten sollten. So möge dieser Wanderführer ein nützlicher und zuverlässiger Wegbegleiter sein.

Die nunmehr vorliegende vierte Auflage wurde umfangreich überarbeitet, Streckenverläufe geändert, Wanderrouten herausgenommen, andere hinzugefügt und die Anzahl der Tourenvorschläge auf 60 erhöht.

Mit einem herzlichen »Moin, Moin« wünsche ich Ihnen schöne Wandererlebnisse in der Umgebung von Hamburg!

Hamburg, im Februar 2021                                    Michael Schnelle

## LIEBE LESERINNEN UND LESER,

infolge der Corona-Krise können sich Änderungen ergeben haben, die bei Redaktionsschluss noch nicht absehbar waren. Soweit möglich, werden wir aktuelle Hinweise unter www.rother.de (beim Buch) zur Verfügung stellen. Bitte informieren Sie sich vor der Wanderung zusätzlich über die derzeitigen Gegebenheiten.
Sollten Sie geänderte Gegebenheiten vor Ort feststellen, freuen wir uns über Korrekturhinweise per E-Mail an leserzuschrift@rother.de.

*Baumblüte am Krückau-Wanderweg (Tour 5).*

# INHALTSVERZEICHNIS

**Vorwort** . . . . . . . . . . . . . . . . . . . . . . . . . . . . . . . . . . . . . . . . . . . . . . . . . . . . . . . . . . . . . . . . 3
**Übersichtskarte** . . . . . . . . . . . . . . . . . . . . . . . . . . . . . . . . . . . . . . . . . . . . . . . . . . . . . . . . 6
**Top-Touren** . . . . . . . . . . . . . . . . . . . . . . . . . . . . . . . . . . . . . . . . . . . . . . . . . . . . . . . . . . . 8
**Allgemeine Hinweise** . . . . . . . . . . . . . . . . . . . . . . . . . . . . . . . . . . . . . . . . . . . . . . . . . 10
    Schwierigkeitskategorien . . . . . . . . . . . . . . . . . . . . . . . . . . . . . . . . . . . . . . . . . 10
    Symbole . . . . . . . . . . . . . . . . . . . . . . . . . . . . . . . . . . . . . . . . . . . . . . . . . . . . . . . . . 11
    GPS-Tracks und Koordinaten der Ausgangspunkte . . . . . . . . . . . . . . . . . . 12
**Wandern rund um Hamburg** . . . . . . . . . . . . . . . . . . . . . . . . . . . . . . . . . . . . . . . . . . 16
**Informationen und Adressen** . . . . . . . . . . . . . . . . . . . . . . . . . . . . . . . . . . . . . . . . . 22

| | | | |
|---|---|---|---|
| | **1** | 3.45 h | Im Norden von Wedel. . . . . . . . . . . . . . . . . . . . . . . . . . . . . . . . . . . . 26 |
| | **2** | 3.30 h | Von Sülldorf nach Halstenbek . . . . . . . . . . . . . . . . . . . . . . . . . . . 30 |
| | **3** | 3.30 h | Breitenburger Wald und Stör . . . . . . . . . . . . . . . . . . . . . . . . . . . . 34 |
| | **4** | 3.45 h | Von Voßloch nach Dauenhof . . . . . . . . . . . . . . . . . . . . . . . . . . . . 37 |
| | **5** | 3.30 h | Von Barmstedt nach Elmshorn . . . . . . . . . . . . . . . . . . . . . . . . . . 40 |
| | **6** | 3.00 h | Rund um das Himmelmoor . . . . . . . . . . . . . . . . . . . . . . . . . . . . . 44 |
| TOP | **7** | 4.00 h | Im Naturpark Aukrug . . . . . . . . . . . . . . . . . . . . . . . . . . . . . . . . . . . 46 |
| | **8** | 2.30 h | Im Nordosten von Bad Bramstedt. . . . . . . . . . . . . . . . . . . . . . . 50 |
| TOP | **9** | 4.15 h | Zwischen Einfeld und Bordesholm . . . . . . . . . . . . . . . . . . . . . . 54 |
| | **10** | 4.00 h | Von Meeschensee nach Duvenstedt . . . . . . . . . . . . . . . . . . . . . 58 |
| | **11** | 3.45 h | Zwischen Ohlstedt und Rade . . . . . . . . . . . . . . . . . . . . . . . . . . . . 62 |
| | **12** | 4.15 h | Rund um den Segeberger See . . . . . . . . . . . . . . . . . . . . . . . . . . . 66 |
| TOP | **13** | 4.00 h | Von Reinfeld nach Bad Oldesloe . . . . . . . . . . . . . . . . . . . . . . . . 70 |
| TOP | **14** | 4.15 h | Von Eutin nach Plön . . . . . . . . . . . . . . . . . . . . . . . . . . . . . . . . . . . . 74 |
| | **15** | 4.15 h | Zwischen Eutin und Ukleisee . . . . . . . . . . . . . . . . . . . . . . . . . . . . 78 |
| | **16** | 4.00 h | Von Schönwalde auf den Bungsberg . . . . . . . . . . . . . . . . . . . . 82 |
| | **17** | 3.30 h | Von Lensterstrand zum Kloster Cismar . . . . . . . . . . . . . . . . . . 85 |
| | **18** | 3.15 h | Von Haffkrug nach Pansdorf . . . . . . . . . . . . . . . . . . . . . . . . . . . . 88 |
| | **19** | 4.15 h | Von Lübeck-Kücknitz nach Bad Schwartau . . . . . . . . . . . . . . 92 |
| | **20** | 3.45 h | Von Pogeez nach Lübeck . . . . . . . . . . . . . . . . . . . . . . . . . . . . . . . . 96 |
| | **21** | 5.00 h | Rund um Grevesmühlen . . . . . . . . . . . . . . . . . . . . . . . . . . . . . . . 100 |
| TOP | **22** | 4.00 h | Von Rehna nach Gadebusch . . . . . . . . . . . . . . . . . . . . . . . . . . . 104 |
| | **23** | 2.45 h | Rund um Lütjensee . . . . . . . . . . . . . . . . . . . . . . . . . . . . . . . . . . . . 108 |
| | **24** | 5.15 h | Zwischen Ratzeburger und Behlendorfer See . . . . . . . . . . 111 |
| | **25** | 5.30 h | Zwischen Ratzeburger und Mechower See . . . . . . . . . . . . 114 |
| | **26** | 3.45 h | Von Trittau auf den Hahnheider Berg . . . . . . . . . . . . . . . . . . 119 |
| | **27** | 5.00 h | Im Norden von Mölln . . . . . . . . . . . . . . . . . . . . . . . . . . . . . . . . . 122 |
| | **28** | 4.30 h | Seen-Runde im Süden von Mölln. . . . . . . . . . . . . . . . . . . . . . 126 |
| | **29** | 2.15 h | Von Gudow nach Güster . . . . . . . . . . . . . . . . . . . . . . . . . . . . . . . 129 |
| TOP | **30** | 4.15 h | Zwischen Schaalsee und Boissower See . . . . . . . . . . . . . . . 132 |
| | **31** | 4.15 h | Sachsenwald und Billetal. . . . . . . . . . . . . . . . . . . . . . . . . . . . . . 136 |
| | **32** | 4.45 h | Von Aumühle nach Geesthacht . . . . . . . . . . . . . . . . . . . . . . . 140 |
| TOP | **33** | 3.45 h | Von Geesthacht nach Lauenburg. . . . . . . . . . . . . . . . . . . . . . 144 |

| | | | |
|---|---|---|---|
| **34** | 5.15 h | Zwischen Lauenburg und Boizenburg | 148 |
| **35** | 3.30 h | Rundwanderung bei Bleckede | 152 |
| TOP **36** | 5.30 h | Von Hitzacker nach Neu Darchau | 156 |
| **37** | 4.00 h | Von Hitzacker nach Dannenberg | 162 |
| **38** | 4.30 h | Stippvisite in den Rundlingsdörfern | 166 |
| **39** | 6.45 h | Auf dem Jakobsweg von Bardowick nach Bienenbüttel | 170 |
| **40** | 4.15 h | Von Bienenbüttel nach Bad Bevensen | 176 |
| **41** | 5.15 h | Kanalerlebnis zwischen Bad Bevensen und Uelzen | 180 |
| **42** | 3.30 h | In den Wierener Bergen | 184 |
| **43** | 5.15 h | Im Hardautal | 188 |
| **44** | 5.00 h | Von Radbruch nach Lüneburg | 192 |
| **45** | 5.00 h | Von Salzhausen nach Winsen (Luhe) | 196 |
| **46** | 4.00 h | Von Undeloh zum Wilseder Berg | 200 |
| **47** | 3.45 h | Von Klecken nach Holm-Seppensen | 204 |
| **48** | 5.00 h | Von Wintermoor nach Hanstedt | 208 |
| **49** | 5.30 h | Durch das Böhmetal | 212 |
| TOP **50** | 3.30 h | Auf den Brunsberg | 216 |
| **51** | 3.45 h | Rundwanderung in den Harburger Bergen | 220 |
| **52** | 4.30 h | Durch den Regionalpark Rosengarten | 224 |
| **53** | 5.15 h | Von Rotenburg (Wümme) zu den Bullenseen | 228 |
| **54** | 2.30 h | Zwischen Fintau und Wümme | 232 |
| TOP **55** | 5.00 h | Von Kakenstorf nach Moisburg | 236 |
| **56** | 5.45 h | Rund um Zeven | 242 |
| **57** | 3.30 h | Rundwanderung Buxtehude – Neukloster | 247 |
| **58** | 3.45 h | Im Westen von Horneburg | 252 |
| **59** | 6.15 h | Auf der Via Romea von Stade nach Harsefeld | 256 |
| **60** | 5.00 h | Auf den Deutschen Olymp und zum Balksee | 262 |

**Stichwortverzeichnis** 266

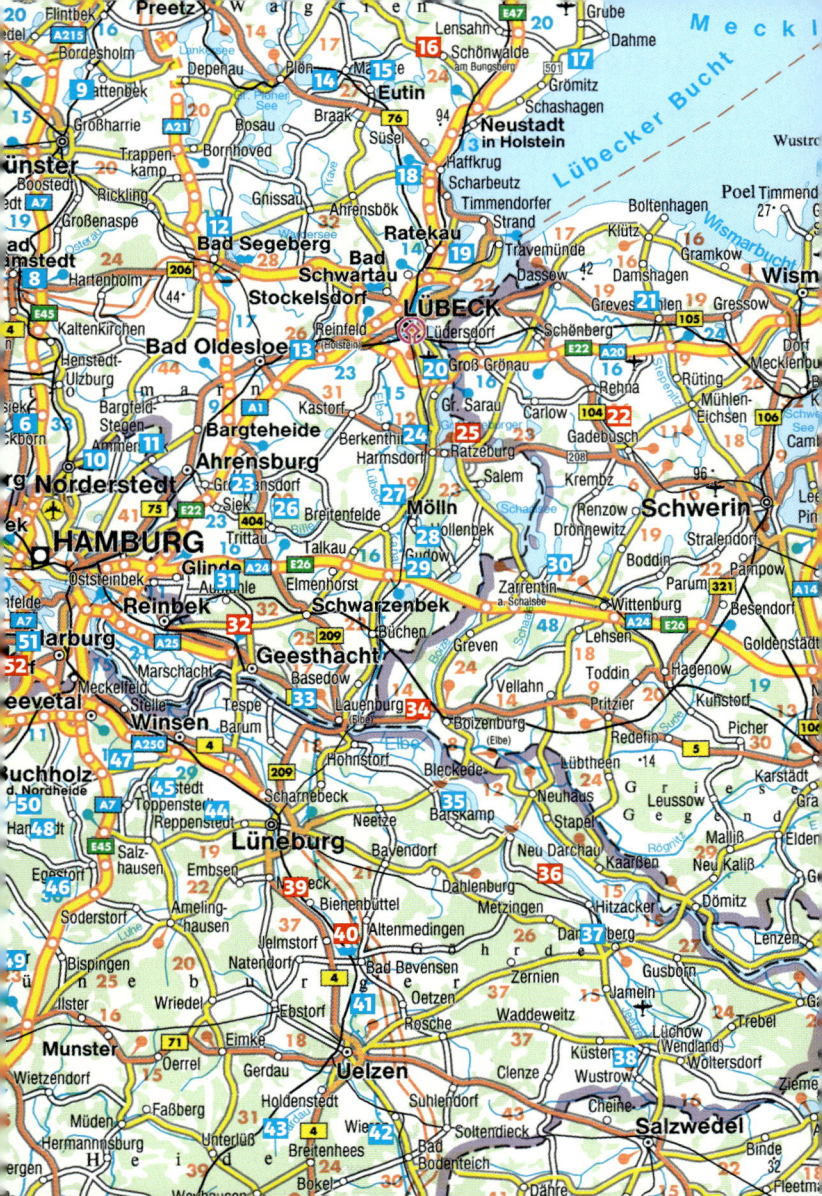

# TOP-TOUREN

### Im Naturpark Aukrug
Der aussichtsreiche Boxberg mit Heideflächen, urwüchsige Wälder und Teiche bestimmen die Wanderung im Naturpark Aukrug. *(Tour 7, 4.00 Std.)*

### Reinfeld/Holstein – Bad Oldesloe
Erlebnis Stormarnweg, Teilstrecke eines Jakobswegs, der von Usedom über Hamburg weiter nach Santiago de Compostela führt: Fischteiche, Wälder und die Trave. *(Tour 13, 4.00 Std.)*

### Eutin – Plön
Von Schloss zu Schloss und entlang herrlicher Seen im Naturpark Holsteinische Schweiz. *(Tour 14, 4.15 Std.)*

### Von Rehna nach Gadebusch
Naturnahe Wanderung im urwüchsigen Tal der Radegast, dazu ein ehemaliges Kloster und ein historischer Bahnhof – ein Geheimtipp in Mecklenburg. *(Tour 22, 4.00 Std.)*

### Zwischen Einfeld und Bordesholm – im Dosenmoor
Ursprüngliche Binnenseen, unter Denkmalschutz stehende Bauernhöfe und das besterhaltene Hochmoor Schleswig-Holsteins, wo bis 1975 noch Torf gestochen wurde. *(Tour 9, 4.15 Std.)*

### Im Biosphärenreservat Schaalsee
Naturerlebnis bei Zarrentin: Wälder, Wasser, Vögel und mehr. *(Tour 30, 4.15 Std.)*

**Geesthacht – Lauenburg/Elbe**
Entlang des Hohen Elbufers über die historische Salzstraße in die alte Schifferstadt Lauenburg/Elbe mit Gebäuden aus dem 17. bis 19. Jh. *(Tour 33, 3.45 Std.)*

**Von Kakenstorf nach Moisburg**
Regionalpark Rosengarten: Unterwegs im naturbelassenen Estetal. *(Tour 55, 5.00 Std.)*

**Von Hitzacker nach Neu Darchau**
Fantastische Elbblicke im Naturpark Elbufer-Drawehn. *(Tour 36, 5.30 Std.)*

**Von Handeloh nach Buchholz/Nordheide**
Naturerlebnis Heide mit Top-Aussicht vom Brunsberg, wegen seines kurzen, steilen An- und Abstiegs auch gern Kilimandscharo der Heide genannt *(Tour 50, 3.30 Std.).*

# ALLGEMEINE HINWEISE

**Anforderungen**
Besucher aus den Alpenregionen werden über die »Berge« in der Hamburger Umgebung vermutlich lächeln. Dennoch hat die Eiszeit viele kleine Hügel zurückgelassen, und es gibt durchaus Wege mit einem ständigen Auf und Ab. So kann der Wanderer auch in Norddeutschland ins Schwitzen kommen. Wirklich schwierige Wege gibt es allerdings nicht, jedoch einige, die als mühsam zu bezeichnen sind, z.B. kurze Strecken im weglosen Gelände oder auch Wege mit feinem Sand in der Lüneburger Heide.
Die Weglängen liegen zwischen 10 und 27 km, sodass die Touren unterschiedlichen Ansprüchen gerecht werden.
Bei eventuell auftauchenden Orientierungsschwierigkeiten im Gelände hilft für eine grobe Richtungsbestimmung die Uhr: Richten Sie den kleinen Zeiger auf die Sonne und fällen Sie das Lot zwischen kleinem Zeiger und der Zwölf. Dort liegt der Süden, gegenüberliegend naturgemäß der Norden. Bei Nebel können ein Kompass oder GPS-Gerät hilfreich sein.
Die Summe der Anforderungen, die eine Tour unter normalen Bedingungen umfasst, drückt sich in der Farbe der Tournummer aus. Dabei werden in den Rother Wanderführern normalerweise drei Stufen unterschieden und mit den Farben Blau, Rot und Schwarz gekennzeichnet. Fast alle Wanderungen in der Umgebung von Hamburg sind der Farbe BLAU = leicht zugeordnet. Soweit einige Touren mit ROT = Mittel gekennzeichnet sind, können natürlich nicht alpine Maßstäbe angelegt werden.

## SCHWIERIGKEITSKATEGORIEN

**■ = Leicht**
Diese Wege sind meistens breit, auch als Pfad bereiten sie keine Schwierigkeiten und sind daher auch bei Schlechtwetter relativ problemlos zu begehen. Sie können auch von Kindern und älteren Menschen ohne große Gefahr benutzt werden. Bitte beachten Sie jedoch trotzdem, dass Wanderungen mit einer Länge von über 20 km, von denen einige im Buch zu finden sind, für ungeübte Wanderer eine große Herausforderung sein können und entsprechende Kondition erfordern!

**■ = Mittel**
Diese Wege können auf einigen Passagen durch häufigen Richtungswechsel oder durch nicht vorhandene bzw. nicht eindeutige Markierung höhere Anforderungen an das Orientierungsvermögen stellen. Auch ein häufiges Auf und Ab im von der Eiszeit geprägten Gelände kann über einen längeren Zeitraum herausfordernd sein. Speziell in den Geestgebieten, insbesondere in der Lüneburger Heide, kommen auch Abschnitte hinzu, die aufgrund des Sanduntergrunds sehr mühsam zu begehen sind.

## SYMBOLE

**Symbole im Tourenkopf**
- Mit Bahn/Bus erreichbar
- Einkehrmöglichkeit unterwegs
- für Kinder geeignet

**Symbole im Streckenprofil**
- Ort mit Einkehrmöglichkeit
- Gasthaus, Café, Imbiss
- Rasthütte, Unterstand
- Bushaltestelle
- Bahnhof/S-Bahn-Haltestelle
- Schiffsanlegestelle
- eingerichteter Parkplatz
- Brücke
- Kirche, Kapelle, Kloster
- Burg, Schloss
- Denkmal, Gedenkstein
- Aussichtsturm
- Aussichtsplatz
- Picknickplatz, Ruhebank
- Quelle
- Badestrand, -wiese
- Abzweig

### Ausrüstung
Auch in Norddeutschland gehört festes Schuhwerk mit Profilsohle, mindestens sogenannte Halbwanderschuhe, zu den unerlässlichen Voraussetzungen. Außerdem sollte man eine der Witterung angepasste bequeme Kleidung tragen und Rucksack, Regen- oder Sonnenschutz, Proviant, genügend Flüssigkeit sowie Verbandszeug und ein Handy dabeihaben.

### Gehzeit
Die Gehzeiten beziehen sich auf ein durchschnittliches Tempo von vier Kilometern pro Stunde auf guten, ebenen Wegen und von zwei bis drei Kilometern an Steigungsstücken oder auf schlechten Pfaden. In den Zeitangaben sind keine Pausen und Besichtigungen enthalten. Für Sehenswürdigkeiten sollte man immer genügend Zeit einplanen!

### Wegmarkierungen
Die Wegmarkierungen werden meist ehrenamtlich vorgenommen, das kann aber auch schon vor vielen Jahren erfolgt und daher nicht immer eindeutig sein. An das ehrenamtliche Engagement sollte man denken, wenn man mit der Qualität der Markierung nicht zufrieden ist! Die in den Wanderkarten angegebenen Weg-

*Wegweiser beim Dosenmoor (Tour 9).*

## GPS-TRACKS UND KOORDINATEN DER AUSGANGSPUNKTE

Zu diesem Wanderführer stehen auf www.rother.de GPS-Tracks und Koordinaten der Ausgangspunkte zum kostenlosen Download bereit.
**4. Auflage**, Passwort: 431404hPd
Sämtliche GPS-Daten wurden vom Autor auf einer digitalen Karte erfasst. Verlag und Autor haben die Tracks und Wegpunkte nach bestem Wissen und Gewissen überprüft. Dennoch können wir Fehler oder Abweichungen nicht ausschließen, außerdem können sich die Gegebenheiten vor Ort zwischenzeitlich verändert haben. GPS-Daten sind zwar eine hervorragende Planungs- und Navigationshilfe, erfordern aber nach wie vor sorgfältige Vorbereitung, eigene Orientierungsfähigkeit sowie Sachverstand in der Beurteilung der jeweiligen (Gelände-)Situation. Man sollte sich für die Orientierung auch niemals ausschließlich auf GPS-Gerät und -Daten verlassen.

markierungen stimmen häufig mit der Wirklichkeit nicht überein. Dafür findet man vor Ort manchmal ganz andere Bezeichnungen.
Die Fernwanderwege sind immer mit dem sogenannten Andreaskreuz, einem »X«, gekennzeichnet. Die Qualität ist hier in der Regel als gut zu bezeichnen. Ganz anders verhält es sich allerdings mit zahlreichen lokalen Wanderwegen, wo die Markierung vielfach so verblasst ist, dass man sie kaum noch findet, stellenweise fehlt sie ganz. Bei einigen Touren werden auch Wege beschrieben, die überhaupt nicht markiert sind und somit höhere Anforderungen an die Orientierung stellen. Eine Ausnahme dazu bilden Wander- und Spazierwege in Hamburg oder den angrenzenden Gemeinden. Diese Wege sind mit einem gelben Pfeil markiert und einer Richtungsangabe versehen, z.B. »Ki« für Kiekeberg oder »Au« für Aumühle.

### Fernwanderwege
Das Gebiet rund um Hamburg ist von mehreren Fernwanderwegen (FWW) durchzogen, von denen Teilstrecken im Buch als Tagestour beschrieben sind. In der Regel sind die FWW gut ausgewählte Routen abseits größerer Straßen und mit ausreichender Markierung. Dazu zählen die Europäischen Fernwanderwege E1 (Norwegen – Italien), E6 (Finnland – Türkei) und E9 (Portugal – Estland). Hinzu kommen inzwischen zahlreiche Jakobswege, die mit der typischen Muschel markiert sind. Weitere Fernwanderwege sind beispielsweise der Weg Schlei-Eider-Elbe (Schleswig – HH-Blankenese), der Freudenthalweg (HH-Appelbüttel – Walsrode) und natürlich auch der vielfach als Qualitätswanderweg prämierte Heidschnuckenweg (Hamburg-Fischbek – Celle).

### Radwandern
In Norddeutschland ist der Radsport naturgemäß weit verbreitet. Wenngleich sich dieses Buch an Wanderer wendet, sind nachfolgend die Touren aufgelistet, die nach Einschätzung des Autors zu mindestens 95 % auch

mit einem normalen Tourenfahrrad befahren werden können. Kleinere Schiebestrecken oder Umwege sind trotzdem einzukalkulieren. Mit einem gewöhnlichen Tourenfahrrad sind somit nachfolgende Wanderrouten benutzbar: 1, 2, 5, 8–11, 13, 14, 17–20, 24, 25, 28, 37, 38, 41, 45, 48, 49, 56–60.

**Land- und Wanderkarten sowie ergänzende Literatur**
Die Anzahl der Wanderkarten verschiedener Verlage für Hamburg und seine Umgebung ist in den letzten Jahren weiter gestiegen, sodass Sie für eine Region meist mehrere Kartenwerke zur Auswahl haben. Bitte informieren Sie sich im Internet oder persönlich in der Buchhandlung Ihrer Wahl. Jede Buchhandlung bestellt Ihnen kurzfristig von Ihnen gewünschte, aber vielleicht nicht vorrätige Karten. Achten Sie jedoch darauf, dass Sie möglichst eine Karte im Maßstab 1:50.000 auswählen sollten oder noch genauer. Eine besonders große Auswahl bietet Deutschlands größte geografische Buchhandlung im Herzen von Hamburg:
Dr. Götze Land und Karte GmbH, Alstertor 14–18, 20095 Hamburg, Tel. +49 40 357463-0, Fax -44, www.landundkarte.de.
Wer sich ausführlicher über Land und Leute informieren möchte, der findet im Internet oder in den einschlägigen Buchhandlungen reichlich Literatur über Hamburg und seine Umgebung. Einige dieser Werke stammen ebenfalls aus der Feder des Wanderbuch-Autors.

*Radfahrer in der Wedeler Au (Tour 1).*

# Der Umwelt zuliebe ...

Auch als Wanderer hinterlassen wir einen ökologischen Fußabdruck, aber im Einklang mit der Natur unterwegs zu sein, ist gar nicht so schwer!

### VORBEREITUNG UND ANFAHRT
- Sich vorab informieren, worauf in Bezug auf Natur und Umwelt in der jeweiligen Wanderregion besonders zu achten ist.
- Soweit möglich mit Bus und Bahn anreisen, Wander- und Rufbusse nutzen.
- Ist eine Anfahrt mit dem Auto nötig, Fahrgemeinschaften bilden.
- Bei weiten Anfahrten Mehrtagestouren planen oder von einem Quartier vor Ort aus mehrere Touren absolvieren.
- Flugreisen möglichst reduzieren und durch Beiträge zu Klimaschutzprojekten kompensieren.

### KLEIDUNG UND AUSRÜSTUNG
- Beim Kauf von Outdoor-Kleidung auf umweltfreundliche und faire Herstellung achten und Kleidungsstücke möglichst viele Jahre nutzen.
- Ausrüstung kann man eventuell auch gebraucht kaufen oder ausleihen.
- Reparieren statt neu kaufen.

### VERPFLEGUNG
- Beim Einkauf Bio-Ware, regionale und saisonale Erzeugnisse bevorzugen.
- Hütten und Gasthäuser auswählen, die regionale Produkte verwenden.
- Auf Einwegflaschen und Plastikverpackungen verzichten, stattdessen wiederverwendbare Trinkflaschen und Brotzeitboxen verwenden.

### ÜBERNACHTUNG
- Bei lokalen Anbietern buchen, damit Menschen vor Ort profitieren.
- Auf Hütten und in anderen Unterkünften Strom und Wasser sparen.

### UNTERWEGS
- Wege benutzen und Abkürzer vermeiden.
- Sperrungen von Wegen und Schutzgebieten respektieren.
- Wiesen und Felder in der Nutzzeit nur auf Wegen betreten.
- Keine Blumen pflücken und keine Pflanzen entnehmen.
- Waldbrandgefahr beachten.
- Müll wieder mit nach Hause nehmen und dort entsorgen.
- Toilettengänge in freier Natur möglichst vermeiden.
- Lärm vermeiden.
- Hunde an die Leine nehmen.

## Wandervereine und weitere Gruppenangebote

Wandern ist längst keine Betätigung nur für ältere Menschen mehr, denn auch Jüngere und Familien mit Kindern finden zunehmend Spaß daran. Dies zeigt sich auch an den Mitgliedszahlen der verschiedenen Wandervereine oder Freizeitgruppen, die Wandertouren in der Umgebung anbieten.

Regelmäßige Wanderungen in Hamburg und Umgebung bieten u.a. folgende Vereine an (ohne Anspruch auf Vollständigkeit):

- Deutscher Alpenverein, Sektion Hamburg und Niederelbe, Döhrnstraße 4, 22529 Hamburg (mit Ortsgruppen in Buchholz, Lüneburg und Stade), Tel. +49 40 60088888, Fax +49 40 60088888-7, info@alpenverein-hamburg.de, www.dav-hamburg.de.
- Naturschutzbund Deutschland, Landesverband Hamburg, Klaus-Groth-Straße 21, 20535 Hamburg, Tel. +49 40 697089-0, Fax +49 40 697089-19, info@NABU-Hamburg.de, www.hamburg.nabu.de.
- Wanderverband Norddeutschland, Nordkanalstraße 52, 20097 Hamburg, Tel. +49 40 23686587, Fax +49 40 23686588, info@wanderverband-norddeutschland.de, www.wanderverband-norddeutschland.de. Veranstalter der zahlreichen Wanderungen sind die Mitgliedsvereine in Norddeutschland, u.a. in Hamburg, Buchholz, Elmshorn und Lüneburg. Die Adressen dieser Vereine finden Sie auf der Homepage des Wanderverbandes.

*Wanderer vor der Info-Tafel am Bahnhof von Hitzacker (Tour 37).*

Möchten Sie nicht allein, sondern begleitet im kleineren Kreis wandern, bieten sich, allerdings gegen Entgelt, auch die zertifizierten Wanderführer des Deutschen Wanderverbandes (DWV) – wie der Autor – an, die entweder eine eigene Homepage unterhalten oder über die Tourist-Büros gebucht werden können. Auch der Reiseveranstalter Frosch Sport Reisen bietet über seine Homepage (www.frosch-sportreisen.de) regelmäßig gegen ein kleines Entgelt Tagestouren in der Hamburger Umgebung an.

# WANDERN RUND UM HAMBURG

Hamburg ist das geografische Zentrum des vorliegenden Wanderführers, der außerdem den Südteil des Bundeslandes Schleswig-Holstein umfasst, den Nordosten Niedersachsens und einen Teil von West-Mecklenburg. Die Wandertouren liegen bis zu 100 km von Hamburgs Stadtgrenze entfernt.

## Hamburg – eine grüne Stadt stellt sich vor

Mit über 1,8 Mio. Einwohnern ist Hamburg nach Berlin zweitgrößte Stadt Deutschlands und ein selbstständiges Bundesland. Zur Fläche von 755 km² zählen auch die Nordseeinseln Neuwerk und Scharhörn. Von der gesamten Fläche entfallen 9 % auf öffentliche Grünflächen und 5 % auf Wald, ferner 8 % auf Wasserflächen wie Alster und Elbe sowie Kanäle und Teiche. Es gibt rund 120 Parks, aber auch fast 2400 Brücken, womit Hamburg vor Amsterdam und Venedig brückenreichste Stadt der Welt ist; außerdem auch eine der am weitläufigsten besiedelten Millionenstädte.

Obwohl 100 km von der Elbmündung entfernt gelegen, verfügt Hamburg über den größten deutschen Seehafen, einen der größten der Welt überhaupt. Im ehemaligen Freihafengebiet werden Waren aus vielen Ländern der Welt gelagert und weiterbefördert. Die Landungsbrücken sind Hamburgs Wasserbahnhof und Ausgangspunkt für Hafenrundfahrten. Mit dem Hafen bringt man aber auch die Speicherstadt in Verbindung, einst ein

*Im Naturschutzgebiet Kalkberg in Lüneburg (Tour 44).*

Lagerhausviertel mit einheitlicher Backsteinbebauung, das mit dem benachbarten Kontorhausviertel 2015 zum UNESCO-Welterbe ernannt wurde. Eine große Attraktion ist der Fischmarkt am Sonntagmorgen, auf dem heute alles und am wenigsten Fisch verkauft wird. Weithin bekannt ist auch Hagenbecks Tierpark, wo man über 2000 zum Teil exotische Tiere bewundern kann. Wahrzeichen der Stadt ist die St.-Michaelis-Kirche, kurz Michel genannt, in den Jahren 1750–62 errichtet und eines der bedeutendsten Bauwerke aus der Barockzeit. Ein »Muss« für Besucher ist auch das prachtvolle Rathaus, 1886–97 im Renaissance-Stil erbaut, mit einem 112 m hohen Turm und 647 Räumen – mehr, als der Buckingham-Palast in London vorweisen kann. Hamburg bietet aber vor allen Dingen auch ein riesiges Kulturangebot. So ist die Stadt weltweit der drittgrößte Musicalstandort nach New York und London. Und die 110 m hohe Elbphilharmonie, die 2017 in der HafenCity eingeweiht wurde, zieht mit ihren beiden Konzertsälen Besucher aus aller Welt an; ebenso die dort angrenzende Speicherstadt mit vielen Attraktionen, seit 2015 UNESCO-Welterbe.

Für all diejenigen, die keine lange Wandertour machen möchten oder etwas für Tage mit schlechterem Wetter in der Nähe suchen, gibt es auch im Stadtgebiet eine Fülle von markierten Spazier- und Wanderwegen, auf denen man abseits vom Verkehr die »grüne Seite« Hamburgs erkunden kann. Diese Wege sind mit gelben Pfeilen und Richtungsabkürzungen versehen.

## Geologie

Das gesamte Wandergebiet gehört zum Norddeutschen Tiefland. Dieses zeichnet sich durch geringe Höhenunterschiede aus. So erreicht der Bungsberg als höchste Erhebung in Schleswig-Holstein nur 167 m und der Wilseder Berg in der Lüneburger Heide 169 m. Alle diese »Berge« sowie unzählige Hügel sind das Werk von Gletschern, die im Laufe von 300.000 Jahren immer wieder von Skandinavien bis nach Norddeutschland vordrangen.

Die Gletscherzungen schoben Unmengen von Gestein, Kies, Sand und Lehm vor sich her. Wo die Gletscherzungen zum Stillstand kamen, türmte sich dieses Geröll zu hohen Erdwällen auf, den sogenannten Endmoränen. Letztere bilden zwei deutliche Landrücken in Norddeutschland, in denen nicht selten Höhen über 150 m erreicht werden. Der nördliche Landrücken beginnt in Ostholstein im Gebiet um den Bungsberg und verläuft dann ostwärts durch Mecklenburg bis nach Nordost-Brandenburg, der südliche zieht von der Lüneburger Heide im Bereich des Wilseder Berges ostwärts durch die Altmark und weiter durch Süd-Brandenburg. Findlinge sind große Gesteinsbrocken, die das Eis seinerzeit mitführte und die nach der Eisschmelze zurückblieben. Die Förden, also die fjordartigen Buchten der Ostsee, dienten als Schmelzwasserrinnen, die zahlreichen Seen in Schleswig-Holstein und Mecklenburg waren mit Eis gefüllte Senken. Die Gesteine im Untergrund Norddeutschlands sind dagegen Lagerstätten verschiedener Bodenschätze. Jahrtausendelang war Salz der wichtigste Bodenschatz, speziell in der Lüneburger Heide. Bereits im 19. Jh. fand man erstmals Erdöl, später auch Erdgas. Die Hoffnung auf größere Vorkommen haben sich aber bis heute nicht erfüllt.

## Marsch

Entlang der Elbe und der Nordseeküste liegen ausgedehnte Marsch-Gebiete. Sie entstanden aus Meeresablagerungen, teils mit eingelagerten Geestkernen. Immer wieder sorgten jedoch Sturmfluten für Salzwasserüberflutungen dieser Gebiete. Ab dem 12. Jh. begann man deshalb, dieses Areal mit Deichen zu schützen. Diese findet man heute nicht nur an den Küsten und entlang der Elbe, sondern auch an den Ufern anderer Flüsse wie der Stör. Kennzeichnend für Marschen sind schwere, fruchtbare Böden und das Fehlen von Süßwasser im Untergrund. Deshalb wird diese Gegend gern als Weideland genutzt. Die Schafe erfüllen hier eine Doppelfunktion: Sie halten das Gras kurz und verfestigen den Untergrund, sodass Wühlmäuse oder Maulwürfe keine Löcher in den Deich graben können. Zahlreiche Naturschutzgebiete werden als Rast- und Nahrungsaufnahmeplatz von Vögeln genutzt.

Zur Marsch gehören auch das »Alte Land« südlich der Elbe von Moorburg bis zum Fluss Schwinge bei Stade, heute das größte geschlossene Obstanbaugebiet Nordeuropas, und die »Vier- und Marschlande« im Südosten Hamburgs zwischen Elbe und Bille. Mit rund 130 km² Fläche bilden die Vier- und Marschlande das größte zusammenhängende Blumen- und Gemüseanbaugebiet Deutschlands. Die Deichkronen im Marschgebiet sind heute meist befestigte Wege, die man auch oft entlang von Entwässerungskanälen findet. So ist dieses flache Gebiet in erster Linie ein Eldorado für Radfahrer und weniger für Wanderer.

## Geest

Die Geest erstreckt sich als Mittelrücken zwischen der Marsch und dem Hügelland. Der Begriff kommt vom altfriesischen »gest« oder »gast« und bedeutet »trocken«. Das Gebiet der Geest zieht sich von Belgien bis Dänemark und ist durch unfruchtbare, trockene Böden gekennzeichnet. Charakteristisch für diese Gegend sind Binnendünen, Moore, Heideflächen und anspruchslose Wälder. Bekanntestes Geestgebiet ist die Lüneburger Heide.

## Knicks

Eine Besonderheit stellen in Schleswig-Holstein die Knicks dar. Sie gehen auf das 18. Jh. zurück, sind heute aus dem Landschaftsbild nicht mehr wegzudenken und dienen der Begrenzung von Äckern und Weiden sowie dem Schutz vor Wind. Aufgebaut sind sie aus Steinen, Baumstubben und Erde, dann häufig mit Sträuchern bepflanzt. Für zahlreiche Tiere und Pflanzen bieten sie wertvollen Lebensraum und verleihen der Landschaft einen ganz besonderen Charakter.

*Im Himmelmoor bei Quickborn, größtes Hochmoor Schleswig-Holsteins (Tour 6).*

### Gewässer
Wasser steht in engem Zusammenhang mit dem Norden Deutschlands und bezieht sich nicht nur auf Nord- und Ostsee. Zu »Wasser« gehören unzählige Seen, Seengebiete und (Fisch-)Teiche in Schleswig-Holstein und Mecklenburg, aber auch die Elbe und viele andere romantische Flussläufe sowie der Elbe-Lübeck-Kanal und der Elbe-Seitenkanal.

### Heide
Die Heideblüte zieht Scharen von Besuchern an. Während die seltenere Moorheide bereits ab Juli blüht, errötet die Besenheide zwischen Anfang August und Mitte September. Da weite Teile der Heide vom Mensch vernichtet wurden, gibt es heute nur noch einzelne Flächen, die bei den Wandertouren genannt sind.

### Tierwelt
Die dichte Besiedlung und starke Inanspruchnahme der Landschaft durch den Menschen haben den Lebensraum der heimischen Tierwelt erheblich eingeschränkt. Relativ häufig trifft man in Wald- und Feldgebieten noch auf Rehe, Hirsche, Wildschweine, Marder, Füchse und Hasen. In der Elbtalaue sind zudem Biber und Fischotter beheimatet, Letztere auch in anderen Feuchtgebieten. Gewässer aller Art sind natürlich der ideale Rast- und

*Heidschnucken in der Lüneburger Heide.*

Brutplatz für Vögel. Auch die Knicks in Schleswig-Holstein werden von Vögeln ausgesprochen gern genutzt. Neben einheimischen Singvögeln sieht man z.B. auch Greifvögel wie Bussarde, Habichte, Falken, weniger häufig Milane, Kraniche, Schwarz- oder Weißstörche, Fischadler; und auch den seltenen Seeadler kann man mitunter antreffen. Im Billetal und im Wohldorfer Wald im Norden Hamburgs lebt sogar der in seinem Bestand gefährdete Eisvogel. Die Kalkberghöhlen in Bad Segeberg sind dagegen das größte Winterquartier in Nord- und Mitteleuropa, rund 15.000 Fledermäuse leben hier. Diese sind z.B. auch in verschiedenen Moorgebieten anzutreffen.

Ganz besondere Aufmerksamkeit gebührt den Heidschnucken. Diese vermutlich von Mufflons (Wildschafen) auf Sardinien und Korsika abstammende Schafrasse ist eng mit der Lüneburger Heide verbunden. Die Heidschnucken ernähren sich nämlich von den jungen Trieben der Heidesträucher oder Bäume, verhindern so eine Verwaldung der Heidegebiete und sind damit ideale Landschaftspfleger. Der Zuchtaufwand ist aber sehr hoch und die von den Gemeinden gezahlten Pflegegelder reichen nicht aus. Die Wolle wird meistens verschenkt, und der Verkauf von Fellen spielt nur eine untergeordnete Rolle. Zum Erhalt der Heidschnuckenherden kann auch der Besucher beitragen, indem er durch den Kauf von Heidschnuckenfleisch oder den Verzehr von Heidschnuckengerichten im Restaurant die Züchter finanziell unterstützt.

## Naturschutz und Naturschutzgebiete

Der Schutz der Natur wird heute großgeschrieben. Viele kleine Naturschutzgebiete, Naturparks und zwei Biosphärenreservate sind Areale mit unterschiedlich hohem Schutz. Gleichzeitig sind es natürlich beliebte Wanderziele. Nachfolgend eine kurze Darstellung der größeren Gebiete:

- ■ Aukrug (Tour 7): Der Naturpark Aukrug liegt westlich von Neumünster und bedeckt eine Fläche von 380 km². Es ist ein industriefreies Gebiet, das viele Teiche, Heideflächen, Auen, Knicks und Wälder bietet, nicht zu vergessen die romantische Bünzener Au, ein Nebenfluss der Stör.
- ■ Holsteinische Schweiz (Touren 12, 14–16): Über 200 Seen und Teiche findet man im 680 km² großen Naturpark Holsteinische Schweiz, dem größten in Schleswig-Holstein und Brut- und Rastgebiet zahlreicher Wasservögel. Hier befindet sich auch der Bungsberg, mit 167 m die höchste Erhebung in diesem Bundesland.
- ■ Lauenburgische Seen (Touren 20, 24, 25 sowie 27–29): Der älteste Naturpark Schleswig-Holsteins geht auf das Jahr 1961 zurück und schließt 40

Seen, meist umgeben von dichten Wäldern, im Raum zwischen Lübeck, Ratzeburg und Mölln ein. Hier findet man seltene Großvögel wie Seeadler, Kranich oder Schwarzstorch. Zum Schutzgebiet gehört aber auch die einmalige Flusslandschaft der Wakenitz an der Grenze zu Mecklenburg.

- Biosphärenreservat Schaalsee (Touren 25, 30): Einst Sperrgebiet der DDR, seit 1990 ein 162 km² großer Naturpark, ist dieses Gebiet seit 1992 von der UNESCO in der Liste der weltweiten Biosphärenreservate aufgeführt. Eine abwechslungsreiche und vor allen Dingen urtümliche Landschaft mit vielen seltenen Pflanzen und Tieren kennzeichnet dieses Biosphärenreservat.
- Biosphärenreservat Flusslandschaft Elbe (Touren 33–37): Dieses länderübergreifende, von der UNESCO 1997 anerkannte Gebiet erstreckt sich auf Schleswig-Holstein, Mecklenburg-Vorpommern, Niedersachsen, Sachsen-Anhalt und Brandenburg. Mit insgesamt 2822 km² ist es eines der größten Biosphärenreservate Europas. In Schleswig-Holstein gehört das Hohe Elbufer zwischen Tesperhude und Lauenburg/Elbe dazu, in Mecklenburg-Vorpommern der an Niedersachsen angrenzende Abschnitt zwischen Boizenburg/Elbe und Dömitz, in Niedersachsen südlich der Elbe der Abschnitt zwischen Barförde und Schnackenburg sowie nördlich der Elbe das Amt Neuhaus. 2002 entstand daraus für das niedersächsische Teilgebiet das Biosphärenreservat Niedersächsische Elbtalaue und 2015 als weiteres Teilgebiet das Biosphärenreservat Elbe-Mecklenburg-Vorpommern. Charakteristisch für das Elbufer sind Altarme, Bracks, Flutrinnen und Auenwälder, Niedermoore und Binnendünen als Lebensraum für viele seltene Tiere, darunter über 200 Vogelarten und sogar Wölfe.
- Naturpark Elbhöhen-Wendland (Touren 35–38). Der Naturpark hatte einen Vorläufer, den Naturpark Elbufer-Drawehn. Davon gehören die Gebiete entlang der Elbe heute zum Biosphärenreservat Niedersächsische Elbtalaue. Andererseits wurde fast das gesamte Wendland mit einbezogen, sodass der neue Naturpark mit 1160 km² etwa doppelt so groß ist wie der alte. Dazu gehören u.a. der Höhenzug südlich der Elbe, als Drawehn bekannt, das urtümliche Waldgebiet der Göhrde, einst kaiserliches Jagdrevier, der Gartower Forst und auch die weithin bekannten Rundlingsdörfer. Es ist eines der am dünnsten besiedelten Gebiete Deutschlands.
- Naturpark Lüneburger Heide (Touren 45–50): Seit seiner Erweiterung Anfang 2007 umfasst der Naturpark eine Fläche von 1100 km² zwischen Buchholz in der Nordheide im Norden und Soltau im Süden sowie Lüneburg im Osten. Zentrum ist das Naturschutzgebiet (230 km²) um den Wilseder Berg, 169 m, die höchste Erhebung der nordwestdeutschen Tiefebene.
- Regionalpark Rosengarten (Touren 47, 51, 52 und 55): Das abwechslungsreiche Naherholungsgebiet im Süden von Hamburg wird geprägt vom Höhenzug der Harburger und Schwarzen Berge sowie dem idyllischen Tal der Este. Dazu gehören u.a. auch das Naturschutzgebiet Fischbeker Heide und der 129 m hohe Brunsberg, ebenfalls mit größeren Heideflächen.

# INFORMATIONEN UND ADRESSEN

### Anreise
Hamburg ist aus allen Teilen Deutschlands gut mit IC- oder ICE-Zügen erreichbar. Im Nordwesten der Stadt liegt der Flughafen Fuhlsbüttel, der ebenfalls Verbindungen mit den wichtigsten Städten Deutschlands und natürlich auch mit Basel und Zürich sowie Wien hat. Der Autofahrer erreicht Hamburg aus Richtung Westen auf der A 1, aus Richtung Süden über die A 7 und aus Richtung Osten auf der A 24.
Der ÖPNV (Öffentlicher Personennahverkehr) ist insbesondere im engeren Raum um Hamburg sehr gut ausgebaut. In ländlichen Gebieten kann es aber vorkommen, dass Orte nur von Montag bis Freitag (bzw. Samstag) oder nur an Schultagen zu erreichen sind. Alle Landkreise im Umland von Hamburg gehören zum HVV, dem Hamburger Verkehrsverbund; nur die weiter entfernten Regionen in diesem Buch liegen außerhalb. Allerdings sind auch einige Bahnstrecken in weiter entfernten Landkreisen in den Verbundtarif miteinbezogen. Innerhalb des Verkehrsverbundes kann man mit einem Fahrschein unterschiedliche Verkehrsmittel wie Zug, S- und U-Bahn sowie Busse verschiedener Unternehmen benutzen. Die Fahrpreise gelten als vergleichsweise hoch; sie richten sich nach der Anzahl der Tarifzonen, die man durchfährt. Gängige Fahrkarten kann man im Internet, an Automaten oder beim Busfahrer lösen, Zeitkarten in den Servicebüros des HVV.

### Parkmöglichkeiten
Autofahrer finden in der Regel bei den Bahnhöfen, S- oder U-Bahn-Stationen sowie den ZOBs (zentrale Omnibus-Bahnhöfe), die normalerweise Ausgangspunkte der Wandertouren sind, genügend Parkplätze.

### Klima
Die Behauptung, dass in Hamburg ständig Schmuddelwetter herrsche, trifft nicht zu! Die jährlichen Niederschlagsmengen sind sogar niedriger als in München. Allerdings sind lang anhaltende Schönwetterperioden, wie z.B. in Süddeutschland, eher selten. Regen fällt oft nieselnd und wesentlich häufiger. Regenreichste Monate sind Juli und August, während das Frühjahr relativ regenarm ist. Durch die Nähe zu Nord- und Ostsee schwanken die Temperaturen im Jahresverlauf nicht so stark wie im Süden Deutschlands. Die Winter sind meist nicht zu kalt, aber auch die Sommer nicht sehr heiß. Die durchschnittlichen Tageshöchsttemperaturen liegen von Juni bis August bei 21 bis 22 °C. Dem Hamburg-Besucher wird auch auffallen, dass hier ständig Wind weht. Im Frühjahr und Herbst gibt es immer wieder kräftige Stürme. Die Elbe ist oftmals Wetterscheide. – Auch der Klimawandel macht in der Region um Hamburg nicht halt. So häufen sich die Niederschläge im Winter, und es ist über das Jahr wärmer mit ausbleibenden Niederschlägen in der wärmeren Jahreszeit, was den Wäldern zusetzt.

*Blick auf den Bahnhof Aumühle (Tour 31).*

## Jahreszeit
Die meisten Wanderer schätzen das regenarme Frühjahr, besonders die Zeit der Baumblüte ab Ende April und den Monat Mai. Die Sommermonate bringen nicht nur die größte Wärme, sondern auch relativ viel Regen. Sehr schön ist es dann wieder ab September bis Anfang November mit klaren Tagen und schöner Laubfärbung. Im Winter locken einzelne Sonnentage zum Wandern.

## Fremdenverkehrsämter
Informationen über Unterkunftsmöglichkeiten, Museen, Ausstellungen, kulturelle Veranstaltungen, Öffnungszeiten und vieles mehr bekommt man über die verschiedenen Fremdenverkehrsorganisationen. Das sind Tourist-Informationen einzelner Gemeinden oder größerer Regionen, welche hier nicht alle aufgelistet werden können. Umfangreiche Informationen erhält man aber auch auf den Internetseiten der Naturparks, Biosphärenreservate und Regionalparks. Diese unterhalten zudem vor Ort zahlreiche Informationsstätten oder Tourist-Informationen. Eine Vielzahl von Informationen bietet auch die Metropolregion Hamburg, ein Zusammenschluss der Stadt Hamburg mit umliegenden Gemeinden in Schleswig-Holstein, Mecklenburg-Vorpommern und Niedersachsen:

- Metropolregion Hamburg, Alter Steinweg 4, 20459 Hamburg, Tel. +49 40 42841-2603, http://metropolregion.hamburg.de.

## Auskünfte zu den Tarifen und Verbindungen im ÖPNV
- Hamburger Verkehrsverbund GmbH (HVV), Steindamm 94, 20099 Hamburg; Kundenzentrum Johanniswall 2, 20095 Hamburg, Tel. +49 40 325775-0, Fax -820, Fahrplan-Auskunft/Service: Tel. +49 40 19449, info@hvv.de, www.hvv.de.
- Deutsche Bahn AG, Fahrplan-Auskunft/Service: Tel.+49 180 6996633 (gebührenpflichtig), www.bahn.de (mit Fahrplan-Auskunft, auch für Busse und Tarifverbünde).

↗ 50 m | ↘ 50 m | 15.4 km

# 1 Im Norden von Wedel

**3.45 h**

🚌 ✗ 👫

## Gemütliche Runde durch Baumschulgebiete, Wald und Wedeler Au

*Die Stadt Wedel mit 33.500 Einwohnern liegt nördlich der Elbe und schließt direkt an den Hamburger Stadtteil Rissen an. Sie wurde 1212 erstmals urkundlich erwähnt und erlebte im Mittelalter ihre erste große Blüte mit dem Ochsenmarkt, auf dem bis zu 40.000 Tiere gehandelt wurden. Daneben ist Wedel Geburtsstadt des bekannten Künstlers Ernst Barlach und verfügt mit 2800 Liegeplätzen über den größten Sportboothafen Nordeuropas. Die Wandertour verläuft zunächst durch die Altstadt, dann auf dem historischen Ochsenweg durch die von Landwirtschaft und Baumschulen geprägte Umgebung. In den von Wald bedeckten Holmer Sandbergen geht es zum Feuerlöschteich mit Badestelle. Auf dem Rückweg führt die Route über das Gut Haidehof in den Forst Klövensteen mit seinem beliebten Wildgehege. Schließlich erreichen wir die Wedeler Au, durch die wir zum Ausgangspunkt zurückkommen.*

**Ausgangspunkt:** S-Bahn-Station der Linie S 1 (von/nach Hamburg Hbf.) in Wedel.
**Anforderungen:** Leichte Wanderung auf meist breiten Wald- und Feldwegen sowie Nebenstraßen.
**Einkehr:** In Wedel sowie beim Wildgehege Klövensteen.

Blick über den Mühlenteich.

Wir verlassen den **S-Bahnhof Wedel** ❶ südwärts und folgen dann rechts dem Fußweg neben der B 431 (Mühlenstraße). Vorbei am Mühlenteich erreichen wir dann den Caudry-Platz mit etlichen Einkehrmöglichkeiten. Dort geht es nach links über die Mühlenstraße und weiter durch die dort abzweigende Schulstraße, die bald nach einer Rechtskurve verkehrsberuhigt zum **Marktplatz** ❷ führt. Dort erneut über die B 431 (Fußgängerampel) und vorbei an der Roland-Statue. Vom Marktplatz geht es rechts in die Küsterstraße, auf der wir nordwärts am Stadtmuseum vorbeikommen. Am Ende der Küsterstraße kurz links und gleich wieder rechts die Gärtnerstraße entlang. Auf der linken Straßenseite zweigt schließlich die Bündtwiete ab. Dort findet man einen gelben Pfeil für den Rundwanderweg »We«.
Die ruhige Wohnstraße führt aus Wedel heraus, und wir kreuzen dann die Voßhorntwiete. Gleich danach gabelt sich der Weg erneut. Dort nicht geradeaus weiter, sondern halb links in den Bullenseedamm. Bei der nächsten Weggabelung rechts in den Ihlenseedamm. Es geht nun durch ein kleines Waldstück und bei der folgenden Abzweigung links in den Ihlenseebargweg. An dessen Ende am Waldrand links weiter und gleich wieder rechts in den Flaßröthweg, der nordwärts Richtung Holmer Sandberge führt.

An seinem Ende treffen wir auf den **Holmer Grenzweg** und finden an einem Baum die Markierung 2 (Rundwanderung vom Parkplatz aus). Weiter nach rechts auf dem Grenzweg, bis der Wald nahe an den Fahrweg heranreicht ❸. Dort zweigt links ein Weg entlang eines Zauns Richtung Wald ab (leicht zu übersehen!). Wir befinden uns nun in den Holmer Sandbergen, einem teilweise hügeligen Gebiet – Überbleibsel der letzten Eiszeit vor etwa 15.000 Jahren –, das heute unter Naturschutz steht.

Am Waldrand zunächst geradeaus über einen Querweg, dann per Linkskurve durch den Wald, bei der folgenden Gabelung rechts bis zu einem Weg, auf diesem nach links zum **Feuerlöschteich**, den wir zuerst auf der Süd-, dann auf der Westseite umrunden, um auf der Nordseite einen **Rastplatz** ❹ und eine Badestelle zu finden. Der Weg im Wald ist nicht ganz leicht zu erkennen, da nur Reste der Markierung 4 vorhanden sind – im Zweifelsfall einen Blick auf eine Wanderkarte oder den GPS-Track werfen! Vom Rastplatz am Feuerlöschteich ostwärts auf dem sogenannten Katastrophenweg weiter, einem breiteren Waldweg. Es zweigen mehrfach Nebenwege ab, und wir kommen auch über eine Kreuzung, bis wir dann den Waldrand nach einer **Ruhebank** ❺ erreichen.

Hier nun nicht geradeaus zum nahen Parkplatz, sondern rechts auf einem breiten Sandweg zum Holmer Grenzweg. Gegenüber beginnt dann die Ehnboomtwiete, die erneut durch Baumschulgebiet südwärts verläuft. Einige Zeit später mündet von rechts der Weg Am Bullensee ein, wir folgen hier weiter der Ehnboomtwiete südwärts bis zu ihrem Ende an der Pinneberger

*Foto rechts oben: Findlingsstein am Weg nach dem Haidehof.*
*Unten: Ruhebank am Weg in den Holmer Sandbergen.*

Straße (L 105). Nach Überquerung der Autostraße ein Stück nach links, dann rechts auf dem Osterkamp bis zu einer Kreuzung. Hier erneut rechts entlang des Gnaterkuhlenwegs und nach einer Stromleitung links ab auf einen Asphaltweg, den Seemoorweg. Ihm folgen wir bis zu einem rechts liegenden Waldstück. Davor zweigt rechter Hand ein unmarkierter Fußweg ab, der zu einem anderen Waldstück führt. Dort auf dem Querweg links, an der Waldecke rechts herum und immer außen am Waldrand weiter. Dann nach links vom Wald weg Richtung **Gut Haidehof**, wo wir auf einen Sand-Fahrweg treffen und das **Gut** ❻ erreichen.

In bisheriger Richtung zum nächsten Waldrand und bei der dortigen Kreuzung rechts weiter. Schon bald wieder aus dem Wald heraus, vorbei an einem großen Findlingsstein mit Inschrift und der Baumallee folgend erreichen wir den **Forst Klövensteen**. Hier können wir nicht geradeaus weiter, sondern müssen zunächst rechts dem Weg am Waldrand folgen. Schon bald per Linkskurve in den Wald, dann über das Nordende des Parkplatzes Klövensteen zu einer Asphaltstraße, dem Sandmoorweg. Rechts der Straße folgend, liegt linker Hand bald ein Spielplatz und der Zugang zum Wildgehege Klövensteen mit etlichen heimischen Wildtieren. Die Stadt Hamburg legt Wert darauf, dass hier kein Eintritt zu zahlen ist! Rechter Hand folgt dann die **Kleine Waldschänke** ❼, wo man einkehren kann.

Nach der kleinen Waldschänke zweigt rechts der Wespensteig ab, dem wir nun bis zum Ende des rechten Waldrands folgen. Dort biegt südwärts ein Sandweg ab, der anfangs an Waldgrundstücken entlangführt. Nacheinander überqueren wir dann zwei deutliche Quer-Fahrwege sowie Nebenwege, halten uns danach links und treffen bei einem Haus am Waldrand auf einen Querweg. Hier laufen wir rechts weiter. Es folgt im hügeligen Gelände eine Rechtskurve und danach eine Wegverzweigung, wo wir uns geradeaus halten. Nun immer westwärts, Abzweigungen ignorierend, schließlich an der Rückseite von Grundstücken entlang und nochmals kurz durch Wald zu einer Kreuzung am Waldrand mit Ruhebank. Hier müssen wir links abzweigen, um auf dem Sandweg per Rechtskurve zur **Wedeler Au** zu kommen. Nach Überquerung des Flusses geradeaus weiter und nicht rechts auf dem Hauptweg. So erreichen wir vor der S-Bahn-Strecke einen breiten Sand-Fahrweg, den **Auweidenweg**.

Dieser verläuft rechter Hand parallel zur S-Bahnstrecke am Südrand der Auwiesen weiter, überquert die Autostraße Autal und führt zu einer Gabelung kurz vor dem S-Bahnhof **Wedel**. Hier links zum ZOB hinauf und an ihm entlang zur **S-Bahn-Station** ❶.

↗ 40 m | ↘ 60 m | 14.0 km
3.30 h

## 2 Von Sülldorf nach Halstenbek

### Hamburgs ländliche Seite

*Sülldorf ist einer der vornehmeren Elbvororte westlich des Stadtzentrums mit vielen Einzelhäusern sowie beeindruckenden Villen und zählt als Stadtteil etwas über 9000 Einwohner. Die Wanderung folgt größtenteils dem FWW Schlei-Eider-Elbe (E9) und zeigt die ländliche Seite Hamburgs. Das Waldgebiet Klövensteen gehört zu den bevorzugten Naherholungsgebieten im Hamburger Westen.*

**Ausgangspunkt:** S-Bhf. Sülldorf an der S 1 von Hamburg Hbf.
**Endpunkt:** S-Bhf. Halstenbek an der S 3 Richtung Hamburg Hbf.
**Anforderungen:** Leichte Tour auf Nebenstraßen, Wald- und Feldwegen; Markierung nur teilweise vorhanden.
**Einkehr:** In Sülldorf, Halstenbek sowie unterwegs im Restaurant Pony-Waldschänke (mit benachbartem Ponyhof).

*Pferdekoppel in der Sülldorfer Feldmark.*

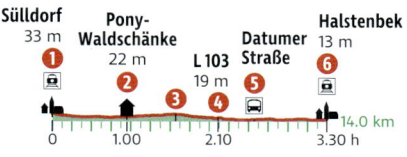

Von der **S-Bahn-Haltestelle Sülldorf** ❶, die schon 1883 eröffnet wurde, nordwärts über die Bahngleise durch den Sülldorfer Kirchenweg. Schon bald biegen wir nach links in den Lehmkuhlenweg ab. Von diesem nach 2 Min. nordwärts auf dem Schlankweg weiter, einem Asphalt-Fahrweg, der beiderseits von Bäumen gesäumt ist, entlang des Weges auch etliche Pferdekoppeln. Wir passieren einen Reiterhof, und der Weg wendet sich immer mehr nach links bzw. westwärts. Etwa auf halbem Weg zur Pony-Waldschenke erreichen wir eine Wegkreuzung. Hier rechts auf Feldweg 78 ab, der nach einer Linkskurve als Feldweg 81 weiterführt. Es folgt eine Links-rechts-Kurve, dann über die **Wedeler Au** und vorbei an einem Gartenbaubetrieb kommen wir an den Rand des Klövensteen-Forstes. Bei der dortigen Weggabelung rechts auf dem Sandweg (Feldweg 82) zu einer weiteren Wegteilung am Waldrand. Hier links auf dem Babenwischweg in weiteren 20 Min. zur **Pony-Waldschänke** ❷. Kinder lieben hier das Ponyreiten auf dem benachbarten Ponyhof. In bisheriger Richtung geht es auf einem schönen Waldweg zu einer Wegkreuzung, dort wenden wir uns rechts auf den Feldweg 92, gehen aus dem Wald heraus und erreichen bald ein gegenüberliegendes Waldgebiet. Dort – beim Klövensteen-Eck – zweigen wir links vom Hauptweg neben einem kleinen Graben ab. Kurz darauf macht der Weg am Waldrand eine Rechtskurve und wird etwas breiter. Hier liegt ein idyllischer Feuerlöschteich, umgeben von Ruhebänken. Von dort in knapp 10 Min. zu einer Weggabelung mitten im **Klövensteen-Wald** ❸. Wir verlassen nun den FWW und folgen rechts zurück für 2 Min. einem breiten Sandweg. Dann nach links durch zwei größere Steine hindurch und auf einem schmaleren Weg weiter, anfangs parallel zu einem Graben. Wir kommen an versteckten Häusern im Wald vorbei und setzen die Wanderung auf dem jetzt asphaltierten Moordamm fort. Der Fahrweg führt dann aus dem Wald heraus und verläuft durch die Reste des **Hogenmoors**, heute ein Feuchtwiesengebiet. Dort, wo von links ein Sandweg einmündet, macht der Fahrweg eine Rechtskurve und bald danach eine scharfe Linkskurve. So erreichen wir die Zufahrt zu einer Schnellstraße. Direkt vor dieser rechts und unterhalb der Auffahrt auf dem Studelskamp weiter, bis linker Hand Treppenstufen zur Brücke über die **L 103** ❹ hinaufführen. Nach Überquerung der Schnellstraße kurz rechts auf deren Zufahrt (man achte auf den Verkehr!), bis links der FWW E9 abzweigt. Anfangs verläuft der von Büschen und Bäumen gesäumte Asphalt-Fahrweg noch in Nähe der Schnellstraße, biegt dann aber nach links von ihr weg. Über die Düpenau, dann in einem Rechts-links-Schlenker an den Nienhöfen vorbei. So treffen wir auf die **Datumer Straße** ❺, wo links die **Bushaltestelle Nienhöfen** liegt.

Dort kurz rechts und gegenüber nach einem Backsteinhaus links in die Häubargskoppeltwiete, einen Sandweg, der an einem Teich vorbei zu einem Querweg, dem Häubargsweg, führt. Anschließend kurz links, dann gleich rechts auf einem Grasweg über das offene Gelände mit Reitwegen. An einem Zaun entlang, dann links von ihm weg und weiter über das als Pferde- und Hundeplatz bezeichnete Gelände. Gleich nach einer Bank folgen wir dem links abzweigenden Reitweg und verlassen nach einer Rechtskurve durch eine Holztür das Reitgelände. Danach rechts, auf dem folgenden Querweg wieder rechts und gleich links von diesem ab. Vor der folgenden Baumreihe wandern wir rechts am Zaun entlang, dann vor einem Wellblech-Schuppen links durch die Zauntür und auf dem Grasweg weiter. Wir kommen so zu einem Sandweg, der rechts zu einer Autostraße führt, rechts als Grüne Twiete bezeichnet. Wir setzen die Wanderung halb links auf dem Asphaltsträßchen Brandtheideweg fort und erreichen mittels einer Rechtskurve die Abzweigung des Bartelskamps.

Links gemäß Markierung auf dem Bartelskamp zu einer Querstraße, Am Hollen genannt, hier rechts. In einer Linkskurve mündet dann von rechts die Bartelskamptwiete ein, kurz danach zweigt der FWW bei der Baumschule Krohn links ab. Hier bleiben wir auf der Straße Am Hollen und folgen ihr bis vor die Bahnunterführung. Vor dieser nach rechts auf dem Rad- und Fußweg (Schwarzer Weg) parallel zur Bahnstrecke nach **Halstenbek** hinein. Eine Treppe führt dann zur Dockenhudener Chaussee hinunter, dort links durch die Bahnunterführung und rechts über die Ampel zur **S-Bahn-Station** ❻.

*Ruhebank am Schlankweg nördlich von Sülldorf.*

↗ 70 m | ↘ 70 m | 13.8 km
3.30 h

## 3  Breitenburger Wald und Stör

**Durch Wald, vorbei an Teichen und am Deichweg entlang der Stör**

*Itzehoe, eine lebendige Kreisstadt mit fast 32.000 Einwohnern, bietet einen reizvollen sanierten Stadtkern mit Fachwerkhäusern, Geschäften und Einkehrmöglichkeiten. Die Umgebung von Itzehoe zeichnet sich aus durch hügelige Waldgebiete, darunter der Breitenburger Wald, und durch die offene Flussmarschlandschaft der Stör. Sie ist eine der längsten Flüsse Schleswig-Holsteins, ihre Windungen geben den Rückweg vor.*

**Ausgangspunkt:** Bhf. Itzehoe an der sogenannten Marschbahn von Hamburg nach Westerland.
**Anforderungen:** Meist Straßen, Wald- oder Feldwege, entlang der Stör teilweise auch Pfad auf der Deichkrone.
**Einkehr:** Etliche in Itzehoe, unterwegs keine.

Gegenüber dem **Bahnhof** in **Itzehoe** 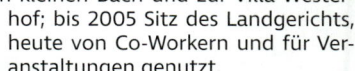 beginnt die Viktoriastraße und führt in die Innenstadt. Gleich am Beginn liegt linker Hand das Kreishaus. Wenige Minuten später folgt an der gleichen Straßenseite die Parkanlage Prinzeßhof. Im dazugehörigen ältesten Profanbau der Stadt, einem alten Adelssitz von 1556, befindet sich seit 1988 das Kreismuseum. Rechts liegen ein großes Parkhaus und der Busbahnhof.
Dann kreuzen wir die Bekstraße und laufen in bisheriger Richtung auf dem Oelmühlenweg bis zur Ecke Breite Straße. Auf dieser rechts, bis links die Breitenburger Straße abzweigt. Per Ampel überqueren wir die Schumacherallee, halten uns auf ihr kurz rechts und folgen gleich dem Fuß- und Radweg entlang der **Malzmüllerwiesen**, einem großen Park- bzw. Festplatz. Am Beginn des Weges steht ein Mahnmal für die Opfer des Nationalsozialismus. Der im Grünen verlaufende Weg mit Ruhebänken führt zu zwei Häusern mit Vereinssitzen. Danach links über einen kleinen Bach und zur Villa Westerhof; bis 2005 Sitz des Landgerichts, heute von Co-Workern und für Veranstaltungen genutzt.
Auf der Vorderseite der Villa rechts, dann per Linksbogen zur Autostraße. Gegenüber liegt der Osterhofer Teich. Neben der Straße auf dem Fuß- und Radweg aus Itzehoe heraus, bis linker Hand vor der Siedlung **Neuhof** ❷ der Sand-Fahrweg Eichtal abzweigt.

*Teich im Breitenburger Wald.*

Wir wandern in den **Forst Breitenburg** hinein und kommen auf einer Lichtung an einem links liegenden Einzelhaus vorbei. Wieder im Wald erreichen wir schon bald einen Querweg, hier zweigen wir rechts ab. Nach zwei Linkskurven – Ab-

zweigungen von Nebenwegen sind zu ignorieren – macht der Weg eine Rechtskurve. Bei der folgenden Verzweigung bleiben wir auf dem breiten Hauptweg, der nun halb rechts in östlicher Richtung durch den teils hügeligen Breitenburger Wald zieht. Immer wieder zweigen Nebenwege ab oder wir kommen über Kreuzungen und Minibäche, wo wir aber stets geradeaus bleiben. Von einer der Kreuzungen, direkt vor einer Linkskurve, können wir einen kurzen Abstecher zu einem nahen idyllischen **Waldteich** machen, von denen sich südwärts mehrere aneinanderreihen. Auf dem eigentlichen Wanderweg stoßen wir bald auf einen Querweg. Dort halten wir uns rechts und erreichen per Links-rechts-Bogen einen Plattenfahrweg beim Forsthaus Friedrichsholz, das mit Reetdach versehen ist. Hier biegen wir links ab und folgen einem Fahrweg, der schließlich in eine Autostraße mündet. Auf dieser links haltend am Waldrand weiter zum Ortsbeginn von **Oelixdorf** ❸. Der dortige Gasthof hat nur abends geöffnet und entfällt als Tageseinkehr für Wanderer (ausgenommen Gruppen, bei Voranmeldung).

Vom Ortsbeginn, wo die Dorfstraße rechts abzweigt, führt südostwärts ein Weg wieder in den Wald. Dieser wird als »**Sternenwald**« bezeichnet, weil er für Baumbestattungen genutzt wird, was man aber kaum bemerken wird. Überwiegend im Buchenwald, bei Abzweigungen und einer Kreuzung immer geradeaus haltend, erreichen wir am Südende des Waldgebiets zwei idyllische Teiche. Nach dem zweiten treffen wir auf eine Autostraße. Der Wegabschnitt ab Oelixdorf ist auch eine Teilstrecke des Jakobswegs **Via Jutlandica**. Auf der Autostraße gehen wir rechts weiter. Schon bald zweigt linker Hand ein Asphaltsträßchen ab, das am Waldrand weiterführt und den Blick auf die Marschlandschaft entlang der Stör freigibt. Schließlich

*Prinzeßhof – Eingang zum Kreismuseum.*

mündet das Sträßchen bei der Charlottenhöhe, einer alten Villa, wieder in die Autostraße ein. Wir folgen dieser erneut bis zur nächsten Straßengabelung. Südwärts kommen wir von dort auf der L 116 über die Stör. Nach der Flussüberquerung liegt linker Hand das ehemalige Restaurant **Breitenburger Fähre** ❹. Dort treffen wir auf den mit einem X markierten FWW Schlei-Eider-Elbe. Wir verlassen die Autostraße nach rechts und kommen durch ein Gatter, dann über Treppen hinauf zum Deich. Der Wanderweg folgt nun dem Deich bzw. den Windungen des Flusses. Dieser unterliegt hier den Gezeiten, wodurch sich mehrmals täglich seine Fließrichtung ändert. Auf dem Deich trifft man relativ häufig auf Schafherden, und schon bald sieht man links unterhalb des Deiches einen Golfplatz. Danach kommen wir zur **Breitenburger Schleuse** mit einem kleinen Yachthafen. Der Wanderweg folgt jedoch weiter dem Verlauf des Deiches, quert oberhalb eines kleinen Teiches und erreicht eine Kläranlage, wo ein Fahrweg nach Münsterdorf abzweigt.

Hier beginnt ein Betonplattenweg unterhalb des Deichs, den wir bereits benutzen können. Möchten wir jedoch noch ein wenig die Aussicht genießen, klettern wir über einen Zaun und folgen dem Deich bis zum Schöpfwerk. Dort führt eine Treppe hinab zum erwähnten Fahrweg. Auf diesem weiter bis zu einem links liegenden Teich bzw. einer Kleingartenanlage. Dann gelangen wir zu der von links kommenden Georg-Löck-Straße, auf der wir schon bald auf die viel befahrene Straße Vor dem Delftor treffen. Auf dem Fußweg neben ihr nach rechts über die Stör und gleich danach rechts auf einem Fußweg zu einem Wendeplatz am Südende der Reichenstraße.

Auf dieser links, über die Schumacherallee und am rechts liegenden Rathaus vorbei zum **Wenzel-Hablik-Museum** ❺. Danach rechts ab auf die Salzstraße. Wo diese links umbiegt, wandern wir geradeaus bis vor eine Brücke. Hier linker Hand am lang gestreckten kleinen See entlang bis zur Krämerstraße. Nach deren Überquerung laufen wir geradeaus weiter bis vor das Theater von **Itzehoe**. Über den Platz nach rechts und auf der Bekstraße zu einer Kreuzung, wo wir den Hinweg erreichen. Nach links kommen wir auf der Viktoriastraße zurück zum **Bahnhof** ❶.

↗ 30 m | ↘ 30 m | 15.6 km

**3.45 h**

# Von Voßloch nach Dauenhof    4

## Durch das Quellgebiet der Offenau

*Von Voßloch, einem Ortsteil der Landgemeinde Bokholt-Hanredder mit insgesamt 1200 Einwohnern, verläuft der Weg abwechslungsreich durch Baumschulgebiet, Wald, das Quellgebiet der Offenau, am Rand des Bokelseßer Moors und durch landwirtschaftlich geprägtes Gebiet nach Dauenhof, das zur Gemeinde Westerhorn gehört. Es handelt sich um eine Teilstrecke des FWW Schlei-Eider-Elbe. Hier erlebt man noch das ursprüngliche Schleswig-Holstein mit viel Natur!*

**Ausgangspunkt:** Bhf. Voßloch an der A 3 der AKN Elmshorn–Ulzburg Süd.
**Endpunkt:** Bhf. Dauenhof an der Strecke Hamburg–Elmshorn–Neumünster.
**Anforderungen:** Leicht begehbare Wege, so gut wie keine Höhenunterschiede.
**Einkehr:** Bei kurzem Abstecher in Bokelseß, sonst in Dauenhof vor und nach dem Bahnhof an L 112.

Vom **Bahnhof Voßloch**  westwärts auf der Südseite entlang der Gleise, dann nach links von der Bahnstrecke weg und durch die Straße Gartenkamp zu einer Kreuzung. Hier rechts auf der Straße Gartenweg nordwärts über die Bahnlinie. Kurze Zeit später erreichen wir bei einer Streusiedlung die Abzweigung der Straße Hanredder. Hier folgt der FWW dem Feldweg in östlicher Richtung durch Baumschulgelände. Schließlich kommen wir durch ein kleines Waldstück und erreichen eine Gabelung. Dort nicht geradeaus auf dem Asphalt-Fahrweg weiter, sondern links ab. Unmittelbar danach geht es rechts weiter, und wir überqueren bald einen Graben. Vor-

*Der Wanderweg südlich von Bokelseß.*

bei an Gewächshäusern treffen wir dann vor einer Pferdekoppel auf die Rosenstraße. Auf dieser nach rechts zu einer nahen Gabelung bei einem Therapiezentrum bzw. beim Gut Aspern. Dort nun links ab und per Rechtsbogen zur **L 112**, wo sich links eine **Bushaltestelle** ❷ befindet.

Wir folgen dann kurz in nordwestlicher Richtung der L 112, überqueren diese nach rechts und kommen auf einem breiten Grasweg zum Waldrand. Dort halten wir uns rechts und folgen dann per Linkskurve dem Waldrand bis zu einer Wegkreuzung. Hier führt uns der FWW links in den Wald hinein. In prinzipiell nördliche Richtung wandern wir weiter und kreuzen dabei etliche Nebenwege. Schließlich zweigen wir gemäß Markierung X nach rechts ab und erreichen am östlichen Waldrand einen Querweg. Auf diesem links weiter und geradeaus über eine Kreuzung bis zum Ende des Betonplattenwegs, wo wir eine weitere Kreuzung erreichen. Hier zweigen wir links auf einen Sandweg ab, der uns wieder durch Wald zu einem Querweg am anderen Waldrand bringt. Beim dortigen Haus folgen wir dem nun asphaltierten Großen Kamp nach rechts zur K 18. Nach deren Überquerung wandern wir in bisheriger Richtung auf dem breiten Forstweg weiter. Am nördlichen Waldrand erreichen wir dann den Asphalt-Querweg Hütten, dem wir nach links folgen. An seiner Einmündung treffen wir wieder auf die **L 112** (Autostraße Barmstedt–Dauenhof) mit einer weiteren **Bushaltestelle** ❸.

Von dort wenige Minuten nordwärts entlang der L 112, bis links ein Asphalt-Fahrweg mit dem FWW abzweigt. Nach einer Rechtskurve erreichen wir eine Kreuzung und folgen dem Hauptweg nach links. Bei der nächsten Gabelung laufen wir geradeaus (links geht es nach Groß Offenseth). Nach einem kleinen Rechtsbogen erreichen wir eine deutliche Linkskurve. Hier mündet von rechts ein Sandweg ein. Wir folgen aber südwärts dem Asphaltweg Schieren Eichen. Bei der nächsten Gabelung wählen wir rechts den breiten Sandweg. An einem Waldstück macht der Weg eine Rechtskurve, wenig später einen Linksbogen. Dann überqueren wir die **Offenau**, einen Nebenbach der Krückau, die weiter nördlich im Feuchtwiesengebiet ihre Quelle hat. Bei der Gabelung kurz danach zweigen wir links ab und kommen nun durch ein naturnahes Gebiet mit Wald, Feuchtwiesen und Teichen. Der markierte Grasweg macht etliche Schlenker und ändert mehrfach die Richtung, leitet uns aber sicher durch diesen schönen Naturraum. Schließlich treffen wir am Waldrand auf einen **Querfahrweg** ❹. Von hier führte die Markierung ursprünglich durch das westlich gelegene **Bokelseßer Moor**, doch dies ist aus Vogelschutzgründen nicht mehr möglich!

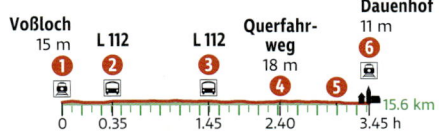

So folgen wir nun rechts dem breiten Fahrweg, der mit zwei Fahrspuren aus Betonplatten nordwärts führt. Einen links abzweigenden Weg ignorieren wir. Unser Fahrweg biegt dann immer mehr nach links um und erreicht eine Kreuzung. Hier nun nicht ganz links ab, sondern nur halb links in fast gleichbleibender Richtung weiter. Wenige Minuten später mündet von rechts ein Grasweg ein. Wir folgen weiterhin dem Hauptweg und kommen zu einer Gabelung. Dort geht es rechts weiter zur **Bokelseßer Straße** ❺ in der kleinen Ortschaft **Bokelseß**, die zur Gemeinde Brande-Hörnerkirchen gehört. Wer einkehren möchte, zweigt hier vom FWW ab und erreicht nach rechts in wenigen Minuten einen Landgasthof, der aber nur abends und nicht jeden Tag geöffnet hat.

Der Wanderweg folgt dagegen nach links der Bokelseßer Straße. Kurz nach dem links abgehenden Eichenweg zweigt rechts ein Betonplattenweg ab, dem der FWW folgt. Der Fahrweg verläuft bald am Rand eines Waldes, macht dann eine Linkskurve und später nochmals eine Rechtskurve, und trifft schließlich vor der Bahnstrecke Elmshorn–Neumünster auf die Ölfeldstraße. Auf dieser geradeaus über die Bahnstrecke bis zur Einmündung in die Bahnhofstraße (L 112). Auf dieser Straße kommen wir nach rechts durch **Dauenhof** und erreichen dann den **Bahnhof** ❻.

↗ 30 m | ↘ 40 m | 13.8 km

# 5 Von Barmstedt nach Elmshorn

3.30 h

## Auf dem Krückau-Wanderweg durch Wald, Feld und am Fluss entlang

*Diese leichte Wanderung verbindet abseits verkehrsreicher Straßen Barmstedt mit Elmshorn. Unterwegs kommen wir nur an kleinen Siedlungen vorbei und können ansonsten die Natur genießen. Zu Beginn erwartet uns mit der Schlossinsel in Barmstedt ein Höhepunkt. Die Tour ist fast vollständig als Krückau-Wanderweg ausgeschildert oder mit einem X oder gelbem Pfeil gekennzeichnet. Elmshorn ist mit 50.000 Einwohnern die größte Stadt im Kreis Pinneberg und lockt mit einer kleinen Fußgängerzone.*

**Ausgangspunkt:** Bhf. Barmstedt an der AKN 3 Elmshorn–Ulzburg Süd.
**Endpunkt:** Bhf. Elmshorn östlich des Zentrums.
**Anforderungen:** Keine. Unterschiedliche Wege weitgehend ohne störenden Verkehr.
**Einkehr:** In Barmstedt und Elmshorn.
**Tipps:** In Barmstedt die Heiligen-Geist-Kirche von 1717/18, die auf dem Fundament einer älteren Kirche errichtet wurde (abseits des eigentlichen Weges). Am südwestlichen Stadtrand liegt dagegen direkt am Wanderweg der Rantzauer See mit Schlossinsel. Auf ihr befinden sich das ehemalige Amtsgericht, heute das Museum der Grafschaft Rantzau, das Schloss, ein klassizistisches Herrenhaus von 1806 sowie das ehemalige Schlossgefängnis mit zwei historischen Gefängniszellen und Café.
In Elmshorn lohnt ein Abstecher in die Fußgängerzone mit dem Möhringschen Haus von 1780, einer ehemaligen Brennerei und der St-Nikolai-Kirche am Marktplatz.

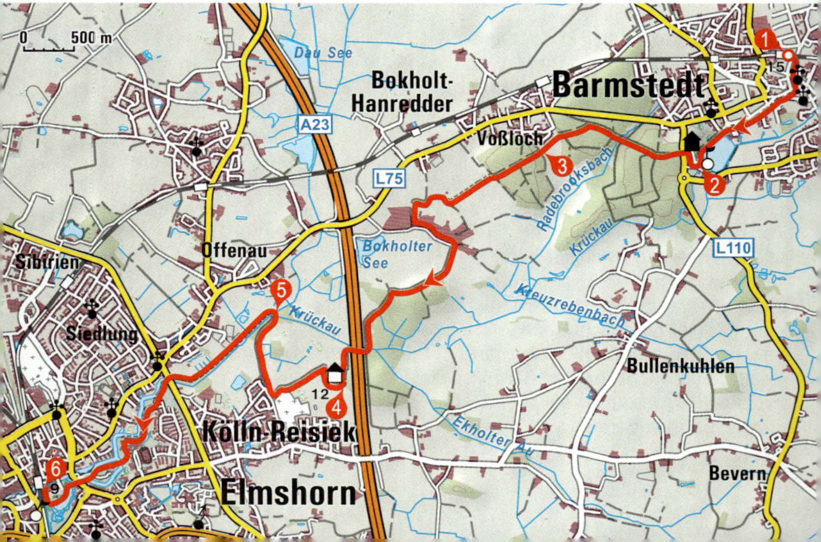

*Blick von der Schlossinsel über den Rantzauer See.*

Vom **Bahnhof** in **Barmstedt** ❶ kurz links, dann laufen wir rechts bzw. südwärts auf der Bahnhofstraße bis zu ihrem Ende und kreuzen dabei die Feldstraße. Dann geht es rechts weiter bis zum Marktplatz. An seinem Beginn halten wir uns links, kommen am Ende des Platzes am rechts liegenden Rathaus vorbei und folgen dann der Marktstraße bis zum Roissy-en-Brie-Platz mit Verkehrskreisel. Links um den Kreisel herum, auf der gegenüberliegenden Seite halb links auf dem Hofkoppelweg weiter. Wir passieren das Restaurant Seegarten und wandern dann parallel zum Rantzauer See weiter. Rechts folgt ein Spielplatz. Dort nicht auf dem breiten Weg zur nahen Autostraße, sondern links halten, um durch eine Grünanlage zum Eingang der **Schlossinsel** ❷ zu kommen. Für deren Besuch sollte man sich etwas Zeit nehmen, auch laden Ruhebänke am See zu einer ersten Rast ein.

Vom Zugang zur Schlossinsel wenige Schritte nach rechts, dann nochmals rechts und geradeaus auf einem Sträßchen nordwärts. Wir treffen dann auf eine Querstraße und folgen dieser nach links zur Einmündung in die Pinneberger Landstraße (L 75). Neben dieser knapp 100 m südwärts, dann überqueren wir nach rechts die viel befahrene Autostraße. Gegenüber finden wir am Waldrand einen ersten Wegweiser zum **Krückau-Wanderweg**. Dort wandern wir auf dem Forstweg in den Wald hinein, vorbei an einem Waldspielplatz und über eine Kreuzung. Gleich danach gabelt sich der Weg. Wir zweigen rechts ab, kom-

men an einem Gedenkstein für Reichsgraf Christian Detlef von Rantzau vorbei, überqueren geradeaus eine Kreuzung und erreichen die Lorenzen-Brücke über den Radebrooksbach. Im Wald geradeaus über die nachfolgende Kreuzung, bei der nächsten Gabelung mit Ruhebank links ab. Über eine Kreuzung vor dem Waldrand erreichen wir den Kirchensteig, der als schmaler Sandweg am Südrand von **Voßloch** entlangführt, einem Ortsteil der Gemeinde Bokholt-Hanredder. Am Siedlungsende treffen wir auf einen **Asphalt-Querweg** ❸.

In bisheriger Richtung nun wieder im Wald weiter, geradeaus über eine Kreuzung, dann zu einem Quer-Fahrweg am Waldrand. Dort aus dem Wald heraus und in gleichbleibender Richtung einen schmalen Sandweg entlang. An dessen Ende treffen wir bei einer Ruhebank auf einen Quer-Fahrweg. Hier biegen wir rechts ab, um kurz danach per Linkskurve eine Baum-Busch-Reihe zu erreichen, an der entlang wir zu einem quer verlaufenden Asphaltweg kommen, dem Schulweg. Hier links weiter, dann bei einer Rechtskurve an einem Einzelhaus vorbei und unter einer **Stromleitung** hindurch. Danach folgt eine Linkskurve, und wir laufen südwärts bis zur Bokholter Straße. Auf dieser geht es links an Einzelhäusern vorbei und mit mehreren Schlenkern weiter. Dann zweigt rechts gegenüber einem großen Hof ein Asphaltweg ab, dem wir folgen. Wieder unter einer Stromleitung hindurch bis zum Waldrand. Dort biegt der Hauptweg rechts ab und führt als Sandweg außen am Waldrand weiter. Wir nähern uns immer mehr der A 23, kommen per Linkskurve in den Wald und an einer Ruhebank vorbei. Wieder außerhalb des Waldes treffen wir vor der Autobahn einen Asphalt-Querweg, dem wir nach links folgen. Wenige Minuten später erreichen wir eine Holzbrücke über die **Krückau**. Dieser etwa 40 km lange Fluss mündet in die Elbe, war lange Zeit sehr verschmutzt, hat aber jetzt wieder eine bessere Wasserqualität, sodass etliche Fische in ihm leben.

Auf dem Fahrweg nach der Holzbrücke rechts unter der A 23 hindurch, dann per Linkskurve zunächst parallel zur Autobahn südwärts. Vor einem Waldstück führt der Weg rechts von der Autobahn weg, macht dann eine Linkskurve am Waldrand und erreicht bei der folgenden Rechtskurve eine **Schutzhütte** ❹. Vom Rastplatz führt die Widentwiete vom Wald weg und macht eine Rechtskurve, danach eine Linkskurve, bevor es unter einer Stromleitung hindurchgeht. Bald danach kommen wir per Linkskurve zu den ersten Häusern von **Kölln-Reisiek**. Dort treffen wir auf die Stabeltwiete, der wir nach rechts folgen. Nach Abzweigung des Sandkamps kommen wir geradeaus bald wieder aus der Siedlung hinaus und wandern auf einem Asphaltweg mit vielen Nistkästen an den Bäumen. Erneut unter der Stromleitung vor vorhin hindurch und am Schotterweg am Rand eines Waldes entlang bis zu zwei **Holzbrücken** (mit Ruhebank), die uns über die **Krückau** ❺ und die **Offenau** bringen. Letztere mündet hier in die Krückau.

Nach ihrer Überquerung links weiter, wobei wir nun immer dem Lauf der Krückau folgen und bis ins Stadtzentrum im Grünen laufen. Noch einmal unter der Stromleitung hindurch, dann vorbei an Sportplätzen erreichen wir schließlich die Wittenberger Straße (K 23). Hier überqueren wir die Krückau nach links, kommen danach nach links auf Treppenstufen zum Fluss und unterqueren mit ihm die Wittenberger Straße. Danach folgt der Wanderweg dem Lauf der Krückau bis zum **Wasserwerk**. Achtung! Bei Hochwasser ist dieser Wegabschnitt nicht begehbar. Dann folgen wir noch ein kurzes Stück der Wittenberger Straße, überqueren diese nach rechts und folgen dem ersten abzeigenden Weg bis zum Wasserwerk, wo wir wieder den offiziellen Wanderweg erreichen.

Bei der folgenden Gabelung halten wir uns rechts, kreuzen einen Pflaster-Querweg und erreichen wieder das Ufer der Krückau. Dann kommen wir an einem links liegenden Teich vorbei. Bei der folgenden Gabelung rechts, weiter an der Krückau entlang, dann per Linkskurve weiter. Vor einem Querweg halten

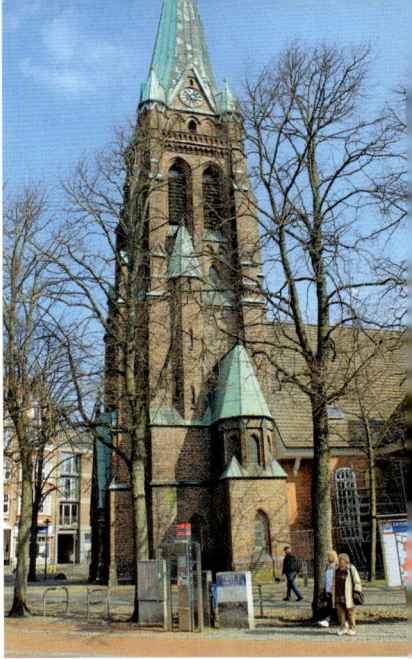

*Turm der St.-Nikolai-Kirche in Elmshorn.*

wir uns links Richtung Brücke, um davor wieder links abzubiegen und dem Lauf der Krückau zu folgen. Bei einem Querweg rechts über eine Brücke und am **Badepark** von **Elmshorn** entlang. Bei der nächsten Gabelung folgen wir zunächst dem Lauf der Krückau, dann biegt der Weg nach links um, und wir treffen auf einen Querweg. Dort rechts über die Schlangenau-Brücke und auf der Nebenstraße bis zum Mühlendamm (L 75), einer viel befahrenen Autostraße. Diese kann man hier nicht geradeaus überqueren, obwohl der Weg genau gegenüber weiterführt. Vielmehr muss man zunächst kurz rechts zur Ampelanlage bei einer Bushaltestelle, dort die Straße überqueren und dann auf der anderen Seite zurücklaufen.

Dann zweigt rechts ein Fußweg in den Steindammpark ab. Am dortigen See befindet sich das Restaurant Auszeit. Dahinter halten wir uns links und kommen immer unweit des Seeufers zu einem Querweg, dem Tarasconer Weg, vor der Bahnstrecke. Auf diesem nun rechts, per Brücke über die Krückau, kurz danach erreichen wir einen Querweg beim Bahnhofstunnel bzw. den **Bahnhof** ❻ selbst. Wenn man noch Zeit hat, lohnt ein Abstecher in die Fußgängerzone (siehe »Tipps«).

↗ 20 m | ↘ 20 m | 12.2 km

# 6 Rund um das Himmelmoor

3.00 h

## Abwechslungsreiche Rundwanderung bei Quickborn

*Im Himmelmoor, dem größten Hochmoor Schleswig-Holsteins, wurde bis 2018 Torf abgebaut. Heute erfolgt eine schrittweise Renaturierung. Durch verschiedene Wanderwege und Aussichtsplattformen ist das Moor für Wanderer gut erschlossen. An manchen Wochenenden werden vom alten Torfwerk zudem Lorenbahn-Fahrten angeboten. Das Moor und die umliegenden Gebiete sind die Heimat zahlreicher teilweise seltener Vögel. Auch im Bereich der Fauna herrscht Artenvielfalt.*

**Ausgangspunkt:** Bhst. Renzel Dorfstraße (Linie 594 Norderstedt–Quickborn–Pinneberg).
**Anforderungen:** Leichte Wanderung durch naturnahes Gebiet, teilweise etwas mühsam durch den feuchten Untergrund. Nur abschnittsweise markiert.
**Einkehr:** Im zeitweise geöffneten Golf-Restaurant in Renzel, sonst in Quickborn oder Pinneberg.

Ausgangspunkt ist das Dorf **Renzel** – heute Teil der Stadt Quickborn –, das etwa 3 km südwestlich liegt und von Quickborn durch die Pinnau getrennt ist. Seit 2004 nennt es sich »Storchendorf«. Von der **Bushaltestelle Dorfstraße** ❶ wenige Schritte Richtung Quickborn, bis die Dorfstraße links von der Pinneberger Straße (L 76) abzweigt. Schon bald biegen wir dann von der Dorfstraße rechts in den Schulweg ab, einem Asphaltsträßchen, das aus dem Dorf herausführt. Nach einer Rechtskurve zweigen wir hinter dem Haus Nr. 17 links auf den Weg Am Himmelmoor ab. Wir wandern nun zunächst immer geradeaus, ignorieren Abzweigungen und kommen an einer Infotafel zum Himmelmoor bei einem Hundefriedhof vorbei. Weiter in bisheriger Richtung zum Inneren Moorweg, wo wir auf die Gleise der Moorbahn treffen. Hier geradeaus auf einem Grasweg zum Süd-Damm, wo auf der linken Seite ein schöner erhöhter **Aussichtspunkt** ❷ liegt. Von hier rechts auf dem Süddamm zur Ostecke des Moores. Dort stoßen wir auf eine Gleisverzweigung

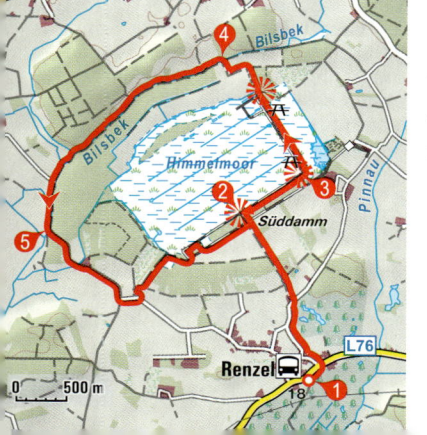

und biegen links zum dortigen **Aussichtspunkt** ❸ ab. Vorbei an einem Rastplatz folgen wir dann dem Nulldamm auf der Ostseite und erreichen einen weiteren Rastplatz bei einer Gleisverzweigung. Geradeaus weiter bis zum nächsten Aussichtspunkt an der Nordecke des **Himmelmoors**. Hier zweigt zudem rechts ein Holzbohlenweg ab, der als Moorlehrpfad mit etlichen Infotafeln versehen ist.

Wir verlassen nun das Himmelmoor und folgen einem Sandweg durch den lichten Wald Richtung Nordwesten. Schon bald treffen wir auf einen Querweg; auf diesem links.

Infotafel zur Tier- und Pflanzenwelt im Himmelmoor.

Dann biegt der Hauptweg rechts um und führt zu einem breiten Sand-Fahrweg an der **Bilsbek** ❹. Auf dem Fahrweg am Wald-Wiesen-Rand nördlich des Himmelmoors immer südwestwärts (links). So erreichen wir auf dem äußeren Moorweg eine Gabelung, wo wir auf den mit X bezeichneten FWW Schlei-Eider-Elbe (E9) treffen. Weiter geradeaus, bald durch ein Stück Wald, bis bei einer Brücke von rechts ein Sand-Fahrweg einmündet (Am Rosenhof). Auch hier wandern wir geradeaus am Waldrand weiter bis zu einer **Gabelung** ❺, wo uns der Hauptweg Am Horn links in den Wald bringt. Vor dem nächsten Waldrand macht der Fahrweg eine Rechtskurve und verläuft noch kurz im Wald, bevor es per Linkskurve aus dem Wald heraus und über einen Bach geht. Danach passieren wir ein links liegendes Einzelhaus. Nach der Abzweigung eines Graswegs macht der Fahrweg eine Rechtskurve und erreicht eine Gabelung. Hier verlassen wir die Markierung X.

Auf der links abzweigenden Dorfstraße bis zur folgenden Rechtskurve. Dort zweigt nordwestwärts ein Sand-Fahrweg vom Asphaltsträßchen ab und beschreibt gleich eine Rechtskurve. Sofort danach erreichen wir die nächste Gabelung und zweigen hier rechts vor dem Waldrand ab. Weiter geht es nicht geradeaus, sondern nach wenigen Schritten links auf einem schmaleren Fußweg wieder Richtung Himmelmoor, dem inneren Moorweg. Der nun romantische Weg macht bei einem **Moortümpel** mit Ruhebank eine Rechtskurve und führt als Dammweg weiter. Nach einem Linksbogen kommen von links wieder Moorbahngleise. Diesen folgen wir nun geradeaus, bis wir wieder auf den Hinweg stoßen, unweit vom ersten Aussichtspunkt. Zurück nach **Renzel** geht es auf dem Hinweg. Falls man dort einkehren möchte, erreicht man das Golf-Restaurant in Kürze, wenn man am Ende der Dorfstraße links auf der Pinneberger Straße abzweigt, die **Bushaltestelle Dorfstraße** ❶ liegt dagegen rechts.

**TOP 7**

# Im Naturpark Aukrug

↗ 160 m | ↘ 160 m | 16.2 km
4.00 h

### Viel Abwechslung und weiter Panoramablick vom Boxberg

*Der Naturpark Aukrug, ein 380 km² großes Gebiet westlich von Neumünster, ist frei von Industrie und bietet eine abwechslungsreiche Wald-, Heide- und Teichlandschaft. Besonders beliebt ist die Besteigung des 77 m hohen Boxberges, von dem man eine weite Rundsicht genießt.*

**Ausgangspunkt:** Bahnhof Aukrug, alternativ Bushaltestelle Homfeld Ortsmitte. An- und Abreise per Zug bis Neumünster, von dort weiter mit der Nordbahn nach Aukrug (täglich) oder mit der Buslinie 3525 nach Aukrug Bahnhof oder Homfeld (Mo–Sa). Parkplatz am Bahnhof Aukrug, in Homfeld an den Straßenrändern.

**Anforderungen:** Technisch leichte Wanderung, aber anstrengender kurzer Anstieg zum Boxberg; im Wald aufgrund der vielen Abzweigungen Orientierungssinn notwendig, trotz der teilweise vorhandenen wechselnden Markierungen.
**Einkehr:** In Aukrug, unterwegs im Café-Restaurant Am Boxberg und im Restaurant Heidehaus.

*Im Anstieg zum Boxberg.*

Vom Bahnhof in **Aukrug** ❶ auf der Zufahrtsstraße zur Hauptstraße (L 121), auf ihr nach rechts bis zur links abzweigenden Straße Zum Hölln. Dort finden wir einen gelben Pfeil des Naturparkwegs. Auf dem Fahrweg aus Aukrug heraus und mit mehreren Schlenkern durch Grünland und Felder zu einem Asphaltweg am Waldrand. Diesem von rechts kommenden Weg folgen wir geradeaus durch den Wald. Am folgenden Wald-Feld-Rand gabelt sich der Weg. Wir verlassen hier den Naturparkweg und folgen links am Waldrand dem Plattenweg, als **Wanderweg 9 und 10** bezeichnet.

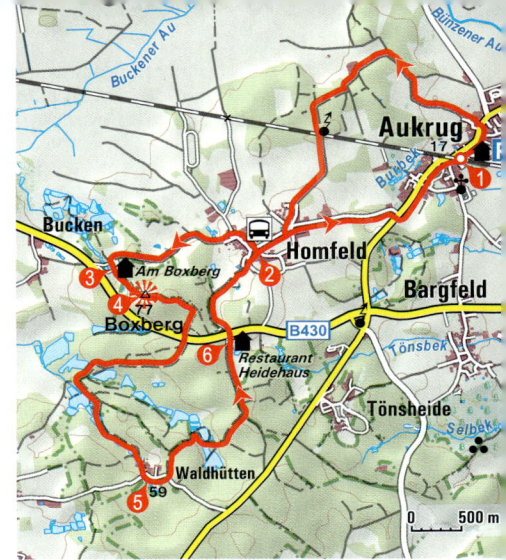

Vor der Zufahrt zum Hof Waldesruh biegt der Claus-Gloy-Weg nach links um und bald danach per Linkskurve in den Wald. Gleich danach zweigt rechts ein breiter Waldweg Richtung

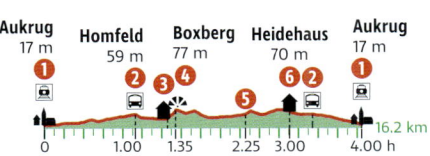

Homfeld ab. An der folgenden Kreuzung halten wir uns links und erreichen bei einem Funkmast im Wald einen unbeschrankten Bahnübergang. Nach dessen Überquerung verlassen wir bald den Wald und folgen einem Platten-Fahrweg bis zu einer Rechtskurve vor dem nächsten Waldstück, das nur kurz berührt wird. Kurz vor Homfeld nochmals an einem Waldstück entlang, dann per Linkskurve in den Ort hinein. Auf der Straße Burlohe kommen wir zu einer Straßenverzweigung (links Bushaltestelle). Rechts wandern wir dann auf dem Fuß- und Radweg an einem rechts liegenden kleinen Teich vorbei, links folgt ein Ferienhof. Vor der nächsten Kreuzung erreichen wir dann die **Bushaltestelle Homfeld Ortsmitte**.

Weiter geradeaus über die **Kreuzung** ❷, bei der dann folgenden Gabelung rechts ab auf die Wiesenstraße (Hinweis auf die Wanderwege 11 und 12). Nach wenigen Minuten zweigen wir erneut ab, und zwar links in den leicht abfallenden Bucker Weg. Nach dem letzten Haus passieren wir rechts liegende Fischteiche und erreichen nach einer Rechtskurve eine Gabelung.

Hier wandern wir links auf dem Plattenweg weiter (Wanderweg 12). Immer in Waldnähe geht es weiter, dann noch einmal ein Stück durch den Wald, bis wir linker Hand das **Café-Restaurant Am Boxberg** ❸ mit großem Parkplatz sehen.

Nach links vor dem Restaurant am Parkplatz entlang, bis wir an seinem Ende eine Infotafel erreichen. Dort nehmen wir den Sandweg, der geradeaus bergan führt. Wir kommen über einen Buckel und sehen rechts eine Wiese mit Spielgeräten. Dann erreichen wir den 77 m hohen **Boxberg** ❹ mit Findlingssteinen und auch Heideflächen. Wir werden mit einer weiten Rundsicht belohnt. Wenige Meter weiter liegt eine Schutzhütte mit einer Infotafel zum Wald. Bei der Schutzhütte gehen wir rechts in den Wald und wandern immer auf demselben Weg, erst per Links-, dann per Rechtsbogen leicht abwärts. Bei der folgenden Gabelung halten wir uns dann rechts und verlassen die Nordic-Walking-Strecke. Von der dann folgenden Kreuzung führt rechts ein breiter Waldweg, zuletzt über Treppen, hinab zur B 430. Nach ihrer Überquerung gabelt sich der Weg und wir folgen links dem Forstweg, bekannt als **Lübsche Trade**. Dabei handelt es sich um einen alten Handelsweg, der im 14. Jh. Lübeck mit Dithmarschen verband.

Der Weg macht einen weiten Rechtsbogen und führt dann lange Zeit geradeaus im Wald zu einer Gabelung, wo links ein Weg zu einem Waldsee hinabführt. Dort halten wir uns rechts, bald folgt eine deutliche Linkskurve. Weiter im Wald, eine Abzweigung auf der linken Seite nicht beachtend, kommen wir zu einer weiteren Gabelung im Wald. Hier nehmen wir links den **Wanderweg 17** Richtung Waldhütten. Schon bald zweigt links ein Weg ab, wir wandern dort weiter geradeaus, um bei der nächsten Verzweigung rechts abzubiegen. So kommen wir zu einer Kreuzung vor Teichen. Nun links auf dem Wanderweg 17 immer entlang der vielen Teiche. Schließlich gabelt sich der Weg. Halb links geht ein Weg Richtung Jagdhaus empor, während wir geradeaus weiterlaufen und schließlich eine Asphalt-Querstraße erreichen. Auf dieser kommen wir links in die Siedlung **Waldhütten** ❺ mit alten Stallungen. Besonders sehenswert ist der historische Kornspeicher, während andere alte Häuser heute als Ferienhaus dienen – ein verwunschener Ort, an dem man von Elfen und Zwergen träumen kann!

Nach Waldhütten bleiben wir noch auf der Straße bis zu einer Rechtskurve. Dort zweigt links ein breiter Waldweg ab, dem wir nun folgen. Nach 5 Min. halten wir uns an der Gabelung rechts und erreichen nach einer Linkskurve ein weiteres Teichgebiet. Nach dem ersten Teich folgen wir bei der Gabelung dem Hauptweg rechts. Kurz danach beschreibt der Hauptweg eine Rechtskurve, dann geht es am Ende des Teichs links zwischen zwei weiteren Teichen hindurch, bevor sich der Weg erneut gabelt. Wir folgen geradeaus dem breiten Waldweg und treffen dann auf einen Querweg, dem wir nach links folgen. Er macht eine Rechtskurve und steigt wenig an. Schließlich treffen wir auf einen weiteren Querweg und folgen diesem Betonplattenweg nach links. Noch kurz zu einer Anhöhe, dann geht es

*Einer von vielen Waldteichen.*

wieder langsam hinunter. Auf dem Weg Schäferkoppeln kommen wir zum Waldrand und laufen an seinem Rand geradeaus bis zur B 430, wo rechts das **Restaurant Heidehaus** ❻ liegt.
Nach Überquerung der Bundesstraße geht es genau gegenüber weiter. Der Weg zieht am dortigen Parkplatz mit einer Linkskurve vorbei und folgt dem Verlauf des Waldrandes. Mit mehreren Schlenkern geht es zunächst am Waldrand weiter, dann rechts vom Wald weg Richtung Homfeld. Wir kommen nochmals an einem Waldstück vorbei, dann macht der Boxbergweg am Ortsrand eine S-Kurve und mündet in die Homfelder Straße ein. Ihr folgen wir nach links zur Abzweigung der Wiesenstraße, um so nach der nächsten Kreuzung die **Bushaltestelle Homfeld Ortsmitte** ❷ zu erreichen. Falls wir nicht von dort zurückfahren, folgen wir weiter der Homfelder Straße und erreichen wieder die Straßenverzweigung bei der Abzweigung der Straße Burlohe. Gleich danach folgt die Bushaltestelle An der Lieth. Der Homfelder Straße folgend, können wir nach Homfeld den Rad- und Fußweg neben der Straße benutzen. Nach einer Rechtskurve mündet diese dann in die L 121 ein. Dieser Straße folgen wir nach links hinein nach Aukrug und erreichen nach dem Bahnübergang rechts den Zugang zum **Bahnhof Aukrug** ❶.

↗ 50 m | ↘ 50 m | 10.6 km

# 8 — Im Nordosten von Bad Bramstedt

**2.30 h**

### Gemütliche Rundwanderung zur ersten Heilquelle der Kurstadt

*Europas größtes Rheumabad zählt als Kleinstadt rund 14.000 Einwohner und hat eine ländliche Umgebung. Die 1681 entdeckte erste Quelle, der Gesundbrunnen, geriet mehrfach in Vergessenheit, ebenso wie weitere, später entdeckte Quellen. Erst um 1900 nahm die Zahl der Kurgäste zu, nicht zuletzt wegen der leichteren Erreichbarkeit durch einen Eisenbahnanschluss. 1930 konnte ein neues Kurhaus in Betrieb gehen, das über 500 hölzerne Moorbadewannen verfügte und Übernachtung für 325 Gäste bot. Im Zweiten Weltkrieg diente es als Reservelazarett und später als Flüchtlingskrankenhaus mit 700 Betten. Nach Auflösung der letzten Krankenhausabteilungen begann 1953 der Ausbau zur größten Rheumaheilstätte Europas. Es folgte eine Zeit ständiger Erweiterungen. 1978 konnte ein moderner neuer Zentralbau in Betrieb genommen werden. Das Kurgebiet liegt südlich des eigentlichen Stadtzentrums. Die Umgebung ist sehr gut für Radfahrer erschlossen, aber auch Wanderer finden etliche schöne Wegstrecken.*

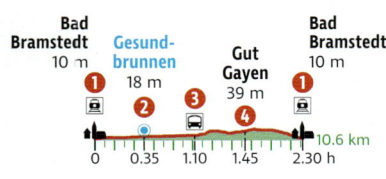

**Ausgangspunkt:** Bad Bramstedt Bahnhof an der AKN-Linie A1. Wechsel von der S-Bahn auf die AKN derzeit in HH-Eidelstedt, bei Verlängerung der S-Bahn in Kaltenkirchen.
**Anforderungen:** Leichte Wanderung auf gut begehbaren Wegen.
**Einkehr:** Nur in Bad Bramstedt selbst.

*Rastplatz beim Gesundbrunnen.*

Vom **Bahnhof Bad Bramstedt** ❶ laufen wir wenige Minuten südwärts entlang der Parkplätze, bis rechts die Straße Am Badesteig abzweigt. Hier gibt es links einen Bahnübergang nur für Fußgänger und Radfahrer, den wir benutzen. Danach geht es begleitet von Bäumen und Büschen auf einem breiten Sandweg bis zum Alten Kurhaus. Kurz danach zweigt links ein Asphaltsträßchen links ab, wir wandern aber geradeaus weiter und folgen dem Rand eines rechts liegenden Parks. Nach dessen Ende liegt rechts ein Teich, dann geht es per Rechtskurve unter der B 206 hindurch. Wir folgen immer dem breiten Sandweg, der mehrmals die Richtung ändert. Dann treffen wir auf den Brunnenweg und folgen ihm nach rechts. Einen links abzweigenden Asphaltweg ignorieren wir und erreichen auf dem breiten Sandweg schließlich den **Gesundbrunnen** ❷, einen alten Brunnenplatz mit Ruhebänken.

Vom Gesundbrunnen folgen wir außen dem Waldrand. Nachdem rechts ein breiter Waldweg abgezweigt ist, erreichen wir geradeaus bald das Ende des Waldes. Dort kommen wir über einen kleinen Wasserlauf zu einem Teich. Der Weg biegt nach links um und führt, nun als Karkenmoorweg, zum nächsten Waldstück. Auch hier laufen wir außen entlang. In einer Rechtskurve zweigt links ein Feldweg ab, den wir ignorieren. Kurz durch ein Stück Wald, dort über einen Graben, dann nach einer Linkskurve wieder am Waldrand weiter. Es folgen nun mehrere Wegschlenker. Dann biegt

der Weg vor dem Wald links ab und führt schnurgerade zu einem Asphalt-Querweg. Auf diesem rechts durch den Wald, an dessen Ende rechts eine Siedlung liegt. Dann biegen wir mit dem Sträßchen Am Hallohberg nach links ab und erreichen bald danach die **Bimöhler Straße** (K 111) bei einer **Bushaltestelle** ❸.
Auf dem Fuß- und Radweg kurz rechts neben der Kreisstraße entlang, am Beginn der Brücke über die A 7 jedoch gegenüber in die Bahnhofstraße. Per Linkskurve

*Infotafel zur ersten Heilquelle des Kurortes.*

geht es auf ihr bald in den Wald. Dort, wo die Autostraße dann rechts am Waldrand weiterführt, zweigen wir geradeaus auf einen Waldweg ab. Dieser macht eine Linkskurve vom Waldrand weg, und wir laufen immer geradeaus durch den Wald, wobei rechts und links etliche Nebenwege abzweigen. Am Waldrand kommen wir zu einer Kreuzung, dort geradeaus, dann folgt eine Rechtskurve. Links liegen außerhalb des Waldes Wiesen und das **Roddenmoor**. Bei der nächsten Gabelung führt der Sand-Fahrweg, auf dem wir bisher gewandert sind, nach rechts, geradeaus jedoch ein Waldweg am Wiesenrand weiter. Am Ende der Wiese erreichen wir eine Kreuzung. Dort biegen wir links ab, laufen noch ein Stück durch Wald, dann liegen rechts Wiesen und es geht über einen Buckel. Schließlich erreichen wir den Bahnübergang beim **Gut Gayen**.
Nach Überquerung der Bahnlinie liegt rechts das **Gut** ❹. Dort macht der Weg eine Rechtskurve, und wir wandern die Baumallee zu einem Buckel aufwärts. Kurz nach einer Linkskurve des Fahrwegs mündet von rechts ein Feldweg mit der lokalen Markierung 1 ein. Wenig später unterqueren wir erneut die **B 206**. Anschließend zweigt bei einer Ruhebank rechts ein Rad- und Fußweg ab, dem wir folgen. Er führt immer geradeaus durch ein Gewerbegebiet. Wir kreuzen dabei die Straße Am Hasselt. Danach führt der Sandweg – links von Grünflächen, rechts von Büschen und Bäumen begleitet – zur Straße Düsternhoop, die wir in einer Kurve erreichen. Geradeaus weiter, an einer Schule vorbei, bis von links der Großenasper Weg einmündet. Dort per Rechtskurve weiter, bis links eine kleine Straße mit Bushaltestelle abzweigt. Auf dieser kommen wir südwärts zu einer Querstraße, dem Landweg (K 111), der bei der Einmündung links über die Bahnstrecke führt. Hier ganz kurz rechts, dann links auf der König-Christian-Straße zum schon sichtbaren **Bahnhof** von **Bad Bramstedt** ❶.

*Unterwegs auf dem Brunnenweg.*

# TOP 9 — Zwischen Einfeld und Bordesholm

↗ 60 m | ↘ 60 m | 17.3 km
4.15 h

## Naturerlebnisse an Seen und im Dosenmoor

*Ausgangspunkt dieser Wanderung ist Einfeld, heute ein knapp 8000 Einwohner zählender Stadtteil von Neumünster, direkt am Südende des Einfelder Sees gelegen. Der Wanderweg folgt dann dem ruhigen Westufer des Einfelder Sees und führt über Mühbrook zum Bordesholmer See, wo ebenfalls am Westufer die berühmten Klosterkirche steht. Weiter geht es immer in Ufernähe durch Bordesholm. Durch Felder und Wald erreichen wir südlich von Bordesholm schließlich den Höhepunkt der Tour, das einmalige Naturdenkmal Dosenmoor, das besterhaltene Hochmoor Schleswig-Holsteins. Von dort führt der Weg zurück nach Einfeld.*

**Ausgangspunkt:** Bhf. Einfeld an der Strecke Hamburg–Neumünster–Kiel.
**Anforderungen:** Abwechslungsreiche Wanderung auf Nebenstraßen, Feld-, Wald- und Fußwegen ohne besondere Anforderungen.
**Einkehr:** In Einfeld, Mühbrook und Bordesholm.

Vom **Bahnhof** ❶ kurz südwärts zum Bahnübergang, dann rechts per Kurve weiter auf die Einfelder Schanze (L 318). Bei der Abzweigung der Straße Seekamp wechseln wir die Straßenseite und laufen noch ein Stück neben der Einfelder Schanze. Dann zweigt links die Strandallee ab, die uns zum Weg um den **Einfelder See** bringt. Auf diesem dann nach links weiter, entlang der Rückseite von Grundstücken. Nach einer Linkskurve erreichen wir einen Bootsanleger unterhalb des Seekamps. Danach umrundet der Fußweg das Südende des Sees per Rechtskurve und verläuft dann parallel zur Uferstraße. An dieser liegen das Haus Nr. 13 mit einem interessanten Bauerngarten und das Haus Nr. 19, die unter Denkmalschutz stehende **Villa Hornung** von 1912.

Am Ortsende von Einfeld, vor einem Parkplatz, zweigen wir rechts auf ei-

*Villa Hornung am Südende des Einfelder Sees.*

nen breiten Sandweg ab. Schon bald zeigt sich links die halbkreisförmige **Margarethenschanze**, eine alte Wallanlage aus dem 9./10. Jh. Dann verläuft der Wanderweg mit mehreren Schlenkern am Westrand des Naturschutzgebietes am Westufer des Einfelder Sees. Schließlich führt er von der Uferzone weg und trifft bei einem Einzelhaus auf einen hier asphaltierten Querweg. Auf diesem Fahrweg namens Am Bondenholz wandern wir nun rechts weiter und folgen dem links liegenden Waldrand, während sich rechts Obstwiesen erstrecken. Vor den nächsten Häusern führt rechts ein Rad- und Fußweg wieder zum See und ins **NSG Westufer.**

Der Wanderweg macht nun etliche Schlenker, dem Verlauf des Seeufers folgend. Unterwegs kommen wir auch an einem hübschen Rastplatz bei einer über 250 Jahre alten Rotbuche vorbei. Bei einem Reetdachhaus mündet von links ein Weg ein, und wir laufen geradeaus auf dem Seeredder nach Mühbrook hinein. Noch vor Erreichen der Dorfstraße zweigt rechts in Ufernähe ein Fuß- und Radweg ab, der näher am See zum Hotel Seeblick im Zentrum von **Mühbrook** ❷ führt. Dort befindet sich auch die Bushaltestelle für das erstmals 1238 erwähnte Dorf.

*Blick über den Bordesholmer See zur Klosterkirche.*

Vor dem Hotel Seeblick nach links vom Seeufer weg in die Straße Tökshorst. Dort befindet sich ein Hinweisschild auf den Radweg nach Bordesholm. Am kleinen Gewerbegebiet vorbei zum Ende der Asphaltstraße bei den Häusern, dann laufen wir auf dem Sand-Fahrweg weiter bis zu einem idyllischen Angelsee, auch Mühbrooker Meer genannt. Auf der Ostseite des Sees geht es nordwärts weiter, nach einer Linkskurve bleibt der See zurück und wir passieren bald ein Einzelhaus. Kurz danach trifft der Wanderweg am Südufer des **Bordesholmer Sees** ❸ auf einen Querweg.

Bei dieser Gabelung zweigen wir links ab und folgen immer dem Weg am Westufer des Sees. Schon bald kommen wir per Holzbrücke über den Steingraben und steigen bei der folgenden Verzweigung nicht links hinauf, sondern folgen geradeaus dem Weg in Ufernähe. Der macht etliche Schlenker und erreicht schließlich den Rastplatz Vogelwiese, von dem wir schon die Klosterkirche sehen. Weiter nordwärts im Wald bis zu einer Schaukel und Info-Pavillon. Dort rechts weiter, über eine Holzbrücke, bei der Gabelung kurz danach links vom Seeufer weg und hinauf zum Parkplatz, dann geradeaus am rechts liegenden Seniorenheim entlang. Dahinter steht auf der rechten Seite die große **Klosterkirche** ❹, mit deren Bau 1309 begonnen wurde. Der dreischiffige Hallenbau ist das Überbleibsel des einstigen Klosters und hat keinen Turm, sondern einen spitzen Dachreiter. Neben der Kirche befindet sich noch ein Museum für die Klosterinsel.

Von der Kirche nordwärts auf dem lang gestreckten Lindenplatz weiter, vorbei am Kirchhof mit altem Baumbestand, Grabstätten und Denkmälern. Dann liegt links ein Restaurant, rechts führt dagegen der Kaestners Gang, ein Fußweg, wieder hinab zum See. Dort treffen wir neuerlich auf den Seeuferweg und folgen ihm nach links. Kurz danach geht es nicht geradeaus, sondern per Rechtsbogen bis zur Heintzestraße. Auf ihr rechts weiter, vorbei an einem Café, zum Dreiecksplatz. Dort folgen wir zunächst rechts der Eiderstedter Straße. Nach einigen Minuten zweigt rechts ein Sandweg Richtung See ab, der uns zur **Badestelle** mit dem Bistro Seeterrassen in **Bordesholm** ❺ bringt.

Von dort folgen wir zunächst noch dem Promenadenweg, der Eckholmallee, bis bei einer Schaukel links ein Fußweg vom See wegführt. Der Weg mündet in die Autostraße Eiderstede. Ihr folgen wir nach rechts und kommen an einem Platz mit Parkplatz vorbei. Danach macht die Straße einen Linksbogen, steigt leicht an und mündet in die Kieler Straße (L 318), der wir ganz kurz nach rechts folgen. Dann links auf der gegenüberliegenden Seite den Asphalt-Fahrweg Aalredder (Schild »Hochzeitswald«) entlang. Hier verlassen wir Bordesholm wieder und erreichen den rechts liegenden Hochzeitswald. Wir kommen auf dem Fahrweg zu einer Bahnunterführung. Danach verläuft der Fahrweg nach rechts und folgt zunächst der Bahnlinie Kiel–Neumünster, um dann nach links von der Bahnstrecke wegzuführen. Gleich darauf jedoch wieder rechts, immer südwärts, von Feldern begleitet in Richtung Wald. Schließlich biegt der Weg beim **Hof Holtkoppel** nach links ab und führt nach einigen Minuten wieder nach rechts bzw. südwärts zum Waldrand, wo wir bei einer Ruhebank vom Asphaltweg links in den Wald hineingehen, gleich danach bei der Weggabelung rechts und bei den weiteren Abzweigungen immer geradeaus (südwärts) weiter durch das Wattenbeker Gehölz, bis wir am südlichen Waldrand eine Kreuzung mit Infotafel erreichen. Diese befindet sich am Nordrand des **NSG Dosenmoor**. Wir folgen nun dem Rundweg 2, der geradeaus bzw. per Rechtsbogen durch das Moor führt. In knapp 10 Min. erreichen wir einen **Aussichtshügel** ❻ mit Ruhebänken, von dem wir einen schönen Blick über die fantastische Moorlandschaft haben. Einst wurde auch hier Torf abgebaut, und das Moor befindet sich noch immer in einem Renaturierungsprozess.

Vom Aussichtspunkt sind es nur wenige Minuten zu einem Querweg bei einem Tümpel, wo wir rechts (westwärts) abzweigen und so fast immer geradeaus zu einer Häusergruppe an einem Fahrweg kommen. Nach links folgt der Fahrweg nun südwestwärts dem Verlauf der Bahn, wir kommen an einem Info-Zentrum zum Dosenmoor vorbei, passieren einen Reitstall und erreichen auf dem Weg Am Moor schließlich den Ortsrand von Einfeld. Kurz danach führt beim Haus Nr. 35 rechts ein Durchgang zwischen Wohnhäusern hindurch zur Kieler Straße (L 318). Auf ihr nach rechts zum schon sichtbaren Bahnübergang bzw. danach rechts zum **Bahnhof** von **Einfeld** ❶.

↗ 30 m | ↘ 40 m | 16.2 km

# 10 Von Meeschensee nach Duvenstedt

4.00 h

### Im Zeichen der Alster und der »Costa Kiesa«

*Binnen- und Außenalster verleihen der Hamburger Innenstadt ein attraktives Aussehen, wie es keine andere deutsche Großstadt bieten kann. Die Alster selbst ist ein rechter Nebenfluss der Elbe, der in rund 25 km Luftlinie nördlich vom Stadtzentrum im Alster-Quellmoor am Rande der Siedlung Rhen in Schleswig-Holstein entspringt. Sehr windungsreich fließt die Alster durch den Nordosten des Hamburger Stadtgebietes, ist später kanalisiert, danach zu Außen-, Binnen- und Kleiner Alster aufgestaut, um dann mittels Fleete in die Norderelbe zu münden. Der Alstertalweg in Hamburg selbst folgt dem Flusslauf und wird von Spaziergängern wie Radfahrern gleichermaßen gern benutzt, sodass sich hier an Schönwettertagen ganze Menschenmassen tummeln. Auf dieser Wanderung durch Feld, Wald, Wiesen und Moor kommen wir unterwegs an der Alsterquelle und am liebevoll »Costa Kiesa« genannten Badeplatz nördlich von Wilstedt vorbei, sodass bei entsprechendem Wetter die Badehose nicht fehlen sollte.*

**Ausgangspunkt:** Bhf. Meeschensee an der AKN-Linie A 2 (Norderstedt Mitte–Ulzburg Süd) unweit der Siedlung Rhen.
**Endpunkt:** Bhst. Mesterbrooksweg der Linie 276 in Duvenstedt.

**Anforderungen:** Leichte Tour auf Nebenstraßen, Fuß-, Feld- und Waldwegen.
**Einkehr:** Am Bahnhof Meeschensee und im Zentrum von Duvenstedt, unterwegs keine.

Vom **AKN-Haltepunkt Meeschensee** ❶ folgen wir ostwärts der Straße Elfenhagen, auf der wir kurz darauf einen Markierungspfeil finden. Dieser ist teilweise mit den Buchstaben AQ für Alsterquelle, später mit P für Poppenbüttel oder OH für Ohlstedt ergänzt. Knapp 10 Min. später erreichen wir die Ulzburger Straße (L 326). Nach deren Überquerung geht es kurz nach rechts, bevor der Fußweg links in die Siedlung **Rhen** einbiegt und auf die Straße Am Heidberg trifft. Auf dieser nur kurz nach rechts, dann links weiter in die Straße Zum Meeschensee. Von dieser Wohnstraße zweigt bald rechts ein Fußweg ab, der in ein lang gestrecktes kleines Waldstück inmitten von **Rhen** führt. Von einer Kreuzung in dem lichten Wald wandern wir nordwärts zum Schäferkampsweg. Auf diesem kurz nach rechts, auf der folgenden Norderstedter Straße links zu einem Waldstück, dort rechts ab und wieder auf dem Fußweg zum Quellenweg, der nach Überquerung einer Querstraße erreicht wird. Auf dem Quellenweg weiter, bis rechts ein kurzer Fußweg zur **Alsterquelle** ❷ führt. Die Quelle selbst ist eingemauert, mit einem Gitterrost versehen und vollkommen unspektakulär. In trockenen Sommern kann sie auch versiegen. Ein Rastplatz lädt hier zur Pause ein.

Kurz nach der Quelle gelangen wir per Holzbrücke über die junge Alster zu einem breiten Fußweg (Hein-Timm-Weg), der rechts durch das lichte Wald- und Moorgebiet südwärts zu einem weiteren Querweg mit Ruhebank führt. Auf diesem immer noch mit einem gelben Pfeil markierten Weg nach links, bei der folgenden Verzweigung geradeaus. Dann treffen wir auf einen Querweg, dem wir nach rechts folgen. So erreichen wir die Kreuzung mit einer Asphaltstraße (Immbarg) und kommen gegenüber ins **NSG Henstedter Moor**.

Der Fahrweg macht bei einer Ruhebank eine Linkskurve und bald darauf eine Rechtskurve bei einem Papierkorb. Dort verlassen wir den breiten Weg und folgen einem Pfad. Bei der nächsten Gabelung weiter halb links am Waldrand entlang. Dann treffen wir in einer Kurve, erneut bei einer Bank, auf einen Sand-Fahrweg. Diesem folgen wir nach rechts bzw. südwärts. Bei Abzweigungen halten wir uns immer geradeaus, wandern dann ein Stück am Waldrand entlang und erreichen an der folgenden Waldecke einen Querweg. Auf diesem wandern wir nach rechts immer am Rand des Waldes entlang, bis wir am Rand einer Siedlung auf eine Autostraße treffen. Ihr folgen wir nach links und passieren bald den **Brüderhof** mit Bushaltestelle.

*An der im Sommer beliebten »Costa Kiesa« lockt sogar Sandstrand.*

Weiter auf der Straße zu einer Gabelung nach einem Einzelhaus. Dort geht es rechts Richtung Norderstedt bzw. L 284, wir laufen jedoch geradeaus weiter und erreichen die Siedlung **Kringel**. Dort liegt rechts ein **Parkplatz** ❸, während links die Stichstraße Quebbern zum Spargelhof Bolhuis führt, wo man in der Saison jeden Tag neben Spargel auch diverse Zutaten sowie Obst, insbesondere Erdbeeren, erhält. Vom Parkplatz zunächst noch geradeaus, aber schon bald zweigt rechts ein Sand-Fahrweg ab. Diesem folgen wir südwärts und ignorieren dabei sämtliche Abzweigungen. So kommen wir immer geradeaus haltend zum **Wilstedter Baggersee**, der linker Hand liegt. Am Waldrand zweigen wir nicht rechts ab, sondern laufen halb rechts durch das kurze Waldstück. Danach folgen wir dem nun wieder breiteren Weg vor dem See nach rechts. Dieser macht dann eine Linkskurve; danach stehen wir oberhalb eines Sandstrandes, der **Costa Kiesa** ❹. Der Zutritt ist kostenlos, der Badestrand wird beaufsichtigt!

Der Weg folgt nun zunächst dem Westufer und macht dort mehrere Kurven, bevor es schnurgerade zu einem großen Parkplatz an der Harksheider Straße (K 81) geht. Nach Überquerung der Autostraße halten wir uns kurz links, dann folgen wir rechts am Waldrand einem Sandweg. An der nächsten Waldecke treffen wir auf einen Querweg, auf dem wir nun links weiterwandern. Danach erreichen wir am Rand von Wilstedt einen Bolz- und Spielplatz mit **Rasthütte** ❺. Hier noch kurz geradeaus zur ersten Kreuzung in **Wilstedt**, dort rechts auf den Ginsterweg.

Rasthütte am Ortsrand von Wilstedt Siedlung.

Per Linkskurve kommen wir dann zu einer weiteren Straßenkreuzung mit Bushaltestelle. Hier geradeaus auf der Heidestraße weiter, die per Rechts-links-Kurve durch die Siedlung führt und dann den Birkenweg erreicht.
Auf diesem nach rechts bis zum Waldrand, dort kurz links die Waldstraße entlang. Von ihr zweigt dann am Südrand von Wilstedt rechts ein Waldweg in den Tangstedter Forst ab. Wir wandern immer geradeaus und ignorieren Abzweigungen, bis wir einen links liegenden eingezäunten Hundetummelplatz erreichen. Danach geht es links auf einem breiten Sand-Fahrweg zu einer Autostraße (Glashütter Weg). Gegenüber führt der asphaltierte Forstweg in bisheriger Richtung weiter. Wenig später zweigt rechts ein gelb markierter Waldweg ab und bringt uns mit mehreren Richtungswechseln durch den schönen Tangstedter Forst zur **Segeberger Chaussee** (B 432) bei einer Häusergruppe ❻.
Nach Überquerung der Straße halten wir uns rechts, gehen für wenige Minuten neben der Chaussee, um dann links auf den Brunsteenredder abzuzweigen. Bei der ersten Gabelung geradeaus, bei der zweiten rechts ab auf den Wittmoorredder. So kommen wir mit mehreren Wegschlenkern durch die nördlichen Ausläufer des **NSG Wittmoor**. Schließlich endet der Wittmoorredder und trifft erneut auf den Brunsteenredder. Wir folgen diesem Querweg nun nach rechts, bis links der Meesterbrooksweg abzweigt. Dieser Sand-Fahrweg führt uns nun nach Duvenstedt, wo er sich zur Wohnstraße verbreitert. Auf dieser kommen wir zur Poppenbütteler Chaussee mit der **Bushaltestelle Mesterbrooksweg** ❼.
Wer noch einkehren möchten, erreicht links haltend in 5 Min. das Zentrum von **Duvenstedt**, wo es mehrere Möglichkeiten gibt.

↗ 50 m | ↘ 50 m | 15.0 km

# 11 Zwischen Ohlstedt und Rade

3.45 h

## Im Norden von Hamburgs Walddörfern

*Der Stadtteil Wohldorf-Ohlstedt liegt ganz im Norden Hamburgs und zählt mit seinen zahlreichen Villengrundstücken zu den wohlhabendsten Teilen Hamburgs. Umgeben vom Naturschutzgebiet Wohldorfer Wald mit vielen Laubwäldern und dem angrenzenden NSG Duvenstedter Brook war er schon früh ein Naherholungsziel. Dieses konnte man mit einer elektrizifierten Kleinbahn gut erreichen, die aber 1961 endgültig stillgelegt wurde. Die Siedlung Rade gehört schon zur Gemeinde Tangstedt und lockt mit einem beliebten Ausflugsgasthof. Der Bio-Hof Gut Wulksfelde ermöglicht schließlich noch einen Einkauf im Hofladen.*

**Ausgangspunkt:** Endstation Ohlstedt der U 1, direkt von Hamburg Hbf. erreichbar.
**Anforderungen:** Leichte Wanderung überwiegend auf Waldwegen oder entlang der Alster, teils auch Nebenstraßen. Gut auch als Wintertour geeignet.

**Einkehr:** Im Landhaus Ohlstedt, unterwegs im Gasthof Alte Rader Schule, in der Gutsküche vom Bio-Gut Wulksfelde und zeitweise im Hotel Alster Au.
**Tipp:** Besuch der Ausstellung im Informationshaus Duvenstedter Brook und des Kleinbahn-Museums in Wohldorf.

*Das schöne Reetdachhaus des Hotels Alster Au.*

Von der **U-Bahn-Station** ❶ gehen wir nach rechts, die Alte Dorfstraße entlang, dann nach links in die Straße Im Busch und auf dieser geradeaus in den Wohldorfer Wald. Der mit gelben Pfeilen und »Bh« markierte Weg wendet sich im Wald zunächst nach rechts, macht dann einen Linksbogen und erreicht eine Abzweigung, von der ein Weg nach rechts zum Waldfriedhof Wohldorf führt. Weiter geht es leicht links am Waldrand entlang, bis der Ole-Boomgaarden-Weg in den Brügkamp einmündet.

Hier gemäß der Markierung rechts weiter zu einer Holzbrücke über die **Ammersbek**, einen 9 km langen Nebenfluss der Alster. Kurz nach der Holzbrücke zweigen wir links vom markierten Weg ab, in gerader Linie am Waldrand entlang, bis wir nach 10 Min. den Duvenstedter Triftweg erreichen. Auf diesem nach links (westwärts) immer am Rand des Duvenstedter Brook entlang, bis zu einem Parkplatz beim NABU-Informationshaus **Duvenstedter Brook** ❷. Dort nach rechts auf dem Fußweg neben der Autostraße (Wiemerskamper Weg) Richtung Norden weiter. Die Straße macht einen Rechtsbogen, kurz danach zweigt links der für Autos gesperrte Rader Weg ab. Auf diesem anfangs durch Wald, dann über offenes Gelände. Nach 20 Min. erreichen wir den Wulksfelder Weg, eine Autostraße, die überquert wird. Gegenüber führt der Weg im Wald weiter, bis wir nach einer Kreuzung auf den Schleusenweg beim Haus Nr. 6 treffen. Hier nun kurz rechts zu einer Autostraße, die ebenfalls »Rader Weg« heißt. Auf ihr per Rechtskurve und Brücke über die Sielbek, dann nordwärts vorbei an einer Bushaltestelle, nach der auf der rechten Seite der beliebte **Ausflugsgasthof Alte Rader Schule** ❸ in **Rade** liegt.

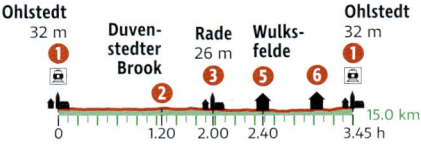

*Dezemberstimmung an der Ammersbek im Wohldorfer Wald.*

Dann wandern wir zurück bis zur Abzweigung des Schleusenwegs nach der Brücke, zweigen aber erst kurz danach nach rechts auf einen Waldweg ab. Dies ist der Alstertal-Wanderweg, der mit einem gelben Pfeil und P gekennzeichnet ist. Nun folgt ein landschaftlich schöner Teil im Naherholungsgebiet Oberalster. Wir kreuzen nochmals den Hinweg, kommen an der Abzweigung zur rechts liegenden Rader Schleuse vorbei und folgen gut markiert den Windungen der Alster im hügeligen Mischwaldgebiet. Zuletzt verläuft der Wanderweg neben der Autostraße Wulksfelder Weg, bevor er bei der Brücke über die alte **Wulksfelder Schleuse** ❹ in diese einmündet. Dort befindet sich auch ein Rastplatz.

Zum **Bio-Gut Wulksfelde** ❺ kommt man von hier per Abstecher: Dazu überqueren wir die Brücke nach rechts, dann die Straße nach links, und folgen gegenüber dem Rad- und Fußweg in den Wald. Per Rechtsbogen kommen wir zu einer Kreuzung, bei der wir links zum nahen Gut abzweigen. Dort können wir im Hofladen einkaufen oder auch nur einkehren.

Vom Gut zurück zur Brücke über die **Wulksfelder Schleuse** ❹. Ganz kurz noch neben der Autostraße weiter, dann zweigt rechts der Alsterwanderweg wieder ab. Nach ca. 10 Min. treffen wir auf einen Querweg, hier rechts auf dem Todtenredder weiter. Bei der Abzweigung des Suurwisch links und am Waldrand südwärts zum Duvenstedter Triftweg. Hier nach rechts über die Alsterbrücke, dann wandern wir auf der gegenüberliegenden Seite bis zur Straße Schleusenredder auf einem Fußweg. Wir befinden uns hier auf der Rückseite des **Hotels Alster Au,** dessen Restaurant in der Regel nur für Gruppen öffnet, sowie für Einzelgäste zu bestimmten Events.

Auf der Straße Schleusenredder auf der Timmermannsbrücke wieder nach links über die Alster, danach an der Abzweigung der Straße Alsterblick vorbei, weiter auf der Straße Schleusenredder zum nahen Waldrand, wo rechts das **Kleinbahn-Museum Wohldorf** liegt. Hinter dem Museum führt der Kleinbahn-Wanderweg rechts wieder in den Wohldorfer Wald mit der Markierung »Oh«, bis wir nach 10 Min. den Pflasterweg Mühlenredder mit einem Gedenkstein zur ehemaligen Haltestelle Tannenallee überqueren. Geradeaus wandern wir nun an einem Waldparkplatz entlang und kommen über den Bach Drosselbek zu einer weiteren Wegverzweigung. Dort erneut geradeaus und bei der folgenden Abzweigung nicht rechts ab, sondern geradeaus zum Waldrand, wo wir auf die Straße Kupferredder treffen. Hier geht es erst kurz rechts, dann bei der gegenüberliegenden Schule links ab auf einen Fußweg, der unweit der Straße Timms Hege zur Bahnunterführung führt. Durch diese nach links und nach der Straßenüberquerung zurück zur **U-Bahn-Station Ohlstedt** ❶.

*Infotafel vor dem Kleinbahn-Museum.*   *Eingang zur U-Bahn-Station Ohlstedt.*

↗ 130 m | ↘ 130 m | 17.0 km

## 12 Rund um den Segeberger See

4.15 h

### Im Banne des Kalkberges, der Trave und des Großen Segeberger Sees

*Bad Segeberg liegt in einer hügeligen Landschaft mit Wäldern, Knicks und Seen. Wahrzeichen ist der 91 m hohe Kalkberg, von dem man eine herrliche Rundsicht hat. Dort finden in einer der schönsten Freilichtbühnen Europas alljährlich die bekannten Karl-May-Spiele statt. Die Rundwanderung führt zunächst auf den Kalkberg und dann durch die schöne Fußgängerzone. Später geht es landschaftlich reizvoll entlang der Trave und durch das Waldgebiet um den Ihlsee, um über Rönnau zum Nordende des Großen Segeberger See zu kommen. Auf der Ostseite des Sees wandern wir dann zurück nach Bad Segeberg.*

**Ausgangspunkt:** Bad Segeberg Bhf. an der Strecke Bad Oldesloe–Neumünster.
**Anforderungen:** Abwechslungsreiche Wanderung, viele echte Fußwege, aber auch Teilstrecken auf Feldwegen oder (Neben-)Straßen, kleinere Anstiege.
**Einkehr:** In Bad Segeberg, mit kurzen Abstechern in Klein Rönnau und im Klüthseehof.
**Tipps:** Besuch der Kalkberghöhlen, dem größten Fledermaus-Winterquartier in Nord- und Mitteleuropa (für rund 15.000 Tiere) sowie die Karl-May-Spiele von Ende Juni bis Anfang September.

*Bei Klein Rönnau – Blick über den Segeberger See.*

Vom **Bahnhof** ❶ gehen wir an der Ampelkreuzung nordwärts über die B 206, vorbei am links liegenden ZOB und dann die Bahnhofstraße entlang. An ihrem Ende nicht links in die Fußgängerzone, sondern rechts zuerst auf der Oldesloer Straße, dann links auf der Kleinen Seestraße bis zu ihrem Ende. Dort per Treppe hinauf und links auf dem David-Kropff-Weg zum Fuß des Kalkbergs. Dort zweigt rechts ein Weg zum Gipfel ab. Schon bald geht dann links der spätere Abstiegsweg ab, rechts dagegen erreichen wir eine Wegverzweigung. Hier nehmen wir den mittleren Weg und gelangen so auf der Ostseite zu einem wunderschönen Aussichtspunkt auf dem **Kalkberg** ❷. Der Blick geht über die Stadt und den Segeberger See, in die Tiefe dagegen auf die Spielstätte der Karl-May-Spiele.

Zurück auf dem Anstiegsweg, bis kurz nach der Verzweigung rechts ein Weg zum Nordfuß vom Kalkberg hinabführt. Wir erreichen so erneut den David-Kropff-Weg. Auf diesem nun nach rechts, vorbei am Zugang zu den **Kalkberghöhlen** und der Ausstellung Noctalis – Welt der Fledermäuse. Am Beginn der Oberbergstraße führt links ein Treppenweg hinab zur Lübecker Straße. Auf dieser nach links, stadteinwärts, vorbei am Museum Altes Bürgerhaus und am Rathaus. Dann erreichen wir die Fußgängerzone und

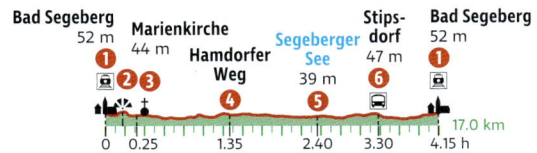

kommen immer geradeaus auf der Kirchstraße zum Marktplatz. Dort steht rechts die **Marienkirche** ❸.

Vom Marktplatz weiterhin geradeaus auf der Kirchstraße, dann auf der Hamburger Straße bis zum Ende der Fußgängerzone. Dann kommen wir am rechts liegenden Landratspark vorbei und bleiben weiterhin auf der Hamburger Straße, bis zu den Parkplätzen eines großen Möbelhauses rechter Hand. Ab dort folgen wir rechts der Straße An der Trave, bis auf der Höhe der Warenausgabe links ein Fuß- und Radweg abzweigt, der in Kürze zur Trave führt. Dort rechts, dann folgen wir auf dem Trave-Wanderweg immer dem Lauf der **Trave**. Wir passieren eine Schutzhütte mit Grillplatz und kommen kurz danach zu einer Brücke, die links nach Schackendorf führt. Wir gehen hier nach rechts aus dem Tal der Trave heraus und ostwärts weiter. Bald sehen wir linker Hand den Ihlwaldfriedhof, kommen an einem Parkplatz und einer Bushaltestelle vorbei und treffen auf den **Hamdorfer Weg** ❹, auf dem wir uns nach links Richtung Norden orientieren.

Bald liegt rechts der Ihlsee, unterhalb der Autostraße. Von dieser ist rechts bei einem NSG-Schild ein Abstecher zum See möglich. Beim danach folgenden Weg zweigen wir ab und kommen schon bald zum Asphalt-Fahrweg Am Ihlsee. Nach seiner Überquerung in den Wald und per Rechtskurve weiter. Der Waldweg verläuft oberhalb des Fahrwegs. Wir folgen ihm immer geradeaus, bis am Ende des Waldes an einer Gabelung der Asphalt-Fahrweg endet. Dort wenden wir uns nach links und wandern nordwärts wieder in den Wald. Wir erreichen schließlich eine Kreuzung, wo wir Richtung Osten, also rechts, der Fledermausroute SE 7 folgen. Immer geradeaus, vorbei an Abzweigungen und über eine Kreuzung zum Waldrand. Dort macht der Weg außerhalb des Waldes erst eine Rechts-, dann eine Linkskurve und erreicht über eine Holzbrücke den Ort **Klein Rönnau**.

Am Ortsrand zunächst an rechts liegenden Tennisplätzen entlang, dann links von den Parkplätzen auf dem Sträßchen Ton Hus Rönnau zur Plöner Straße (L 68). Auf ihr kurz nach links, dann auf der gegenüberliegenden Seite rechts der Straße Flachswühren folgen. Wir kommen an einem links liegenden Platz vorbei, halten uns bei der Gabelung dahinter links und laufen auf der Bürgermeister-Würzbach-Allee weiter. Von der Kehre am Straßenende führt ein Durchgang zum Siedlungsrand. Auf dem erreichten Querweg laufen wir rechts weiter, anfangs entlang der Rückseite von Grundstücken, dann am Waldrand, über die Rönne und erneut an Grundstücken vorbei zur Eutiner Straße (B 432) in **Klein Rönnau**. Wer einkehren möchte, findet rechts ein Imbiss-Restaurant.

Nach Überquerung der Eutiner Straße kurz nach rechts, über die Rönne, dann links ab auf den Mühlenweg Richtung Alter Wassermühle, die am Ende des Fahrwegs liegt. Vom dortigen Parkplatz weiter auf dem Fußweg entlang des Mühlenteichs, danach immer der Rönne in Schlenkern folgend. Vor dem **Großen Segeberger See** treffen wir dann bei Ruhebänken auf den **Seerundweg** ❺. Diesem folgen wir nach links und kommen immer am Seeufer entlang zum Stipsdorfer Weg, von dem links die Zufahrt zum nahen Klüthseehof abzweigt, wo man einkehren kann.

Unsere Route setzt sich auf dem Asphalt-Fahrweg am See fort (schöner Blick über den See Richtung Bad Segeberg). Nach 5 Min. zweigt rechts ein Fußweg ab (SE 1), überquert bald einen Bach, führt danach vom See weg und steigt zu einem Rast- und Aussichtsplatz an. Wieder leicht abwärts zum Fahrweg, der vom Gasthof herkommt. Neben diesem rechts auf dem Fußweg weiter, bis links der Weg zum Moosberg abgeht. Wir folgen weiter in südlicher Richtung dem Rönnauer Weg nach **Stipsdorf**. Dort halten wir uns auf der Dorfstraße rechts, um zur Bushaltestelle hinter dem **Löschwasserteich** ❻ zu kommen.

Halb links gemäß der Ausschilderung Richtung **Bad Segeberg** (SE 1). Auf dem Seeweg geht es bergab, vor dem Hof Rohlf zum Wald hinunter, über eine kleine Holzbrücke und bei der Gabelung rechts am See weiter. Der idyllische Seeweg führt vorbei an Campingplatz und Kleingärten, umrundet dann vor einem Reetdachhaus das Gelände des Strandbads und erreicht einen Minigolfplatz. Dort führt der Weg links vom See weg. Wo der Winklersgang in die Lübecker Straße mündet (gegenüber dem Rathaus), treffen wir auf den Hinweg und folgen ihm nach rechts, um dann am Beginn der Fußgängerzone links durch die Kirchstraße zur Bahnhofstraße zu laufen, die wieder zurück zum **Bahnhof** ❶ führt.

*Rapsfelder auf der Ostseite des Segeberger Sees.*

**TOP 13** — ↗ 110 m | ↘ 110 m | 15.3 km

# Von Reinfeld nach Bad Oldesloe

**4.00 h**

**Gemütliche Halbtagestour um den Herrenteich und entlang der Trave**

*Reinfeld ist bekannt als Karpfenstadt, daher herrscht in den Gaststätten oft Hochbetrieb, soll der »Karpfen blau« doch angeblich nirgendwo besser serviert werden als hier. In Reinfeld umrunden wir anfangs fast den gesamten Herrenteich, einen der vielen Karpfenteiche, der einst von Mönchen angelegt wurde. Dann bringt uns der sogenannte Stormarnweg, vorbei an weiteren Fischteichen, durch Feld und Wald zur Trave, der wir zur Kreisstadt Bad Oldesloe folgen. Die Tour ist gleichzeitig größtenteils einer der vielen Jakobswege Richtung Santiago de Compostela.*

**Ausgangspunkt:** Bhf. Reinfeld (Holstein) an der Strecke Hamburg Hbf.–Lübeck Hbf.
**Endpunkt:** Bhf. Bad Oldesloe.
**Anforderungen:** Leichte Wanderung entlang von Teichen, durch Feld, Wald, Wiese und entlang der Trave, überwiegend Nebenstraßen in Reinfeld und Bad Oldesloe.
**Einkehr:** In Reinfeld und Bad Oldesloe.

*Brücke über den nördlichen Herrenteich.*

Wir starten am **Bahnhof** in **Reinfeld** ❶ und folgen nordwestwärts der Bahnhofstraße bis zum Verkehrskreisel. Dort biegen wir links in die Mahlmannstraße ab und kurz danach rechts in den Neuhof. Von dieser Wohnstraße zweigt dann gleich, ebenfalls rechts, der Richard-Minkwitz-Weg ab (Markierung gelber Pfeil und Jakobsmuschel), ein Fuß- und Radweg, auf dem wir bald den Neuhöfer Teich erreichen. An diesem geradeaus entlang bis zu einer kleinen Grünanlage mit Fontäne. Dort kreuzen wir den Jungfernstieg und steigen hinauf zu einem Parkplatz. Per Rechtskurve kommen wir am Alten Rathaus vorbei. Dann treffen wir auf eine Querstraße und folgen dieser nach links. So wandern wir auf der Paul-von-Schoenaich-Straße, vorbei an der Friedenseiche, bis zu ihrem Ende kurz vor dem **Herrenteich**. Hier laufen wir auf der Querstraße kurz nach links, überqueren die Straße und erreichen am Ufer des Herrenteichs eine Infotafel zum Naturerlebnispfad und das **Matthias-Claudius-Denkmal** ❷ aus Granit von 1989.

Vom Denkmal folgen wir dem Uferweg in nördlicher Richtung. Vorbei an einem überdachten Rastplatz kommen wir zu einem Querweg. Dort wandern wir links weiter. An der Abzweigung des Weges Erlenbruch vorbei, dann per Rechtskurve entlang des Teichs in dessen nördlichen Bereich. Schließlich treffen wir bei einer Ruhebank auf einen Querweg. Auf diesem nun links per Brücke über den hier schmalen Teich und auf einer Landzunge weiter. Nach einer weiteren Schutzhütte biegt der Wanderweg unweit eines Fahrsträßchens nach links um und führt nun südwärts auf der Westseite des Teichs zurück. Nach Überschreitung einer kleinen Holzbrücke

*Matthias-Claudius-Denkmal in Reinfeld.*

auf dem Querweg kurz nach rechts zur nächsten Gabelung. Dort links zu einem Querweg, der parallel im Grün zum Fahrsträßchen verläuft. Bei den folgenden Verzweigungen wandern wir immer links weiter und kommen so wieder zum Ufer des Teichs. Dann erreichen wir einen Zaun, der die Badeanstalt begrenzt. An ihm entlang, kurz auf Treppen hinauf, an einem Spielplatz vorbei und dort wieder links zum Ufer. Südwärts weiter, am etwas versteckt liegenden Alten Pastorat vorbei, bis wir unweit davon auf die **Matthias-Claudius-Straße** ❸ treffen, wo wir den Herrenteich verlassen.

Auf dieser Straße laufen wir rechts entlang und passieren eine Bushaltestelle. Durch die links abzweigende Steinhöfer Straße kommen wir zum Schwarzen Teich (rechts) bzw. Hausgraben (links). Bei der folgenden Straßenkreuzung wandern wir geradeaus in den Dröhnhorster Weg, lassen Reinfeld zurück und gelangen an den **Teich Messingschläger**, vor dem Gut Dröhnhorst. Weiter auf dem breiten Grasweg westwärts Richtung Wald.

15 Min. nach dem Gut erreichen wir das Steinkampsholz und gehen am östlichen Waldrand über eine Holzbrücke. Anfangs am Waldrand entlang, treffen wir nach einer zweiten Brücke auf einen breiten Weg, der nach rechts in einer Kurve ansteigt. Bei der Weggabelung vor dem westlichen Waldrand halten wir uns links (Schild »Steenvelder Wanderweg«) und folgen zunächst dem Waldrand südwärts. Dann nach rechts aus dem Wald heraus (links Gebüsch, rechts Felder), bis wir auf einen Querweg stoßen; auf diesem nach links Richtung **Hof Hohenkamp** ❹.

Vor dem Hof Hohenkamp rechts auf einem Asphalt-Fahrweg weiter, der später nach einer Kurve an kleinen Klärteichen vorbeiführt und ansteigt. Nach 15 Min. erreichen wir die von Steinfeld kommende K 2, orientieren uns vor einem Hof rechts, um dann links am Hofende zu einem Waldstück zu gelangen. Dort bergab über ein kurzes Wiesenstück zum nächsten Waldrand. Vor einem Graben nach rechts, links über eine Holzbrücke und leicht bergan. Auf breitem Weg gehen wir links weiter, nochmals ansteigend zur Einmündung in einen anderen Weg, auf diesem erneut links bis zur nächsten Gabelung im Wald. Dort nicht geradeaus hinab, sondern rechts im Wald weiter und bald durch eine Senke. Wir folgen dem Weg bis zu einer Kreuzung nach Überquerung eines Grabens. Dort zweigen wir nach links auf den Forstweg ab. Dann treffen wir auf einen Querweg und laufen rechts im Wald weiter. So kommen wir zu einer Eisenbahnbrücke der Strecke Hamburg–Lübeck. Nach ihrer Überquerung stoßen wir bei der Häusergruppe **Kneeden** (mit Fischzuchtbetrieb) auf die **B 75** ❺.

Auf der gegenüberliegenden Seite, etwas nach links versetzt, beginnt dann der Trave-Wanderweg, der uns hinab zum Fluss bringt. Nach 10 Min. passieren wir eine Steinbrücke, die über die Trave nach Sehmsdorf führt. Wir folgen weiterhin dem Fußweg entlang des gewundenen Flusses mit einzelnen Bäumen und Wiesengelände, kommen nach 15 Min. an einer weiteren Holzbrücke über die Trave vorbei und laufen unter einer Eisenbahnbrücke hindurch in ein kleines Waldstück. Bald danach erreichen wir die ersten Häuser von **Bad Oldesloe**.

Beim Polizeigebäude bzw. Finanzamt stoßen wir auf den Berliner Ring (B 208). Hier links auf der Straßenbrücke über die Trave. Danach überqueren wir bei der Bushaltestelle den Berliner Ring nach rechts und folgen gleich links dem Pflasterweg Weinhude, der bald zur Straße wird. An deren Ende treffen wir auf die Bahnhofstraße. Auf ihr kurz nach rechts, dann links auf einem Asphaltweg Richtung Bahnhof weiter. Wir überqueren danach noch zwei weitere Straßen und kommen an der Sparkasse vorbei direkt zur Käthe-Kollwitz-Straße, an der wir den **Bahnhof** von **Bald Oldesloe** ❻ erreichen.

*Der Wanderweg an der Trave.*

# TOP 14 — Von Eutin nach Plön

↗ 100 m | ↘ 120 m | 16.5 km
4.15 h

## Schlösser, Wälder und herrliche Seen

*Diese Wald- und Seenwanderung lässt sich mit dem Besuch der Schlösser von Eutin und Plön verbinden. Von Eutin (siehe auch Tour 15) geht es westwärts leicht ansteigend zum Beuthiner Holz und über Rachut nach Niederkleveez am Diek see. Besonders romantisch ist dann der Weg entlang des Behler Sees. Der Große Plöner See ist mit 29 km² der größte Binnensee in Schleswig-Holstein, bis zu 60 m tief und sehr fischreich.*

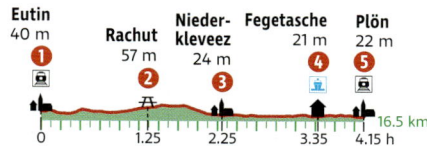

**Ausgangspunkt:** Bhf. Eutin an der Strecke Lübeck–Kiel.
**Endpunkt:** Bhf. Plön.
**Anforderungen:** Leichte Tour, überwiegend leichte Wanderwege, einige Abschnitte auf Nebenstraßen.

**Einkehr:** Zahlreiche Gasthäuser in Eutin und Plön; unterwegs in Niederkleveez (Restaurant Fährhaus) sowie Fegetasche.
**Tipp:** Besuch des Schlossgartens und der Prinzeninsel in Plön, ferner die Altstadt mit Nikolaikirche und Markt.

Vom **Bahnhof Eutin** ❶ startet unsere Tour nordwestwärts durch die Bahnhofstraße bis zu deren Einmündung in die Plöner Straße. Dort gehen wir nach links über die Eisenbahnbrücke und nach der Umfahrungsstraße rechts in die Waldstraße. An deren Ende halb rechts zu einer Brücke über die Umfahrungsstraße und Eisenbahnstrecke. Vor der Brücke nach links,

*Reetdachhaus in Niederkleveez (oben); Infotafel am Beginn vom Naturlehrpfad (unten).*

bei der nächsten Abzweigung halb rechts Richtung Tennishalle. An ihr vorbei, danach rechts per Ampel über die Umfahrungsstraße zum Festplatz, der auch als Parkplatz genutzt wird. An seinem Beginn zweigt links der **Naturerlebnispfad** ❷ ab (Infos unter www.erna-eutin.de).
Der Naturerlebnispfad führt abwechslungsreich durch das Gelände, vorbei an etlichen sehr unterschiedlich gestalteten Naturräumen und Erlebnisstationen. Schließlich treffen wir vor der Westtangente auf einen Asphaltweg. Auf diesem links unter der Westtangente hindurch, per Rechts-links-Kurve weiter und dann schnurgerade zu Häusern an der Beuthiner Straße. Dieser

*Blick über den Behler See.*

folgen wir kurz nach rechts zum Waldrand mit Parkplatz. Von dort führt unsere Route links bzw. westwärts auf breitem Waldweg in das **Beuthiner Holz**, vorbei an verschiedenen Abzweigungen nach links, die wir ignorieren. Entsprechend dem Hinweisschild »Dieksee 2,7 km« geht es weiter, an einem idyllischen kleinen **Waldsee** vorbei, kurz danach bei einer Gabelung rechts ab Richtung Grillplatz (Wege 8 und 9) und zunächst geradeaus. Bei einer weiteren Weggabelung halten wir uns links (Hinweis »Rachut 0,5 km«) und wandern auf dem Viertweg bis zum Waldrand. Kurz danach mündet von links die Straße Am Walde ein. Sie führt geradeaus als Rachuter Straße weiter. Auf ihr kommen wir kurz danach zum rechts liegenden Waldparkplatz und Grillplatz von **Rachut** ❷ mit vielen Rastmöglichkeiten.
Weiter in bisheriger Richtung, an Häusern vorbei, auf der Rachuter Straße zur Plöner Straße (L 56; dort Bushaltestelle), die rechter Hand nach Malente führt. Wir wandern nach deren Überquerung geradeaus auf dem Holmweg

weiter, anfangs auf einem Damm durch altes Kiesabbaugebiet (Weg 10, Schild »Soldatengrab 1,2 km«). 20 Min. hinter Rachut zweigt mitten im Wald rechts der Weg 9 nach Malente ab, wir gehen dort links weiter (Schild »Niederkleveez 2,6 km«). Nach 10 Min. sehen wir an einer Kreuzung links das einfache Soldatengrab. Nach weiteren 10 Min. leitet uns der Weg bei einer Gabelung vor dem Waldrand scharf rechts zum **Dieksee**, wo der Holmweg auf den FWW E1/E6 trifft. Wir biegen dort links ab und kommen nach einem Ferienhaus zu einer Schutzhütte im Wiesengelände. Dann laufen wir durch das Villenviertel von **Niederkleveez** zu einer Autostraße im Ort. Auf der Straße Am Dieksee rechts in Kürze zum **Restaurant Fährhaus** ❸ am Schiffsanleger.

Entlang der Straße in bisheriger Richtung zum Ortsende, von dort folgen wir dem asphaltierten Rad- und Fußweg neben der Autostraße bis zu einer tief eingeschnittenen Bucht des **Behler Sees**. In der Linkskurve der Straße weist uns eine Markierung auf einen rechts abzweigenden Waldweg. Vorbei am Zeltlager Adlerhorst wandern wir dann auf dem romantischen Pfad direkt am Behler See weiter, später nach rechts zum Kieler Kamp, einer ruhigen Wohnstraße (Schild »Plön Zentrum«). Diese führt uns bis zur B 76. Auf dem Fußweg neben der Bundesstraße nach rechts in 10 Min. zu einer Brücke über die Schwentine. Danach wechseln wir auf die andere Straßenseite. Vor dem Brückenimbiss folgen wir dem Sandweg zur Promenade am Großen Plöner See mit der **Schiffsanlegestelle Fegetasche** ❹.

Nun geht es rechts auf der Promenade weiter, später am Wasserwerk vorbei, dann durch die Rosenstraße und nach links durch die Eutiner Straße (beides ruhige Wohnstraßen), bis Letztere vor der Bahnstrecke endet. Dort geht links ein Rad- und Fußweg ab, der durch eine Bahnunterführung und dann links weiter zum **Bahnhof** von **Plön** ❺ führt. Von dort sind es nur wenige Minuten zur Altstadt, die entweder entlang des Sees oder über die Lübecker Straße erreicht werden kann.

↗ 130 m | ↘ 130 m | 16.4 km

# 15 Zwischen Eutin und Ukleisee

**4.15 h**

## Romantische Seenrunde um die malerische Rosenstadt

*Eutin, auch »Rosenstadt« genannt, liegt mitten im Naturpark Holsteinische Schweiz, umgeben von vielen Seen. Diese Rundtour führt zum Großen Eutiner See, dem Kellersee und dem idyllisch von Wald umschlossenen Ukleisee. Der Hinweg nach Sielbeck ist Teil des Fernwanderweges (FWW) E1/E6.*

**Ausgangspunkt:** Bhf. Eutin an der Strecke Lübeck–Kiel.
**Anforderungen:** Leicht; große Streckenabschnitte echte Wanderwege abseits des Verkehrs, leichte kleinere Anstiege.
**Einkehr:** Viele Möglichkeiten in Eutin, unterwegs in Fissau, Sielbeck sowie am Ukleisee.
**Tipp:** Besuch des Eutiner Schlosses und des Ostholstein-Museums.

*Blick über den Marktplatz Richtung St.-Michaelis-Kirche.*

Gegenüber dem **Bahnhof** ❶ am Beginn des ZOB zweigt eine Passage durch ein Haus ab und bringt uns zur Peterstraße, der wir danach folgen. Nach Überquerung der Albert-Mahlstedt-Straße führt der Weg durch die Fußgängerzone geradeaus weiter zum Marktplatz, den wir nach links überqueren und an seiner Nordostecke durch eine Gasse wieder verlassen. An deren Ende erreichen wir die Stolbergstraße. Diese leitet uns nach links bis zur Schloßstraße, hier rechts – vorbei am **Ostholstein-Museum** – über den Schlossvorplatz. Wer möchte, kann hier einen Abstecher durch den Schlosspark, ein bedeutendes Gartenbaukunstwerk, machen.

Der Weiterweg führt vor dem Schloss nach links über die Schlossterrassen hinab zur Seepromenade am Großen Eutiner See. Nach der kleinen Bucht erreichen wir den Schiffsanleger. Links dahinter biegen wir in den **Heinrich-Lüth-Weg** ❷ ab. Nun geht es nordwärts am Rand des Seeparks entlang. An dessen Ende treffen wir auf den FWW E1/E6, dem wir bis Sielbeck folgen. Gleich danach vorbei am Kirsten-Bruhn-Bad, dann vom Ende der Holstenstraße rechts weiter, anfangs in Ufernähe. Nach einem Waldstück biegt der Weg links um, und wir erreichen den Kuhbergsredder. Hier halten wir uns rechts, kommen an einer Gartenkolonie vorbei, überqueren die **Schwentine**, welche Keller- und Großen Eutiner See miteinander verbindet, und treffen danach in einem Linksbogen auf eine Wegteilung. Dort gehen wir links weiter, neben der Schwentine, dann in einer S-Kurve zur Riemann-Straße, hier rechts zum Fußgängerüberweg. Nach Überquerung der Sielbecker Landstraße führt gegenüber wieder ein Weg zur Schwentine, davor rechts weiter und bald per Holzbrücke noch einmal über diesen kleinen Fluss. Wir folgen nun immer dem Wanderweg neben der Schwentine, bis unser Weg in die Leonhard-Boldt-Straße beim **Gasthaus Fissauer Fährhaus** ❸ am Kellersee einmündet.

Vorbei am Fissauer Fährhaus, bis von der Straße nach links ein Sandweg abzweigt, der uns auf der Rückseite von Villengrundstücken am **Kellersee** entlangführt. Immer in Ufernähe haltend treffen wir dann auf den breiten

Kalkhüttenweg, hier zunächst links weiter am See entlang und dann in den Wald. Vorbei an der Neuen Kalkhütte wandern wir auf dem markierten FWW zu einer Badebucht mit Schutzhütte (Aussicht über den Kellersee). Wir gehen von dort in einem Linksbogen 10 Min. weiter durch den Wald und erreichen danach beim **Gasthof Uklei-Fährhaus** in **Sielbeck** ❹ die Eutiner Straße mit Bushaltestelle.

Gegenüber führt rechts die Straße Zum Ukleisee hinauf, an einem Hotel vorbei, dahinter windet sich unser Weg in einer S-Kurve als Fahrsträßchen in den Wald. Vor einer Senke zweigt links der Zufahrtsweg zum **Jagdschloss Uklei** ab. Der spätbarocke Bau geht auf 1776 zurück und liegt auf dem höchsten Punkt einer Landzunge zwischen Keller- und Ukleisee. Von der Schlossterrasse hat man einen wunderschönen Blick auf den tiefer gelegenen Ukleisee.

Von der Schlossterrasse steigen wir die Treppen hinab zum Weg um den Ukleisee. HIer wenden wir uns nach rechts, kommen wieder in die Nähe der Fahrstraße, folgen aber immer im Wald kurvenreich dem Seeufer. So erreichen wir schließlich das **Forsthaus am Ukleisee** am Ende des Asphaltsträßchens, ein beliebtes Ausflugslokal. Rechts an der Ausflugsgaststätte vorbei und per Linksbogen über einen Querweg, dann weiß-grün-weiß markiert im Wald bergan. Nach einer Rechtskurve gehen wir noch bis zu einer Anhöhe, unser Weg macht nun einen Linksbogen. Vorbei an Abzweigungen rechts und links erreichen wir eine Rechtskurve. Hier wandern wir geradeaus durch eine Senke zum Waldrand, orientieren uns nach links kurz an ihm entlang, dann rechts auf einem teilweise grasbewachsenen Feldweg zum Hof **Krohn**. Dahinter gelangen wir auf einem Sandweg links in den Wald zu einer Kreuzung. Hier rechts, nach einer Abzweigung am Waldrand entlang und durch eine Senke stoßen wir auf einen Querweg. Rechts geht es auf einem Busch-Feld-Weg zum asphaltierten Wüstenfelder Weg und auf diesem Richtung Fissau. An einem Waldstück vorbei bis zum Ortsrand, ab dort heißt die Straße Bast; sie bringt uns in bisheriger Richtung zum Dorfplatz in **Fissau** ❺.

Rechts haltend vorbei an einer Bushaltestelle und über die Dorfstraße kommen wir in den Weg Krete. In seiner Rechtskurve zweigen wir dann links in den Schwentine-Weg ab. Kurz darauf überqueren wir per Holzbrücke die Schwentine, gehen auf einem Fußweg an ihr entlang, dann links von ihr weg zum **Großen Eutiner See**. Durch den romantischen Seeschaarwald in Ufernähe weiter, oberhalb an Tennisplätzen vorbei, gelangen wir zum Bebensundweg und laufen auf diesem geradeaus zur Holzbrücke über den Eutiner See, wo wir wieder auf den Fernwanderweg treffen. Hinter der Brücke geradeaus, geht es immer nahe am Ufer durch den **Seepark** zur Abzweigung des Heinrich-Luth-Weges, wo wir wieder auf den Hinweg treffen. Ein kurzes Stück laufen wir nun durch die Bucht auf dem Hinweg, biegen dann aber rechts auf einen Pflaster-Fußweg durch die Grünanlage Rosengarten ab. So erreichen wir am Wilhelm-Wisser-Platz die Straße Am

*Teilansicht des Eutiner Schlosses.*

Rosengarten, die überquert wird. Gegenüber auf der Rosenpassage weiter, die sich nach der Linkskurve als Straße Am Stadtgraben fortsetzt. Geradeaus über eine Kreuzung, am links liegenden Parkplatz entlang und in der Südkurve der Straße Am Stadtgraben geradeaus auf dem Prof.-Hofmeier-Gang zur Peterstraße. Auf dieser wandern wir nach rechts auf bekanntem Weg zurück zum **Bahnhof** ❶ von **Eutin**.

↗ 160 m | ↘ 160 m | 15.5 km

## 16 Von Schönwalde auf den Bungsberg

4.00 h

### Schönwetter-Rundtour mit leichten Anstiegen

*Der Anstiegsweg, Teilstück des Fernwanderwegs E1/E6, führt außerhalb von Schönwalde am Naturerlebnisraum Bekmissen vorbei und anschließend durch schönen Wald. Nach dem kurzen, etwas anstrengenderen Anstieg Richtung »Gipfel« wird zunächst ein Erlebniszentrum mit Café, Ausstellungsräumen und zwei Aussichtstürmen erreicht, dann geht es hinauf zum höchsten Punkt. Zurück wandern wir durch das einsame Waldgebiet der Großen Wildkoppel und hinter Kasseedorf wieder auf dem FWW nach Schönwalde.*

**Ausgangspunkt:** Schönwalde Bhst. Schule beim Dorfweiher der Linie ab/bis Eutin Bhf.; bei der Haltestelle gibt es auch Parkmöglichkeiten.
**Anforderungen:** Überwiegend Wald- und Feldwege oder Nebenstraßen; aufgrund des kurzen, aber anstrengenden Aufstiegs zum Bungsberg und des Wegverlaufs im hügeligen Gelände eine Tour mit mittlerer Anforderung.
**Einkehr:** Imbisse in Schönwalde und Kasseedorf, Café-Restaurant am Bungsberg (Öffnungszeiten vorher abklären!).
**Tipp:** Bei schönem Wetter vom Bungsberg bzw. von den Aussichtstürmen die tolle Aussicht bis zur Ostsee genießen!

Von der **Bushaltestelle Schule** ❶ vorbei am Dorfmuseum durch die Straße Am Ruhsal zur Eutiner Straße (L 57), links gegenüber sehen wir die Kirche. Wir halten uns rechts auf dem Fußweg neben der Eutiner Straße Richtung Kasseedorf, bis die Bergfelder Straße abzweigt. Hier finden wir auch das X des FWW E1/E6. 5 Min. nach der Straßenabzweigung gabelt sich der Weg nochmals, wir folgen rechts dem Sand-Fahrweg, kommen aus dem Dorf heraus und erreichen eine Aussichtsplattform mit Ruhebänken und Infotafel zur Renaturierung des Biotops **Bekmissenteich** ❷.

Bald danach überqueren wir die Lütjenburger Straße, bei der folgenden Weggabelung wandern wir links im schönen Mischwald aufwärts. Der Weg wendet sich nach rechts, wobei zwischendurch verschiedene Wege abzweigen. 15 Min. ab der L 178 erreichen wir nach einer Kuppe eine Weggabelung mit Rastplatz, wo wir links abzweigen und nach 5 Min. eine Asphaltstraße erreichen, den Bungsberghofweg. Nach links versetzt beginnt gegenüber am Waldrand der Aufstiegsweg zum Bungsberg. Er führt uns im Wald bzw. an seinem Rand zwischendurch auch stärker ansteigend zunächst zu einem Rastplatz und dann zur einer Lichtung mit einem **Erlebniszentrum** ❸. Dazu gehören der sanierte **Elisabeth-Turm** von 1863 sowie der Fernsehturm, die beide bestiegen werden können und weite Rundsicht bieten. Rechter Hand liegen neuere Ausstellungsräume und ein Café-Restaurant.

Zum eigentlichen Gipfel wandern wir geradeaus am Fernsehturm vorbei, verlassen dann den rechts um-

Blick zum Fernsehturm auf dem Bungsberg.

biegenden Fahrweg und wandern geradeaus bergan. Schon bald ist der Waldrand erreicht und wir steigen durch die Wiesen hinauf zum Gipfel des **Bungsbergs** ❹, dem höchsten Punkt Schleswig-Holsteins.

Auf dem gleichen Weg gehen wir zurück zur Asphaltstraße Bungsberghof. Auf dieser laufen wir rechts weiter, am Bungsberghof und einem idyllischen Teich vorbei bis zur Einmündung in die Lütjenburger Straße (L 178). Der FWW zweigt hier rechts ab, während wir nach Überquerung der Lütjenburger Straße zunächst nach links dem Weg neben der Straße in den Wald folgen. Nach ca. 5 Min. geht in einer Linksbiegung der L 178 rechts beim **Rettungspunkt 1830** ❺ ein Forstweg ab.

Dieser unmarkierte Forstweg macht gleich zu Beginn eine deutliche Rechts-, anschließend eine Linkskurve und führt dann unter Kreuzung verschiedener Nebenwege immer südwärts durch das hügelige Waldge-

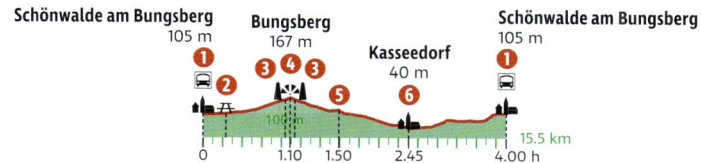

*Der Elisabeth-Turm und das Café-Restaurant knapp unterhalb des »Gipfels«.*

biet der Großen Wildkoppel. Kurz vor dem Waldrand stoßen wir nochmals auf eine Wegkreuzung, dort geradeaus und abwärts aus dem Wald heraus zum Asphalt-Fahrweg Zum Vossberg. Auf diesem orientieren wir uns nach links und laufen durch das hügelige Gelände weiter. Wir kommen durch die Siedlung Sörenshufe und zur Oldenburger Straße (L 57) in **Kasseedorf** ❻.
Auf der Oldenburger Straße nun kurz nach links, dann gegenüber rechts in den Wührenweg. Dieser macht bald einen Linksbogen, und bei der dortigen Weggabelung folgen wir nicht geradeaus dem Glinderweg, sondern bleiben auf dem rechts umbiegenden Wührenweg. Per Linkskurve bis zum Ortsende, dann geradeaus hinein in das NSG Kasseedorfer Teiche. Am Waldrand erreichen wir schließlich einen Querweg und wieder den FWW, dort mit etlichen Wegschlenkern links weiter im Buschwald.
Nach einer Linkskurve erreichen wir dann außerhalb des Waldes den asphaltierten Glinderweg. Ihm folgen wir nach rechts, weiterhin markiert mit dem X des FWW. Vorbei an Einzelhäusern zur Abzweigung der Zufahrt zu den Häusern von **Glinde**. Dort nach links (nordwärts) auf dem Sandweg zum Glinder Wald, den wir durchqueren. Wir verlassen den Wald bei einer Holzbrücke und folgen in einem Linksbogen dem Buschweg durch die Felder. Dieser geht in einen Asphaltweg über, erreicht eine Anhöhe (rechts der Sportplatz), dann laufen wir leicht abwärts auf dem Jahnweg bis zu seiner Einmündung in die Eutiner Straße. Dort kurz rechts, dann gegenüber auf der Straße Am Ruhsal zurück zur **Bushaltestelle Schule** im Dorfzentrum von **Schönwalde** ❶.

↗ 30 m | ↘ 30 m | 14.3 km

**3.30 h**

# Von Lensterstrand zum Kloster Cismar    17

## Im Hinterland der Ostsee mit Bademöglichkeit

*Die Rundwanderung beginnt und endet in Lensterstrand, einem Ortsteil von Grömitz. Lensterstrand ist bekannt für seine romantischen Dünenlandschaften, zwei Vogelschutzgebiete und seinen langen naturbelassenen Strand entlang der Ostsee. Für Sportliche lockt hier auch ein Kletterpark. Das ehemalige Kloster Cismar dagegen dient heute dem Landesmuseum Schleswig-Holstein für Kunstausstellungen.*

**Ausgangspunkt:** Bushaltestelle Lensterstrand Ferienpark Camaro der Linie 5800 von/nach Neustadt (Holstein), zu erreichen per Zug über Lübeck Hauptbahnhof.
**Anforderungen:** Leichte Tour im Hinterland der Ostsee bzw. auf dem Deich mit Sandwegen und asphaltierten Nebenstraßen, kurz auch auf einem Fuß- und Radweg entlang einer Bundesstraße.
**Einkehr:** In Lensterstrand, unterwegs in Cismar und im Hof Klostersee.

Von der **Bushaltestelle** in **Lensterstrand** ❶ laufen wir auf dem Mittelweg in östlicher Richtung bis zu einer Kreuzung bei Meier's Ostseeschänke. Dort links auf der Straße Langenredder bis zum nördlichen Ortsrand. Hier beginnt rechts ein breiter Sandweg, der entlang der Weiden zu einer Kanalbrücke führt. Gemäß Ausschilderung nun auf dem Querweg nach links weiter. Wir wandern immer am Kanal entlang, teils von Büschen gesäumt. Später stößt von links noch ein Weg aus dem Ort Lenste hinzu. Vor dem Wald **Wildkoppel** mündet der Sandweg dann in ein Asphaltsträßchen ein. Dort befindet sich auch ein Rastplatz. Nun rechts am Waldrand auf dem Asphaltsträßchen Eierhorst bis zu einem Klärwerk. Weiter wandern wir auf einem Sandweg neben dem dortigen Gra-

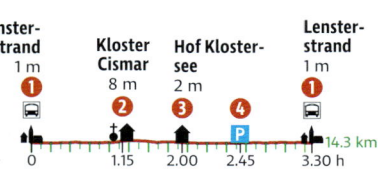

*Der Innenhof des Klosters Cismar.*

ben und am Waldrand entlang, der Weg biegt dabei immer mehr nach links um. Am Ortsrand von **Cismar** erreichen wir eine Gabelung.
Wir überqueren rechts den Graben und kommen schließlich zum Wassergraben um das ehemalige Kloster. Noch ein Stück daran entlang, dann können wir links über eine Brücke das Klostergelände betreten. Hier erwarten uns eine Ausstellung und ein Bistro-Café. Auch von außen beeindruckend ist die einschiffige Kirche im Stil der Backsteingotik. Das **Kloster Cismar** ❷, eine ehemalige Benediktinerabtei, bestand von 1245 bis 1561. Weitere einstöckige Gebäude umschließen den schönen Innenhof. Nach Aufhebung des Kloster diente der Komplex unterschiedlichen Zwecken. Heute locken die Ausstellungen des Landesmuseums, die Konzerte in der Kirche und Mitte August ein Kunsthandwerksmarkt.
Vom Innenhof kommen wir westwärts zum Parkplatz an der Bäderstraße (B 501). Gegenüber liegt der Klostersee, südwärts könnte man einen Abstecher zum Haus der Natur machen. In elf Räumen warten dort verschiedene naturkundliche Funde auf ihre Entdeckung, zudem im Außenbereich ein Kräutergarten. Gleich benachbart liegt der **Klosterkrug**, der eine weitere Einkehrmöglichkeit bietet.
Nach Norden bzw. rechts weiter kommen wir auf dem Rad- und Fußweg neben der Bäderstraße zu einer Straßengabelung, folgen hier weiter der

B 501 und verlassen Cismar. Dann liegt linker Hand das Herrenhaus Henriettenhof mit Café-Biergarten. Wir laufen weiter entlang der Bundesstraße, dann etwas rechts über einen Parkplatz und erreichen so die Abzweigung der Straße Strandweg. Weiter geradeaus kommen wir hinein in die Ortschaft **Grönwohldshorst**. Nach einer Rechtskurve der Straße Op de Horst (B 501) finden wir zwischen zwei Häusern eine Lücke. Der dort abzweigende Weg führt zum nahen Wald, dort folgen wir links dem breiten Grasweg innen am Waldrand entlang. Schon bald treffen wir am Waldrand auf das Sträßchen Klostersee und laufen nun durch den Wald südwärts bis zum **Hof Klostersee** ❸ mit Hofladen (Bio-Produkte) und Café.

Durch das Hofgelände in südlicher Richtung bis zu einer Gabelung mit Infotafel zum Hof Klostersee. Hier mündet von rechts das Sträßchen Strandweg ein, das wir an seinem Beginn bei der B 501 bereits überquert hatten. Ein kurzes Stück südwärts laufend, erreichen wir eine weitere Gabelung. Jetzt geht es links auf der kleinen Asphaltstraße Klosterseeschleuse weiter. Durch die Felder, teils von Bäumen oder Büschen gesäumt, und mittels etlicher Kurven erreichen wir schließlich unterhalb des Ostseedeichs den **Parkplatz Klosterseeschleuse** ❹. Geradeaus kommt man hier direkt zum Ostseestrand.

Auf dem Ostseedeich laufen wir nun nach rechts zurück Richtung Lensterstrand. Links begleitet uns die Naturlandschaft an der Ostsee, rechts kommen wir bald an einer weiteren Schleuse vorbei. Linker Hand liegt gleich dahinter der Campingplatz Sonnenland, dessen Zufahrtsstraße nun ein kurzes Stück gemeinsam mit unserem Fuß- und Radweg auf dem Deich verläuft. Dann folgen wir wieder dem Sandweg und kommen an einem Hundestrand vorbei; rechter Hand unterhalb des Deichs befindet sich ein weiteres Campingplatzareal. Vorbei an einem Sperrwerk kommen wir dann am rechts unterhalb des Deichs liegenden Café Das Carlchen und am Kletterpark vorbei. Wenig später erreichen wir am Deich das Bistro Lensterstrand. Hier verlassen wir nun den Deich und gelangen nach rechts auf dem Lenster Weg zur Kreuzung mit dem Mittelweg. Auf diesem dann nach links zurück zur **Bushaltestelle** in **Lensterstrand** ❶.

*Schleuse II am Rückweg nach Lensterstrand.*

↗ 110 m | ↘ 90 m | 13.5 km

## 18 Von Haffkrug nach Pansdorf

3.15 h

### Zauberhafte Seentour

*Der Wanderweg startet in Haffkrug, dem ältesten Ostseebad in der Lübecker Bucht, führt durch den Forst Neukoppel und folgt ab Gronenberg teilweise dem Verlauf des FWW E1. Er berührt die im Hinterland gelegenen Seen und endet in Pansdorf zwischen dem lieblichen Tal der Schwartau und dem Ostseebad Timmendorfer Strand.*

**Ausgangspunkt:** Bhf. Haffkrug an der Strecke Lübeck–Neustadt (Holstein).
**Endpunkt:** Bhf. Pansdorf an der Strecke Lübeck–Eutin–Kiel.
**Anforderungen:** Leichte Wald- und Feldwege sowie Nebenstraßen.
**Einkehr:** Zahlreiche Gasthäuser in Haffkrug und Pansdorf, unterwegs in Pönitz am See, in Klingberg und in Schürsdorf.
**Tipp:** Gut Garkau, 1925 im Stil des »Neuen Bauens« entworfen und Pilgerstätte von Architekturstudenten und -professoren aus aller Welt.

Wir gehen vom **Bahnhof** ❶ südwärts, überqueren die Bahnhofstraße und folgen zunächst der Wohnstraße Aalweg. Schon bald wird die Straße von einem Fußweg gekreuzt. Wir folgen diesem nach rechts zwischen den Häusern bis vor die Bahnlinie. Dort biegt er links um und verläuft parallel zur Bahnstrecke. An seinem Ende treffen wir am Ortsrand auf den Waldweg. Hier rechts über die Bahnstrecke, dann folgen wir dem Asphaltweg bis zur B 76, die wir mittels Tunnel unterqueren. Danach biegt der Weg links um, rechts zweigt dagegen ein Weg zm nahen **Ehrenfriedhof** ab.

*Boot auf dem Kleinen Pönitzer See.*

Wir folgen dem Rad- und Fußweg neben der B 76 und kommen so unter der A 1 hindurch. Danach zweigt links ein Asphaltweg ab und führt parallel zur Autobahn südwärts. Kurz danach geht es rechts in den Wald. Wir folgen immer der lokalen Markierung 3. Wo von rechts der Schnuckenweg einmündet, wandern wir in der Linkskurve weiter, bei der folgenden Gabelung rechts und über eine weitere Kreuzung geradeaus. Nun steigt unser Weg leicht an und führt nach links zum Waldrand vor der dortigen Straße, wo er auf den FWW trifft. Am Ortsrand von **Gronenberg** ❷ mündet der Fußweg in eine Autostraße ein.

Wir folgen der Dorfstraße nach links vorbei an der Bushaltestelle Am Walde bis zu einer weiteren Bushaltestelle. Auf den Treppen steigen wir hinab zum Taschensee. Es geht jedoch nur ganz kurz am See entlang, dann nach links durch einen Hohlweg (Markierung X und 3) vom See weg zu einer schmalen Asphaltstraße direkt vor dem 2 km² großen **Kleinen Pönitzer See**. Auf dieser Straße Am Redder halten wir uns links (Aussicht über den See), gehen wieder nach **Gronenberg** und erneut auf der Dorfstraße nach rechts bis zur Kreuzung mit der B 432. Hier biegen wir nach rechts ab und wandern am Rad- und Fußweg neben der Scharbeutzer Straße (B 432) nach **Pönitz am See** ❸ bis zum dortigen Landhaus am See.

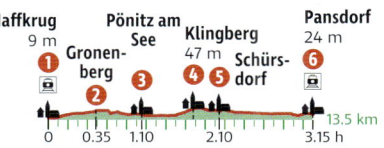

*Hotel-Restaurant Butz in Schürsdorf.*

Vor dem Landhaus steigen wir links die Treppenstufen hinunter zum Fußweg und zum Ufer des **Großen Pönitzer Sees**. Der Seeuferweg führt dann nach links an einem Campingplatz vorbei und folgt südwärts dem Seeufer bis zum Freibad mit dem **Café Klingberg**. Bald danach treffen wir bei einem Spielplatz und einer Bushaltestelle auf die Seestraße. Auf dieser laufen wir in bisheriger Richtung zu einer Straßengabelung. Hier biegt die Seestraße rechts ab, und wir folgen geradeaus nun der Straße Uhlenflucht. Vorbei am Restaurant Am Moorteich und der Bushaltestelle Jugendherberge erreichen wir schließlich die kleine **Geroldkirche** in **Klingberg** ❹.

Hier zweigt das X des FFW rechts ab. Vor dem Kirchenzugang folgen wir rechts dem Fußweg, der gleich links aufwärts in den Wald und vorbei an einem Denkmal für Gefallene aus beiden Weltkriegen führt. Nach einer Linkskurve treffen wir auf einen Querweg, dem wir nochmals nach links folgen. Im Wald geht es dann leicht abwärts, bis wir an Häusern vorbei am Waldrand auf einen breiten Sand-Fahrweg stoßen. Auf diesem Schürsdorfer Fierth wandern wir nun links bzw. südwärts nach Schürsdorf. Bei der Gabelung im Ort rechts weiter zum Gasthof Brechtmann und auf der Straße Hackendohrredder weiter. Wir passieren den Dorfteich und das kleine Hotel-Restaurant Butz im Zentrum von **Schürsdorf** ❺.

Kurz danach laufen wir rechts auf dem Sandendredder zum Ortsende, wo wir die Dorfstraße überqueren. Geradeaus leitet uns ein Asphaltweg an Einzelhäusern vorbei zu einem Rastplatz und danach entlang eines Parkplatzes, der zu einem großen Blumen- und Pflanzenmarkt gehört. Anschließend wandern wir in bisheriger Richtung auf einem Sandweg weiter. Am folgenden Waldrand wenden wir uns vom breiten Weg ab und wandern geradeaus in den Wald hinein. Bei der ersten Wegkreuzung zweigen wir rechts ab und erreichen die L 309. Nach ihrer Überquerung geht es Richtung **Friedrichsberg** weiter. Am Ende dieser Siedlung stoßen wir vor der Bahnlinie auf einen breiten Querweg. Diesem Friedrichsberger Weg folgen wir nun nach links bzw. südwärts. Nach 25 Min. kommen wir zu einer Querstraße bei einem Bahnübergang. Hier wenden wir uns nach links auf die Sarkwitzer Straße Richtung Pansdorf. Eine Rechts-links-Kurve bringt uns an den Ortsrand, wo bald danach rechts die Schulstraße abzweigt. Ihr folgen wir südwärts, bis sie die Bahnhofstraße kreuzt. Hier zweigen wir rechts ab und erreichen gleich den **Bahnhof** von **Pansdorf** ❻.

*Treppenabgang zum Taschensee in Gronenberg.*

↗ 130 m | ↘ 140 m | 16.9 km

# 19 Von Lübeck-Kücknitz nach Bad Schwartau

4.15 h

🚌 ✕

### Romantische Waldwanderung zu Seen und entlang der Schwartau

*Zu Beginn geht es durch den Waldhusener Forst, vorbei an interessanten Grenzsteinen (alte Grenze zwischen Lübeck und Oldenburg), dann durch das Kreuzkamper Seengebiet, durch den Forst Beutz, das NSG Sielbachtal und auf dem FWW E1 nach Ratekau, wo man auf keinen Fall den Besuch der Feldsteinkirche versäumen sollte. Sehr idyllisch ist der letzte Wegabschnitt im Tal der Schwartau. Dort geht es im Wald bergauf und bergab, mal oben am Steilrand, mal unten, auf jeden Fall ein sehr schöner, romantischer Weg!*

**Ausgangspunkt:** Bhf. Lübeck-Kücknitz an der Strecke Lübeck Hbf.–Travemünde.
**Endpunkt:** Bhf. Bad Schwartau an der Bahnstrecke Lübeck–Kiel bzw. Neustadt (Holstein).
**Anforderungen:** Leichte Wanderung auf unterschiedlichen Wegen in zum Teil etwas hügeligem Gelände.
**Einkehr:** In Ratekau, im Waldhotel Riesebusch und in Bad Schwartau.
**Tipp:** Abstecher zur Feldsteinkirche in Ratekau.

Vom **Bahn-Haltepunkt Kücknitz** ❶ starten wir unsere Wanderung nach links auf dem Fußweg neben der Travemünder Landstraße. Nach 1 Min. gehen wir bei einer Ampel wieder links auf dem Fuß- und Radweg über die Bahngleise. Eine Brücke führt uns dann über eine tiefer liegende Güterzug-Strecke, anschließend ein Asphaltweg zur autobahnähnlichen B 75. Nach

*Natürlich ist hier Ratekau unser Ziel!*

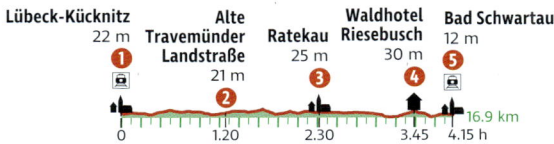

deren Überquerung kommen wir am Beginn des Asphaltwegs Hohenstern südlich von Poppendorf zu einer Weggabelung. Hier gehen wir links zur Autobahn zurück und vor ihr in einem Rechtsbogen Richtung Wald weiter. Nach 15 Min. zweigt rechts ein Sandweg ab und führt zum Kücknitzer Mühlenbach. Es geht über den Bach, dann wandern wir nach links auf einem schmalen Fußweg parallel zu ihm am Rande des **Waldhusener Forstes** weiter. Bei einer Wegkreuzung mit einfacher Holzbank zweigen wir rechts (nordwärts) auf einen breiten Waldweg nahe am Waldrand ab, wo bald von links der mit X bezeichnete E1/E6/E9 einmündet.

Wir orientieren uns weiter geradeaus am Waldrand und laufen bis zum Asphalt-Fahrweg Am Ringwall. Unweit dieser Verzweigung befindet sich ein altes Steingrab; der E9 zweigt hier rechts ab, während unser Weg, der E1/E6, dem Fahrweg halb links am Waldrand folgt. Wir können hier jedoch einen Fußweg benutzen, der parallel zum Sträßchen verläuft. Bald geht der FWW rechts ab, wir bleiben auf dem Weg geradeaus und erreichen in Kürze eine weitere Kreuzung, wo ein alter **Granit-Grenzstein** an die Grenze zwischen Lübeck und Oldenburg erinnert. Wir behalten die Richtung bei und überqueren die K 20 (Sonnenbergsredder), um geradeaus zum Kies- und

*Außenansicht der Feldsteinkirche in Ratekau.*

Mörtelwerk zu gelangen. Gleichzeitig erreichen wir hier das NSG Kreuzkamper Seenlandschaft. Auf dem Asphaltsträßchen Forellensee per Rechtskurve weiter und unter einer Überland-Stromleitung hindurch. Dann biegt das Sträßchen nach links um und endet bald. Wir setzen unsere Wanderung auf dem folgenden Schotterweg am Nordende des links liegenden Kiesteiches fort und kommen nach 10 Min. ab Asphaltende in einer Rechtskurve zu einer asphaltierten Querstraße, der **Alten Travemünder Landstraße** ❷. Nach rechts versetzt zweigt gegenüber ein Forstweg ab und führt immer geradeaus durch den **Forst Beutz**. An dessen Nordende stoßen wir auf einen Querweg und gehen erneut mit der Markierung des FWW links zu einem von Offendorf kommenden Asphaltweg. Auf diesem wandern wir geradeaus weiter, dann in einer S-Kurve Richtung Wald. Anschließend führt uns der FWW links auf einem Feldweg hinab, biegt dann nach rechts zum Wald ab und setzt sich am Waldrand bzw. Fuß der Hügel fort. Wir befinden uns jetzt im **NSG Sielbachtal**.

Bei der folgenden Wegkreuzung gehen wir geradeaus weiter zur A 1. Wir unterqueren die Autobahn, kommen auf einem breiten Weg aus dem Wald heraus, halten uns vor der Bahnlinie rechts und erreichen dann die Bäderstraße. Neben dieser geht es nach links unter der Eisenbahnlinie durch, bis wir nach 5 Min. die Abzweigung der Hauptstraße erreichen. Auf ihr nach rechts, vorbei an einer Bushaltestelle, zum Beginn des Dorfplatzes in **Ratekau** ❸.

Dort führt ein kurzer Abstecher geradeaus zur sehenswerten **Feldsteinkirche**, ansonsten verläuft unser Weg links über den Platz und durch die Poststraße weiter. Diese trifft auf den Westring, dort wandern wir für 1 Min. nach links, dann rechts durch die Kösliner Straße zur Straße Waldweg; hier wieder links. Vom Straßenende bringt uns ein Fußweg in den Wald, bei der gleich folgenden Gabelung rechts, dann per Linksbogen zur Eutiner Straße (L 309). Nach deren Überquerung kommen wir in 2 Min. zu einem Querweg. Hier wandern wir immer südwärts im hügeligen Wald weiter. Bei einer Kreuzung führt unser Weg rechts auf einem Schotterweg über die Bahnlinie und gleich wieder links neben ihr weiter. Nun folgen wir auf längerer Strecke der Bahnlinie. Dabei passieren wir eine Schneise mit Hochspannungsleitung und einen weiteren Bahnübergang.

Dann macht der Weg eine Rechtskurve und führt über eine Minibrücke von der Bahnstrecke weg. Wir sind nun im Tal der **Schwartau**, die rechts unter uns fließt. Das Gelände wird wieder flacher und nach einem Rechtsbogen mündet von links zurück ein Weg ein, den wir nicht weiter beachten. Dann macht unser Wanderweg eine Linkskurve, und es geht wieder geradeaus weiter. Rechts erblicken wir nun außerhalb des Waldes Wiesengelände. Abzweigungen ignorieren wir und treten auf einen breiten Querweg unweit von Häusern. Hier rechts bis zur Station 17 des dortigen Trimm-Pfades, wo wir den FWW nach links verlassen. Wir folgen dort aber nicht dem Trimm-Pfad, sondern nutzen halb links einen Weg bergan in der Nähe von Wohnhäusern außerhalb des Waldes. Kurzzeitig führt der Wanderweg ganz nahe an den Waldrand heran, macht dann aber noch einmal einen Bogen von ihm weg, führt an einem links liegenden Haus der Diakonie vorbei und trifft schließlich auf einem Querweg. Auf diesem Waldweg nun links weiter bis zum **Waldhotel Riesebusch** ❹ mit Restaurant.

Auf der Hotelzufahrt zum Sonnenweg und in bisheriger Richtung am Rand der Wohnsiedlung weiter. Dann zweigt rechts die Wohnstraße Heisterbusch ab, der wir bis zum Wendehammer folgen. Dort geht links ein Fußweg ab, der gleich wieder rechts umbiegt und geradeaus neuerlich zum Wald führt. An dessen Rand entlang, dann nach links über einen Parkplatz bis zur L 309. Dort rechts an der Straße weiter, über die Schwartau und neben der Eutiner Straße zum Beginn des Eutiner Ringes. Nun halten wir uns links und gehen über die Ampelkreuzung zum Markt. Linker Hand über den Platz, an dem von der Lübecker Straße die Bahnhofstraße abzweigt, die uns zum **Bahnhof** von **Bad Schwartau** ❺ führt.

↗ 60 m | ↘ 70 m | 15.6 km
3.45 h

## 20  Von Pogeez nach Lübeck

**Erlebnis Ratzeburger See und Wakenitz – »Amazonas des Nordens«**

*Der erste Teil der Wanderung bis zu ihrem Nordende bei Rothenhusen verläuft immer in Ufernähe des Ratzeburger Sees – ein landschaftlich sehr reizvoller Abschnitt. Der zweite, längere Teil nach Lübeck folgt dem sogenannten Drägerweg durch das urwüchsige Naturschutzgebiet der Wakenitz, eine der schönsten Flusslandschaften Schleswig-Holsteins. Wegen der Ursprünglichkeit wird dieses Gebiet auch »Amazonas des Nordens« genannt. Hier findet man urwaldartige Erlenbrüche, lichte Laubwälder, Schilf, Moorgewässer und sumpfige Wiesen sowie eine artenreiche Vogel- und Kleintierwelt. Als ehemaliger Grenzfluss ist die Wakenitz Teil des »Grünen Bandes« entlang der ehemaligen innerdeutschen Grenze. Vom Endpunkt der Tour ist man mit dem Stadtbus in wenigen Minuten im Zentrum der historischen Hansestadt Lübeck. Die ringsum von Wasser umschlossene Altstadt mit vielen denkmalgeschützten Gebäuden steht auf der UNESCO-Liste der schützenswerten Kulturdenkmäler. So verbindet diese Wanderung einmalige Naturerlebnisse mit einem äußerst lohnenswerten Stadtbesuch.*

**Ausgangspunkt:** Pogeez Bhst. Hauptstraße an der L 331, Linie 8710 von Ratzeburg nach Lübeck.
**Endpunkt:** Stadtbus-Hst. Grönauer Baum an der L 331 in Lübeck.
**Anforderungen:** leichte Wanderung auf Fußwegen oder Nebenstraßen.
**Einkehr:** In Pogeez, Groß Sarau, Rothenhusen, Landhaus Absalonshorst, Hotel-Restaurant Müggenbusch und in Lübeck.
**Tipps:** Besuch der Lübecker Innenstadt mit ihren zahlreichen historischen Bauten, wie z.B. Marienkirche, Rathaus, Buddenbrook-Haus, Holstentor, sowie Schifffahrt auf der Wakenitz von Rothenhusen oder Absalonshorst nach Lübeck.

Bei der **Bushaltestelle Hauptstraße** in **Pogeez** ❶ zweigt von der L 331 bzw. Hauptstraße rechts bei der Ampel die Straße Immenberg ab. Bei der gleich folgenden Gabelung halten wir uns geradeaus auf dem Seeweg am **Ratzeburger See** und treffen dann bei einer Badestelle mit Imbiss auf den Uferweg. Dieser führt nach links Richtung Groß Sarau, verläuft immer dicht am See entlang, zunächst am Rand von Pogeez, dann teils durch Schilf, Wald oder Wiese. Schließlich passieren wir einen Bootsverleih, kommen an hübschen Häusern sowie am Bade- und Rastplatz mit DLRG-Station von **Groß Sarau** vorbei und erreichen wenig später einen **Parkplatz** ❷, wo links eine Straße endet. Diese Straße Bavernsee steigt zur L 331 an und ermöglicht einen Abstecher zum historischen Restaurant Nobiskrug.

Vom Parkplatz in Groß Sarau folgen wir in bisheriger Richtung dem Seeuferweg. Dieser führt zunächst durch ein Waldstück, dann mit mehreren Schlenkern zu einer kleinen Straße namens Schanzenberg. Neben dieser halb rechts auf dem Fußweg durch Wald, dann wandern wir rechts auf

*Bootsverleih in Groß Sarau.*

einem Sandweg wieder Richtung Seeufer. Wir kommen an verschiedenen Steganlagen mit Bootsliegeplätzen vorbei, danach geht es durch Wald zum Nordwestende des Ratzeburger Sees. Hier macht der Weg eine Rechtskurve und führt dann erneut an Steganlagen entlang. Wir wandern weiter am Nordufer, bis der Weg per Linkskurve vom See wegführt. Hier erreichen wir bei einem Parkplatz rechts die Zufahrt zum **Restaurant Fährhaus Rothenhusen** ❸, gleichzeitig auch Anlegestelle der Linienschiffe auf der Wakenitz. Wir folgen nun der kleinen Straße neben der Wakenitz und kommen auf dem Rothenhusener Weg an einer Kanu-Vermietstation vorbei. Bald danach biegt die Straße vor der Wakenitz-Brücke nach links um und stößt auf einen kleinen Parkplatz an der Einmündung in die Rothenhusener Straße. Dort befindet sich auch ein überdachter Rastplatz. Nachdem wir die K 23 überquert haben, laufen wir links auf dem Rad- und Fußweg neben der Autostraße weiter. Schon bald erreichen wir einen rechts im Wald liegenden **Parkplatz** für das **NSG Wakenitz**. Hier beginnt der Drägerweg, der uns nach Lübeck bringt. Meist ausreichend beschildert führt der Weg zunächst zum Waldrand, biegt dort rechts um, um an der folgenden Waldecke links von diesem wegzuführen.

Wir wandern nun in nördlicher Richtung bis zu einem asphaltierten Querweg. Auf diesem nach links, aber gleich an der nächsten Gabelung wieder rechts ab und in bisheriger Laufrichtung weiter. Vom anfangs asphaltierten Weg zweigt dann ein schmaler Fußweg ab, der durch den Wald führt. Dann überqueren wir in gerader Linie die Straße Nädlershorst und laufen auf

*Blick auf die Wakenitz (Foto: Raphael Reischuk/Pixelio).*

einem schmalen Sandweg weiter, der in einen asphaltierten Weg einmündet (beides »Drägerweg«). Auf diesem Fahrsträßchen geht es rechts und damit unterhalb der A 20 weiter. Schließlich endet die Straße, und wir laufen auf einem Sandweg bis vor die Wakenitz, dort links unter der Autobahn hindurch, danach links zurück und vor einem eingezäunten Teich rechts von der Autobahn weg. Dort führt ein Abstecher zu einem Aussichtspunkt neben der Autobahn, der aber nicht unbedingt lohnend ist. Der nun wieder nordwärts verlaufende Weg macht vor einer Buschreihe einen Linksbogen und führt dann schnurgerade zum Ortsrand von **Groß Grönau**, wo wir auf die Asphaltstraße Am Vierth treffen. Auf dieser rechts, gleich wieder aus Groß Grönau heraus (nun wieder als »Drägerweg«). Immer geradeaus wandern wir Richtung Norden, nun auf einem Sand-Fahrweg. Nach einer Gabelung, wo wir in bisheriger Richtung weiterwandern, erreichen wir wieder die Grenze zum NSG Wakenitz.

Der Drägerweg führt in der Folge durch das urwüchsige Naturschutzgebiet der Wakenitz. Zunächst gehen wir noch geradeaus auf dem Fuß- und Radweg weiter, über eine Holzbrücke, dann kurz rechts auf schmalem Weg am Bachlauf entlang, links wieder vom Bach weg und durch den Wald. Nach einer kleineren, dann einer größeren S-Kurve zweigt nach links ein breiter Weg ab, wir gehen jedoch geradeaus in Richtung Absalonshorst. Nach 20 Min. gabelt sich der Weg, wobei wir dort rechts weiterwandern, bei der nächsten Gabelung links, dann per Rechts-links-Kurve am Waldrand entlang bis zum Zufahrtsweg des **Landhauses Absalonshorst** ❹, das rechts vom Weg liegt. Von dort kann man alternativ per Schiff auf der Wakenitz nach Lübeck fahren. Die Fahrt dauert bis zur Moltkebrücke 1 Std. Danach lohnt ein Besuch der Innenstadt (siehe auch »Tipps«).

Vor dem Zufahrtsweg geht es links auf dem Drägerweg weiter, nach einer Rechtskurve über einen Bach, anschließend nach links vom Zufahrtsweg weg, in einer S-Kurve durch die Wiesen. Bald führt ein Abstecher rechts zum

nahen Hofladen des Hofes Falkenhusen. Kurz darauf treffen wir erneut auf den erwähnten Zufahrtsweg. Nach Überquerung dieses Absalonshorster Weges leitet uns das X der FWW (E1/E6/E9) halb rechts zunächst am Waldrand weiter. Danach gehen wir links in den Wald und stoßen bald auf die Asphaltstraße **Müggenbuschweg** ❺. Wer möchte, kann rechts in Kürze das Waldhotel-Restaurant Müggenbusch erreichen.

Der Weiterweg gegenüber führt jedoch zunächst am Waldrand entlang, dann direkt zur Wakenitz. Vor ihr wenden wir uns nach links und erreichen schon bald einen schönen Aussichtspunkt auf den Fluss. Danach geht es wieder von der Wakenitz weg, wir wandern um das Gelände eines Kinderheimes herum und dann zum asphaltierten Zufahrtsweg. Nach seiner Überquerung wandern wir zunächst weiter geradeaus, dann in einem Links-rechts-Bogen in ein anderes schmales Waldstück und an seinem Ende weiter zum **Landgraben**, der auf einer Holzbrücke überquert wird.

Wo der FWW rechts abbiegt, gehen wir links auf dem Sandweg neben dem Graben weiter, später per Brücke auf seine andere Seite zurück, bis wir an ihm entlang auf die Ratzeburger Landstraße (L 331) stoßen. Dort halten wir uns rechts, passieren das Hotel Altes Zollhaus und erreichen die **Bushaltestelle Grönauer Baum** ❻, wo die Stadtbusse Richtung Lübeck Zentrum halten und es auch viele Einkehrmöglichkeiten gibt.

↗ 110 m | ↘ 110 m | 20.3 km

# 21 Rund um Grevesmühlen

5.00 h

**Abwechslungsreiche Feld-, Wald- und Wiesenrundwanderung**

*Diese Tour erschließt die hügelige Landschaft um Grevesmühlen. Zuerst führt sie jedoch durch das Zentrum der westmecklenburgischen Kleinstadt, vorbei an einigen Sehenswürdigkeiten. Am Weg liegen dann auch mehrere kleine und größere Seen. Das Naturschutzgebiet Santower See umrunden wir auf seiner Nordseite. Bei Hamberge erwartet uns ein schöner Aussichtspunkt, und zurück nach Grevesmühlen kommen wir entlang des Ploggensees.*

**Ausgangspunkt:** Bhf. Grevesmühlen an der Strecke Lübeck–Bad Kleinen.
**Anforderungen:** Abwechslungsreiche Feld- und Waldwege sowie wenig befahrene Nebenstraßen.
**Einkehr:** Nur in Grevesmühlen.

Auf der Nordseite des **Bahnhofs** ❶ gehen wir über das Gelände des ZOB, geradeaus durch die Grünanlagen, über die Rudolf-Breitscheid-Straße, dann in bisheriger Richtung weiter entlang der Karl-Marx-Straße. Nach dem Gebäude des Zweckverbandes zweigen wir rechts auf die Freytagstraße ab, überqueren an ihrem Ende die Parkstraße und kommen halb links in den Stadtpark Bürgerwiese. Der Pflasterweg führt an einem Spielplatz vorbei, kreuzt einen Weg und führt minimal bergan zur **Stadtkirche St. Nikolai** ❷ im Stil der Frühgotik. Die dreischiffige Hallenkirche wurde aus Backsteinen im 13. Jh. erbaut. Kircheninneres und Turm kann man besichtigen.

*Industriedenkmal Malzfabrik.*

*Altes Backhaus in Warnow.*

Noch vor der Kirche links am Städtischen Museum vorbei zur August-Bebel-Straße. Dieser Straße folgen wir erneut links und kommen zum Karl-Liebknecht-Platz, an dem links das Amtsgericht liegt. Am Platz halten wir uns zunächst rechts, ignorieren die rechter Hand abzweigenden Straßen, überqueren dann an ihrem Beginn die Lübecker Straße und folgen gleich dem Zufahrtsweg zur ehemaligen **Malzfabrik**. Dieses Industriedenkmal geht auf die Jahre 1893–98 zurück und wird heute u.a. von Ämtern der Kreisverwaltung genutzt. Von dort folgen wir der Straße Börzower Weg in westlicher Richtung.

Am Stadtrand überqueren wir Gleisreste. Dort zweigt links ein Sand-Feldweg ab, der zu einem Einzelhaus an der Bahnlinie führt. Davor rechts und immer unterhalb des Bahndamms zunächst auf undeutlichem Weg durch den Wald. Nach einiger Zeit wird der Weg wieder besser und erreicht eine Kreuzung unweit eines Bahnübergangs. Dort zweigen wir rechts auf den breiten Sand-Fahrweg ab und kommen zu einer Straßenkreuzung, an der von rechts wieder der Börzower Weg einmündet. Wir folgen hier der Autostraße geradeaus, kommen im Wald über einen kleinen Bach und passieren

*Kühe am Weg nach Santow.*

einen links liegenden überdachten Rastplatz. Schließlich erreichen wir die viel befahrene Lübecker Chaussee (B 105), die per Ampel überquert wird. Gegenüber in bisheriger Richtung auf der Straße An der B 105 vorbei an einer Straßenmeisterei nach **Gostorf** ❸ hinein, das Teil der Gemeinde Stepenitztal ist. Im Ort selbst gibt es einige schöne Reetdachhäuser!
Von der dortigen Straßenverzweigung laufen wir links die Straße Neuer Weg entlang, dann rechts bzw. nordwärts die Hauptstraße. Im nördlichen Ortsbereich zweigt rechts die Straße Zum Kiebitzmoor ab, der wir nun in östlicher Richtung folgen. So kommen wir aus Gostorf heraus und erreichen das kleine Straßendorf Grenzhausen an einer Straßengabelung, bei der wir geradeaus dem breiten Sand-Fahrweg bis vor einen Schießstand folgen. Hier liegen auch einige kleinere Seen. Vor dem eingezäunten Gelände des Schießstandes geht links ein Feldweg ab, der sich nach wenigen Minuten nochmals gabelt. Nun rechts bzw. ostwärts weiter, durch ein kurzes Waldstück, dann immer zwischen eingezäunten Wiesen bis zur Klützer Straße (L 03), die wir bei der Bushaltestelle erreichen und überqueren. Gegenüber geht es auf einem Asphaltsträßchen weiter und auf der Dorfstraße nach **Santow** ❹ hinein, wo wir gleich eine Gabelung mit Bank erreichen. Hier zweigen wir links ab und kommen gleich wieder aus dem kleinen Dorf heraus. Der Feldweg verläuft nun immer am Rand des Naturschutzgebietes **Santower See** und umgeht diesen zunächst auf der West-, dann auf der

Nordseite. Der See selbst bleibt hinter Büschen versteckt. Schließlich kommen wir über einen kleinen Bach und danach hinein nach **Warnow** ❺. Auf der Dorfstraße erreichen wir eine Kreuzung beim Dorfplatz mit überdachter Ruhebank. Linker Hand steht dort ein altes Backhaus.

Nach Überquerung der K 18 beim Dorfplatz führt gegenüber ein Weg schnell wieder aus Warnow heraus. Er steigt per leichtem Rechtsbogen im hügeligen Gelände zunächst etwas an und führt vom höchsten Punkt wieder etwas bergab zur L 02. Auf dieser Straße ganz kurz links zur Bushaltestelle Försterei, dann rechts auf dem Hamberger Weg durch eine Häusergruppe mit einem schönen Reetdachhaus. Danach steigen wir auf dem Feldweg wieder leicht bergan und sehen linker Hand einen kleinen See. Wieder etwas bergab, per Links-, dann per Rechtskurve weiter, bis wir den Ortsrand von Hamberge und gleich danach die Dorfstraße erreichen. Auf dieser laufen wir nun nach rechts zur Bushaltestelle im Zentrum von **Hamberge** ❻.

Von der Bushaltestelle laufen wir geradeaus weiter, zweigen dann aber rechts auf einen Nebenast der Dorfstraße ab (Ausschilderung »Grevesmühlen 3 km«). So kommen wir westwärts aus Hamberge heraus zu einem Einzelhaus; dahinter gabelt sich der Weg. Hier wählen wir den linken oberen Feldweg und gelangen kurz danach zu einer **Aussichtsplattform** mit Ruhebänken. Von hier hat man einen weiten Blick über den Santower See und seine Umgebung.

Anschließend geht es auf einem Plattenweg, teilweise mit Stufen, wieder abwärts, dann folgt ein Stück mit schmalerem Weg, rechts begleitet von Büschen und Bäumen, links von Feldern. Eben führt der Weg dann wieder in den Wald und folgt innen dem Waldrand. Bald mündet von links zurück ein Weg ein und wir folgen geradeaus dem breiten Waldweg. Gleich danach zweigt rechts ein Weg ab, wir laufen aber weiterhin geradeaus und erreichen den **Ploggensee**, der uns nun auf längerer Strecke begleitet. Immer wieder laden auch Ruhebänke zu einer Rast ein. Stets dem Seeufer folgend, geht es zum Schluss über Wiesengelände vorbei am Restaurant Seeschlösschen und dem Freibad, wo die Straße Am Ploggensee beginnt. Vorbei an Parkplätzen erreichen wir die Santower Straße (L 02), die linker Hand gleich in die B 105 kreuzt. Nach Überquerung der Bundesstraße laufen wir gegenüber in bisheriger Richtung durch Grevesmühlen weiter.

Nach einer Kurve treffen wir auf eine Querstraße, die Wismarsche Straße, auf der wir rechts ins Zentrum von **Grevesmühlen** (mit etlichen Einkehrmöglichkeiten) kommen würden. Nach ihrer Überquerung folgen wir dem Durchgang zum Sparkassenplatz. Am Ende dieses lang gestreckten Platzes liegt rechter Hand eine Grundschule. Geradeaus an ihr vorbei und am Rande des Stadtparks entlang. Dann beginnt an einer Straßengabelung die Rudolf-Breitscheid-Straße, der wir geradeaus folgen, bis wir den Hinweg an der Ecke Karl-Marx-Straße erreicht haben. Hier links, am ZOB vorbei zurück zum nahen **Bahnhof** ❶.

103

# TOP 22 — Von Rehna nach Gadebusch

↗ 100 m | ↘ 90 m | 16.0 km
4.00 h

### Unterwegs im urwüchsigen Tal der Radegast

*Mecklenburg ist für seine unberührten Naturlandschaften bekannt. Dazu gehört auch das unter Naturschutz stehende Tal der Radegast zwischen Rehna und Gadebusch. Die Radegast ist ein Nebenfluss der Stepenitz und gilt heute nach ihrer Renaturierung als ein natürlich mäandernder Bachlauf. In Rehna selbst locken das weithin bekannte ehemalige Kloster und andere historische Gebäude, während in Gadebusch Eisenbahn-Fans auf ihre Kosten kommen. Zum historischen Bahnhof mit kleinem Museum gehört auch ein alter Salonwagen (mit Übernachtungsmöglichkeit) aus dem DDR-Regierungszug von 1969 und eine alte DDR-Diesel-Schnellzug-Lok vom Typ V 180 von 1967.*

**Ausgangspunkt:** Bhf. Rehna an der Bahnstrecke Schwerin–Gadebusch–Rehna.
**Endpunkt:** Bhf. Gadebusch an der gleichen Bahnstrecke, Rückfahrt auch per Bus mit Umstieg in Ratzeburg nach Hamburg-Wandsbek möglich.
**Anforderungen:** Leichte, naturnahe Wanderung, die aber Orientierungssinn verlangt, da der Weg nicht markiert ist.
**Einkehr:** In Rehna und Gadebusch, unterwegs keine.

Vom **Bahnhof** in **Rehna** ❶ folgen wir nach links der Bahnhofstraße. An ihrem Ende rechts entlang der Bülower Straße. Vorbei am abzweigenden Gartenweg kommen wir zum Beginn der Friedrich-Dreyer-Straße. Auf ihr erneut rechts, zum ZOB von Rehna. Spätestens dort überqueren wir die Straße und folgen am Ende des ZOB links einem Fußweg, der am Westrand der Grünanlage vom Freiheitsplatz zur B 104 am südlichen Beginn des Marktes

*Blick über den Burgsee zur Stadtkirche in Gadebusch.*

führt. Links neben der Bundesstraße weiter bis zu ihrer Linkskurve, an der rechter Hand der eigentliche Marktplatz liegt. Wer sich das Deutsche Haus, eines der ältesten Fachwerkhäuser von Rehna, ansehen möchte, folgt einfach der Bundesstraße und erreicht schon bald das Haus Gletzower Straße 15, das als giebelständiges Fachwerkhaus aus dem 16. Jh. stammt.

Unsere Wanderroute setzt sich aber auf der anderen Straßenseite, also am Marktplatz fort. Von dort ist ein zweiter Abstecher möglich, nämlich geradeaus zum Beginn der Mühlenstraße. Dort steht das alte Rathaus mit einem Mansarddach und Laternentürmchen. Die Wanderroute nutzt aber eine Gasse, die nach Überquerung der B 104 gleich rechts vom Marktplatz abzweigt und direkt zum Kirchplatz vor dem früheren **Kloster** ❷ führt. Das ehemalige Benediktinerinnenkloster aus dem 13. Jh. wurde im Zuge der Reformation 1552 aufgelöst. Das Klostergebäude dient heute als Amtshaus. Die ursprünglich spätromanische Klosterkirche, ein einschiffiger Backsteinbau, wurde im 15. Jh. erheblich verändert. Eine Innenbesichtigung mit oder ohne Führung ist gegen Entgelt möglich.

Vor der Klosterkirche halten wir uns links, laufen dann an der Nordseite der Kirche entlang, um auf ihrer Ostseite den Klostergarten zu erreichen. Herzstück ist der Vier-Themen-Garten mit Heilpflanzen-, Duftpflanzen- und Blütengarten sowie einem Bibelgarten mit Symbolpflanzen. In der Mitte des Gartens steht ein Apfelbaum als Symbol der biblischen Verführung. Auch einen Bienenstand findet man hier.

Von der Kirchenrückseite südwärts am Klostergebäude entlang, dann am Ende der Kneippbecken links weiter, nach Treppenstufen über einen Querweg bis vor die **Radegast**, die hier einen kleinen See bildet. Davor rechts auf einem Holzbohlenweg, vom Ende des Sees auf einem Sandweg zur Goethestraße (L 02). Dort links per Brücke über die Radegast, vorbei an einem LPG-Denkmal (»Landwirtschaftliche Produktions-Genossenschaften« der DDR) bis zu einer Straßenkreuzung. Dort zweigt rechts der Benziner Weg ab, dem wir bis zum Ortsende folgen. Wo links ein Sportplatz liegt, zweigt rechts ein Fußweg ab, der gleich anfangs eine Linkskurve macht und dann südwärts der Radegast folgt, wobei wir nicht immer direkt neben dem Fluss laufen. Wir wandern durch eine sehr urwüchsige Landschaft und kommen später durch einen schönen Mischwald. An dessen Ende treffen wir auf einen Querweg und folgen ihm nach links außen am Waldrand entlang. Schließlich lassen wir den Wald hinter uns und laufen entlang von Büschen weiter. Kurz nachdem linker Hand ein Teich zu sehen ist, stoßen wir auf eine Querstraße. Dort zweigen wir rechts ab und kommen auf der Dorfstraße nach **Benzin** ❸. Rechts bei zwei Teichen liegt die Bushaltestelle dieses kleinen Dorfes, das zur Gemeinde Wedendorfersee gehört.

Kurz nach der Haltestelle macht die Straße eine Rechtskurve und führt als Holdorfer Weg an weiteren Häusern vorbei zum Ortsende. Die wenig befahrene Straße macht etliche Schlenker in der freien Natur. Bald nachdem wir eine Stromleitung unterquert haben, treffen wir auf eine Querstraße, die nach rechts über die Radegast führt, links dagegen in die Siedlung **Neu Benzin**. Auf diesem **Klein Hundorfer Weg** ❹ würde man rechter Hand auch gleich die nahe Bahn-Haltestelle Holdorf erreichen und könnte dort die Tour abbrechen.

Nach Überquerung des Klein Hundorfer Weges finden wir gegenüber etwas versteckt am Ufer der Radegast eine Ruhebank. Bei einem NSG-Schild zweigt links ein Wiesenweg ab, der dem Lauf des Flusses folgt. Wir kommen wieder in den Wald und folgen einem breiten Querweg rechts. Oberhalb der Radegast erreichen wir dann bei einer Waldhütte eine Kreuzung. Geradeaus kommt man hier zu einem Großsteingrab, wir zweigen jedoch links ab und folgen bei der nächsten Gabelung rechts einem Graspfad, der romantisch durch den Wald verläuft. Bei der nächsten Abzweigung führt der linke Weg nach Klein Hundorf, wir laufen jedoch geradeaus weiter. Dann kommen wir über eine Holzbrücke, gleich danach zweigen wir rechts ab. Der Weg macht nun einen langen Linksbogen in Richtung Radegast. Bei der nächsten Verzweigung wandern wir rechts weiter, überqueren die Bahnlinie und folgen dem Pfad zum Steg über die **Radegast**. Nach ihrer Überquerung erwartet

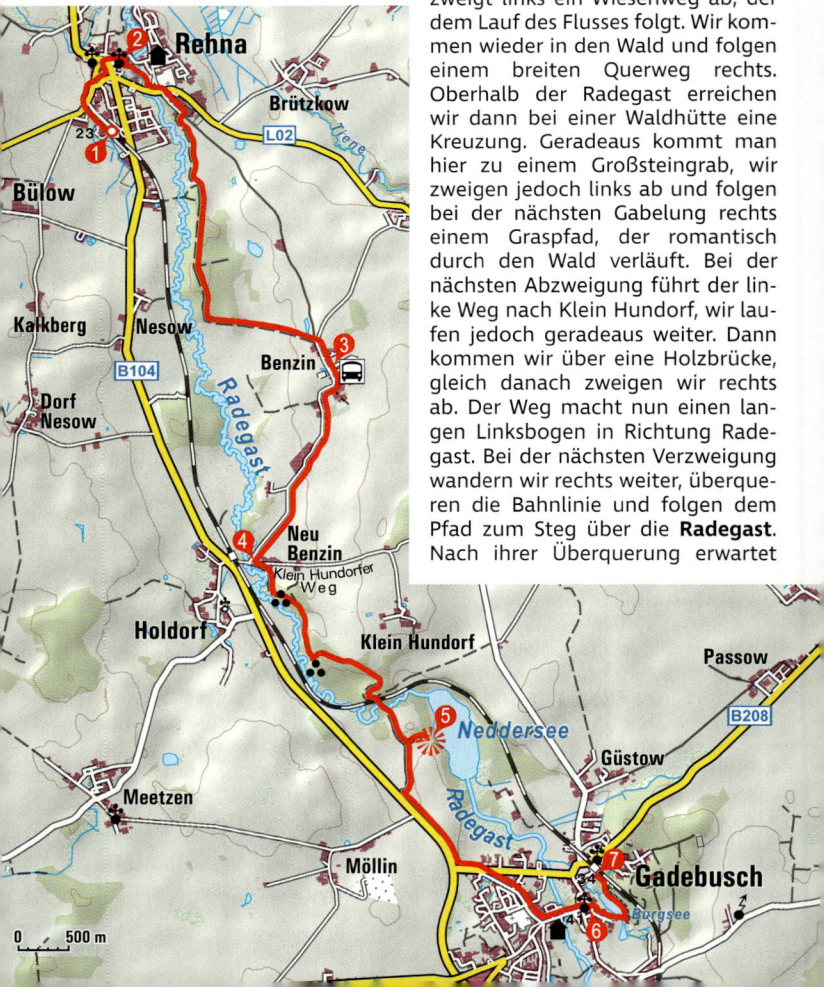

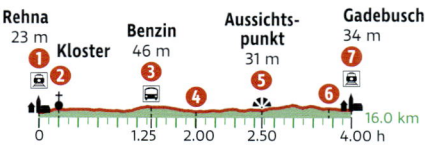

uns eine Rasthütte. Der nun breitere Weg führt bald aus dem Wald heraus und erreicht einen links abzweigenden Feldweg, der uns einen Abstecher zu einem Aussichtspunkt ermöglicht: Vorbei an einer Infotafel zum Neddersee laufen wir auf diesem bis zu einer Rechtskurve. Danach geht es halb links auf einem Grasweg zum **Aussichtspunkt** ❺ mit Blick über den etwa 30 ha großen **Neddersee**, der inmitten des NSG liegt. Er ist fischreich, aber nicht tief. Angeln darf man nur vom Boot aus, nicht vom Ufer!

Vom Aussichtspunkt wandern wir zurück zum Hauptweg. Auf diesem kommen wir bald zur B 104 und gehen neben ihr bis zur Bushaltestelle an der Abzweigung nach Mölln. Dort beginnt ein asphaltierter Rad- und Fußweg rechts der Bundesstraße, der parallel zu ihr weiterführt. Über einen Buckel erreichen wir die Abzweigung der B 208. Nach Überquerung der B 104 folgen wir links der B 208 (Rehnaer Straße) hinein nach Gadebusch. Doch schon bald zweigen wir rechts auf die Jarmstorfer Straße ab, kommen an einem Teich vorbei, an einem Treppenaufgang und nach einer Kreuzung an einem Friedhof. Bei der folgenden Kreuzung zweigen wir links auf der Johann-Stelling-Straße ab. Einen Aldi-Markt passierend kommen wir nochmals über die Radegast und dann ins Zentrum von **Gadebusch**. Nach Abzweigung der Straße Am Wehr folgen wir weiterhin geradeaus der Lübsche Straße, dann der Wollbrugger Straße, die per Rechtskurve zum Platz Am Markt führt. Dort liegt links das **Rathaus** ❻ aus der Zeit um 1340. Dahinter erhebt sich die Stadtkirche aus dem 13. bis 15. Jh.

Nach Überquerung einer Straße beim Platz Am Markt folgen wir gegenüber der Amtsstraße. Schon bald liegt rechter Hand von uns das Schloss Gadebusch auf dem Schlossberg, zurückgehend auf eine slawische Ringwallburg und heute ein typisches Beispiel norddeutscher Backsteinrenaissance. Vor der Kita zweigen wir dann links auf einen Fuß- und Radweg ab und überqueren an einer Engstelle mittels Holzbrücke den **Burgsee**. Nach der Holzbrücke halten wir uns an der Wegkreuzung links und laufen nun immer am Ostufer des Burgsees entlang. Es eröffnen sich noch schöne Blicke über den See Richtung Stadtzentrum.

Kurz vor dem Nordende des Sees zweigt rechts ein schnurgerader Weg ab, der hinauf zum alten restaurierten Bahnhofsgebäude von Gadebusch führt. Hier kann man heute einkehren, das kleine **Eisenbahnmuseum** besuchen oder im ehemaligen Salonwagen der DDR-Regierung übernachten. Vor dem alten Bahnhofsgebäude halten wir uns links und kommen bald zum **ZOB** und heutigen **Bahnhaltepunkt** von **Gadebusch** ❼.

↗ 80 m | ↘ 80 m | 11.4 km
2.45 h

## 23 Rund um Lütjensee

### Gemütliche See- und Wald-Rundwanderung

*Dieser Ausflug rund um den Ort Lütjensee im Osten Hamburgs verbindet schöne Waldwege mit idyllischen Pfaden entlang des Lütjensees im Norden und des Großensees im Süden.*

**Ausgangspunkt:** Bhst. Lütjensee Kreuzung, Linie 364 HH-Rahlstedt Bahnhof–Trittau.
**Anforderungen:** Leichte Rundtour auf unterschiedlichen Wegen.

**Einkehr:** Gasthaus Freibeuter in Lütjensee, unterwegs mehrere Möglichkeiten: Restaurant Il Lago, Hotel-Restaurant Seehof und das Restaurant Fischerklause.

Von der **Bushaltestelle Lütjensee Kreuzung** ❶ laufen wir kurz zurück zur Kreuzung, wechseln dort zur Nordseite der Sieker Landstraße und gehen an der Bushaltestelle Richtung Hamburg vorbei zum nahen Waldrand. Dort treffen wir auf eine Pfeilmarkierung und folgen dieser rechts in den Wald. Anfangs verläuft der Weg nordwärts in Waldrandnähe, dann biegt er nach links vom Waldrand weg, macht einen Bogen zurück und trifft bald auf einen Querweg. Wir halten uns rechts und kommen nach wenigen Minuten zu einem weiteren breiten Querweg. Auch hier wieder rechts, bis wir nach 2 Min. auf eine große Kreuzung mit Rastplatz mitten im **Hainholz** stoßen. Die gelbe Markierung zweigt hier links ab, wir folgen jedoch dem breiten Weg weiter geradeaus, passieren verschiedene Abzweigungen, bis der Weg einen kleinen Rechtsschwenk macht. Kurz danach erreichen wir wieder eine Kreuzung, an der wir rechts zum Waldrand wandern. Auf ei-

*Winterstimmung im Hainholz.*

ner hübschen Buschallee durch die Wiesen, vorbei an einem ökologisch geführten Landwirtschaftsbetrieb, gelangen wir gegenüber der Feuerwehr zur Alten Schulstraße. Rechts weiter und in einer Linkskurve zur Hamburger Straße (mit Bushaltestelle), die wir überqueren. Nach links versetzt zweigen wir vor dem **Gasthof Freibeuter** ❷ rechts von der Hamburger Straße wieder ab.

Wir folgen kurz danach links der Alten Dorfstraße. Bei ihrer Gabelung halten wir uns rechts und kommen von ihrem Ende auf einem Verbindungsweg zur Straße Seeblick. Kurz nach Einmündung der Straße Seestücken zweigt rechts bei einer Ruhebank ein Fußweg ab und führt uns zum **Lütjensee** hinunter. Vor dem See halten wir uns links und gelangen in einem Rechtsbogen zu seinem Nordende mit Parkplatz und Badestelle beim italienischen **Restaurant Il Lago** ❸.

Von dort setzt sich unser Weg südwärts entlang des Seeufers im Wald fort. Nach 10 Min. treffen wir bei zwei Ruhebänken direkt am See auf

den Zugang zum Hotel-Restaurant Seehof. Durch hügeliges Waldgelände kommen wir zu einem überdachten Rastplatz. Hier wenden wir uns links vom See weg zu einem Querweg, dann halb rechts über eine Holzbrücke. Gleich danach rechts, anfangs neben einem Kanal, dann südostwärts zu einem Querweg, auf ihm rechts weiter und an einem Spielplatz vorbei zu einem Fahrweg. Auf diesem rechts aus dem Wald heraus und zu einem Parkplatz. Auf dem Asphalt-Fahrweg Am See gelangen wir zum **Restaurant Fischerklause** ❹. Der Fahrweg macht 3 Min. später eine Rechtskurve. Dort führen links Stufen zu einem Fußweg hinauf, der zwischen den Grundstücken verläuft. Auf ihm erreichen wir bald den Wald-Wiesen-Rand, dem wir folgen. Zum Schluss geht es rechts hinauf zu einem Radweg und zur Straße Deepenstegen. Auf ihr zweigen wir nach rechts ab und kommen per Linkskurve zur **Trittauer Straße** ❺.

Auf der gegenüberliegenden Seite wandern wir kurz nach links, bis rechts ein schmaler Fußweg zwischen den Grundstücken abzweigt. Er geht bald

in einen Zufahrtsweg über und mündet dann in einen Querweg ein, dort links den Heideweg entlang, bis dieser am Strandweg endet. Auf dem Fußweg neben diesem Asphalt-Fahrweg gehen wir nach rechts weiter. Nach einer Linkskurve zweigt rechts ein Sandweg ab, der hinunter zum Nordufer des **Großensees** ❻ führt.

Dort treffen wir wieder auf die gelbe Pfeilmarkierung und wandern nordwestwärts per Rechts-links-Kurve in den Wald. Dann zweigen wir nicht links ab, sondern steigen geradeaus hinauf zum Waldparkplatz an der **Großenseer Straße** ❼. Wir überqueren die Straße und gehen zunächst weiter im Wald aufwärts. Schließlich biegt die Markierung vor dem Waldrand rechts bzw. nordwärts ab. Es folgt ein Links-rechts-Schlenker im Wald. Dann mündet bei einer Rechtskurve von links ein Weg ein. Hier folgen wir rechts dem Weg hinab zum Waldrand. Dort zweigen wir links ab, folgen dem Waldrand und wandern oberhalb des Sportplatzes entlang. Auch danach immer geradeaus, bis wir direkt vor der Sieker Landstraße auf die Kehre einer kleinen Nebenstraße gelangen. Auf dieser halten wir uns rechts bis zur Straße Am Viert, auf der es kurz nach links zur Sieker Landstraße geht in **Lütjensee** geht.

Um die gegenüberliegende **Bushaltestelle** ❶ für die Rückfahrt nach Hamburg-Rahlstedt zu erreichen, müssen wir noch bis zur Kreuzung laufen, wo wir die Straße sicher per Ampel überqueren können.

*Blick über den Lütjensee beim Seehof.*

↗ 190 m | ↘ 190 m | 21.7 km

5.15 h

# Zwischen Ratzeburger und Behlendorfer See

**24**

## Malerische Seenrunde

*Auf sehr schöner Strecke entlang des Ratzeburger Sees kommen wir zu verschiedenen Aussichtspunkten, darunter – mit einem kleinen Abstecher – zur Himmelswiese. Von Buchholz am Ratzeburger See geht es westwärts weiter durch das Hinterland, über Feld und durch Wald. Sehr malerisch ist dann der Wegabschnitt entlang des Behlendorfer Sees, bevor wir über Harmsdorf zum Bahnhof in Ratzeburg zurückkehren.*

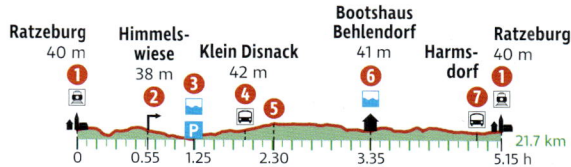

**Ausgangspunkt:** Bhf. Ratzeburg an der Strecke Büchen–Lübeck.
**Anforderungen:** Rundtour auf Fuß-, Wald- und Feldwegen bzw. Nebenstraßen, teils im hügeligen Gelände, der Länge wegen gute Kondition erforderlich.
**Einkehr:** Zahlreiche Möglichkeiten in Ratzeburg, bei Abstecher am Wochenende in Lödings Bauernhof-Café-Hofladen in Buchholz, in Behlendorf kleiner Imbiss.
**Tipp:** Abstecher zur Altstadt von Ratzeburg mit Besuch des Doms.

*Anleger des Buchholzer Seglervereins.*

Vom **Bahnhof** ❶ gehen wir ostwärts die Bahnhofsallee (B 208) entlang, vorbei an einem kleinen Waldstück, bis wir an der Nordseite der Straße die Bushaltestelle Finanzamt finden. Hier zweigt nach links ein Pflaster-Fußweg Richtung Gelehrtenschule ab, dem wir bis vor das Hauptgebäude folgen. Davor rechts und an Fahrradständern vorbei laufen wir per Rechts-links-Bogen auf dem Pflasterweg zu einer kleinen Straße. Auf ihr (Hufeisen) links entlang zur Querstraße Am Rensenmoor, auf dieser links bergab. Sie mündet nach einer Rechtskurve in die Lübecker Straße ein.

Nach deren Überquerung führt rechts gegenüber ein Asphaltweg in den Wald hinab. In einer Linkskurve mündet ein Sandweg ein, der Spehrweg, mit der FWW-Markierung X. Nach dem Ausgehen der Linkskurve erreichen wir ein Tor an der Zufahrt zur Kläranlage. Davor auf dem Fußweg rechts Richtung See. An Wochenendhäusern und der Kläranlage vorbei, dann links vom See weg, wandern wir am Waldrand vor Beginn der Straße Waldhang in Einhaus rechts im Wald weiter. Bei weiteren Abzweigungen orientieren wir uns immer an den Markierungen des FWW. So erreichen wir die **Abzweigung** ❷ zur nahen **Himmelswiese** am Ratzeburger See mit Ruhebänken, einem idealen Aussichtspunkt Richtung Stadt.

In der Folge geht es immer am See oder wenig von ihm entfernt durch hügeliges Gelände Richtung Norden. Schließlich gelangen wir auf dem FWW zu einer Badestelle und zum kleinen Bootshafen des Seglervereins in **Buchholz**. Hier beginnt bei einem **Parkplatz** ❸ eine Asphaltstraße, die vom See wegführt und dann ansteigt. Nach einer Linkskurve zweigt rechts eine Variante des FWW ab. Wir laufen jedoch bis zum Ende der Straße Fuchsberg. Rechter Hand wäre dort ein Abstecher zum **Hof-Café** möglich, unser Wanderweg folgt aber kurz links der Dorfstraße. Bei der Bushaltestelle biegen wir dann rechts Richtung Klein Disnack in den Schulweg ein. Unter der B 207 durch, dann über die Bahnlinie und durch die Felder leicht bergan. Der Asphaltweg, Schulsteig genannt, endet nach einer Anhöhe vor drei Steinen und setzt sich als Feldweg fort. Wir passieren eine Kläranlage und wandern die dortige Asphaltstraße hinauf zur Bushaltestelle an der Straßenkreuzung in **Klein Disnack** ❹. Der Feldweg (Grüner Weg) führt uns geradeaus weiter in den Wald, auf einem Querweg gelangen wir dann nach rechts zum **Forsthaus Bartelsbusch** ❺, das einsam an einer Waldwiese liegt.

Hier nach links, zunächst an der Wiesenlichtung entlang, bis wir im Wald zu einer Kreuzung kommen, an der der FWW rechts abzweigt. Hier lassen wir uns von der Markierung Frucht geradeaus leiten, durch eine Senke mit einer alten Bahntrasse südwärts zum links liegenden Parkplatz an der B 208. Nach deren Überquerung südwärts im Wald zu einer Kreuzung, wo der rechts abzweigende Weg nach Hollenbek führt. Wir orientieren uns weiter an der Markierung Frucht und gehen in bisheriger Richtung zum **Behlendorfer See**, wo wir bei einer Infotafel und Ruhebank eine weitere Gabelung erreichen. Hier folgen wir auf einem idyllischen Fußweg dem Seeufer nach links bis zu einem Querweg, auf dem wir uns nochmals nach links wenden. Nach einer Holzbrücke (rechts Campingplatz) gelangen wir zum **Bootshaus** von **Behlendorf** ❻, wo sich auch ein Badesteg sowie der ab mittags geöffnete Kiosk Alohabeli befinden.

Vom Bootshaus zweigen wir rechts Richtung Dorf ab, steigen auf der Seestraße leicht an und erreichen den Dorfplatz von **Behlendorf** (rechts führt ein kurzer Abstecher zur Kirche). Auf der Straße Wiesengrund nach links weiter, vor einem Reetdachhaus biegen wir dann rechts in den Fischerweg (immer noch Markierung Frucht) ein und nehmen den Fußweg wieder zum See hinunter. Zunächst führt der Weg rechts am bewaldeten Seeufer entlang und schließlich bei einer Ruhebank kurz rechts hinauf, wo ein schöner Rastplatz liegt. Dann links oberhalb des Sees weiter, bis wir am Feld-Wald-Rand die Abzweigung beim Landhaus Kulpin erreichen. Danach folgen wir geradeaus dem Kastanienweg, bis dieser breite Feldweg auf ein Asphaltsträßchen trifft, das von Kulpin kommt. Hier gehen wir rechts weiter bis zur nächsten Abzweigung; dort links auf einem Asphalt- Rad- und Fußweg nach **Harmsdorf**. Nach Einmündung des Kulpiner Weges folgen wir dort nach links der Giesensdorfer Straße weiter in den Ort hinein bis zur **Bushaltestelle** ❼. Weiter in bisheriger Richtung, bis rechts die Ratzeburger Straße abzweigt. Diese alte Straße setzt sich als Rad- und Fußweg fort, überquert die B 207, trifft dann auf die Bahnhofsallee und führt neben ihr in bisheriger Laufrichtung bis zum **Bahnhof** von **Ratzeburg** ❶ zurück.

*Am Bootshafen in Behlendorf.*

↗ 210 m | ↘ 210 m | 22.6 km

# 25 Zwischen Ratzeburger und Mechower See

**5.30 h**

## Viel Natur im Gebiet der früheren DDR-Grenze

*Die Wanderung führt von der Ratzeburger Dominsel zunächst zum Ostufer des Ratzeburger Sees und folgt dann dem Ufer Richtung Norden. Dann geht es ostwärts durch das Mechower Holz zum Nordende des Mechower Sees, wo die Grenze nach Mecklenburg-Vorpommern überschritten wird. Das Ziel ist Schlagsdorf, das lange im gesperrten Grenzgebiet der DDR lag und heute von der Lage im nördlichen Bereich des Biosphärenreservates Schaalsee profitiert. Von dort wandern wir hinab zum Mechower See. Wieder zurück in Schleswig-Holstein, geht es von Wietingsbek zum kleinen Dorf Mechow und dann über Bäk zurück nach Ratzeburg. Unberührte Naturlandschaften und viele Vögel im Bereich des Mechower Sees zeichnen diese Wanderung aus.*

**Ausgangspunkt:** Ratzeburg, Bhst. Demolierung/Rathaus der Linie 8700 von/nach HH-Wandsbek Markt.
**Anforderungen:** Rundwanderung auf sehr unterschiedlichen Wegen, die aufgrund der Länge Ausdauer erfordert.
**Einkehr:** In Ratzeburg, im Restaurant Forsthaus Kalkhütte und in Schlagsdorf.

**Hinweis:** Das NSG Steinerne Rinne und Mechower Holz darf nur von 16. Juni bis 21. Januar betreten werden!
**Tipps:** Besuch des Grenzlandmuseums Grenzhus in Schlagsdorf sowie der Vogelbeobachtungsturm am Mechower See. Zum Abschluss der Tour lohnt ein Abstecher zum Dom in Ratzeburg.

Wir starten an der **Bushaltestelle Demolierung/Rathaus** ❶ an der Straße Unter den Linden (B 208) und laufen ostwärts Richtung Zentrum. Wo der Einbahnverkehr durch die Innenstadt beginnt, folgen wir in bisheriger Richtung der Herrenstraße bis zum Markt. Dahinter führt die Langenbrücker Straße (B 208) wieder aus der Innenstadt heraus. Sie setzt sich als Königsdamm fort, auf dem wir eine Engstelle des **Ratzeburger Sees** überqueren. Am Ende des Damms erreichen wir das Ostufer des Sees. Dort liegt das **Eiscafé Bruhn** ❷.

Vom Eiscafé direkt am Seeufer entlang auf einem Fußweg nordwärts, bis der Weg rechts umbiegt und zwischen Grundstücken zum Bäker Weg führt. Dort treffen wir auf die

*Blick nach Schlagsdorf mit Kirche.*

Markierung blaues X, die uns lange begleitet. Auf dem Bäker Weg links weiter, später am Waldrand entlang bis zu einer Kehre, wo sich der Weg gabelt. Dort rechts in den Wald und gleich per Linkskurve weiter. Durch den Wald wandern wir auf meist breiten Wegen vorbei an einer Freilichtbühne und treffen dann in **Bäk** auf den Mühlenweg. Diesem Asphaltweg folgen wir nach links, passieren das Freizeitheim, überqueren zwei Mündungsarme des Bachs Bäk und kommen zu einer Gabelung bei der Pfaffenmühle, wo wir links in den Papengang abzweigen. Schon bald führen Treppenstufen in den Wald hinauf. Im Hasselholz treffen wir dann auf einen Querweg und folgen diesem links bis zum Waldrand. Dort geht es per Rechtskurve zur Dorfstraße in **Römnitz**. Sie bringt uns nach rechts zur **Bushaltestelle** ❸.

Von der Haltestelle folgen wir bis zum Haus Nr. 20 der Dorfstraße. Dort zweigt links bei einem Parkplatz wieder der markierte Wanderweg Richtung Kalkhütte ab. Er führt durch das NSG Ostufer Ratzeburger See, überwiegend im Wald Steinort, mit mehreren Schlenkern zu einem Quer-Fahr-

weg mit Rastplatz am Rand der Siedlung. Nach links, vorbei an Parkplätzen, bis vor das **Restaurant Forsthaus Kalkhütte** ❹ mit Campingplatz.

Vor dem Restaurant rechts ab und außen am Campingplatz entlang. Am Waldrand laufen wir geradeaus über eine Kreuzung. Kurz danach treffen wir im Wald auf einen Querweg und folgen diesem nach rechts. Er ist unmarkiert und macht bald vor dem Waldrand eine Linkskurve, um dann nordwärts in Waldrandnähe zu verlaufen. Nach einer Rechtskurve treffen wir auf die asphaltierte Querstraße Hoheleuchte und folgen ihr nach rechts bis zu einer Gabelung am Waldrand. Dort biegen wir links ab und orientieren uns dabei an der Markierung Seeschlange. An der Abzweigung eines gesperrten Fahrwegs biegt unser Asphaltsträßchen links um und führt Richtung Norden weiter. Dann zweigt rechts ein markierter Feldweg ins **Mechower Holz** ab. Achtung! Dieser Weg verläuft durch das NSG Steinerne Rinne und Mechower Holz und darf zum Schutz der Vögel nur vom 16. Juni bis 31. Januar begangen werden!

Der anfangs noch asphaltierte Fahrweg zieht zunächst in den Wald hinein und macht dort nach 10 Min. eine deutliche Rechtskurve. Schon bald danach wird er zum Sandweg und führt mittels eines langen Bogens durch ein urwüchsiges Waldgebiet. Dann biegt er nach rechts um, der Asphaltbelag beginnt wieder und nach einer weiteren Rechts-links-Kurve kommen wir in lichteren Buschwald. Wir sind jetzt im Bereich des Grünen Bandes im früheren Grenzgebiet zur DDR. Nach mehreren Wegschlenkern mündet unser Weg am Nordwestrand des **Mechower Sees** in den dortigen Seerundweg ein. Rechter Hand würde man von hier aus in Kürze zu einem Beobachtungsturm für Seevögel kommen.

Unser Wanderweg geht allerdings links weiter und führt zum **Mechower Grenzgraben**. Dort erreichen wir Mecklenburg-Vorpommern und das Biosphärenreservat Schaalsee. Bei einem Hinweis auf die alten Grenzbefestigungen kreuzen wir den früheren Kolonnenweg, der der Kontrolle der Grenze diente. Der nun teilweise befestigte Fahrweg steigt etwas an, macht dann eine Rechtskurve und führt vorbei an weiteren Hinweisen zur früheren Grenze.

*Alter DDR-Grenzpfahl vor dem Museum.*

*Am Ufer des Mechower Sees.*

Dann kommen wir auf dem Moorweg nach Schlagsdorf. Links oberhalb steht die **Kirche** ❺ von **Schlagsdorf**; der gotische Backsteinbau mit seinem mächtigen Turm ist einen Besuch wert. Für diesen kleinen Abstecher gehen wir am Moorweg vor bis zur Hauptstraße und auf dieser nach links.

Noch vom Moorweg, vor dessen Einmündung in die Hauptstraße, zweigt dann rechts – bzw. von der Kirche herkommend links – der Neubauernweg ab. Gleich an seinem Beginn liegt das **Museum Grenzhus** (mit Café) in einem ehemaligen Domänenpächterhaus. Hier findet man etliche Exponate zur früheren innerdeutschen Grenze. Zunächst wandern wir dann in südlicher Richtung auf dem Neubauernweg, bis links der Mönch-Ernestus-Weg abzweigt und am Ortsrand die Außenanlagen des Grenzmuseums erreicht. Dort steht auch noch ein alter Wachturm.

Der Feldweg macht bald danach eine Rechtskurve und folgt einer Baumreihe minimal bergab zum **Mechower See**, vor dem wir dann auf den alten Grenzweg treffen. Auf diesem nach links weiter, immer am Rand der Uferzone mit Weiden und Erlen entlang. Der Uferweg endet an einem Park- und Rastplatz an der Lindenstraße (L 01). Vor der Autostraße kurz nach rechts, dann können wir nach links die Straße überqueren, um danach auf einen Rad- und Fußweg zu treffen, dem wir rechts parallel zur Straße folgen. So erreichen wir an der Südostecke des Sees die Siedlung Wietingsbek und sind nun wieder in Schleswig-Holstein.

In Wietingsbek zweigt bei einer Infotafel rechts ein Feldweg ab, der entlang des Südwestufers des Mechower Sees nach **Mechow** führt. Dieses kleine Dorf erreichen wir beim Gut, das lange in Kirchenbesitz war und dessen Gutshaus auf 1791 zurückgeht. Heute ist es ein Pferde- und Reiterhof, wo auch artgerecht Galloway-Rinder gehalten werden. Auf der Dorfstraße gelangen wir nach dem Gut zur **Bushaltestelle** ❼.

Wir folgen dann weiter der Dorfstraße, bis rechts wieder der Seerundweg abzweigt. Für uns geht es hier aber geradeaus auf der Straße Am Brink in bisheriger Richtung weiter, erneut mit der Markierung Seeschlange, bis wir fast am Ortsende die K 60 erreichen. Hier nicht links Richtung Ratzeburg, sondern geradeaus auf der Bäker Straße (K 60) weiter. Wir erreichen das Dorf **Bäk** und laufen auf der Kreisstraße weiter, die nun Mechower Straße heißt. Dann zweigt links der Schlagsdorfer Weg mit unserer Markierung ab, der sich später als Schotterweg fortsetzt

*Reetdachhaus von Gut Mechow.*

und zur Ratzeburger Straße (K 60) führt, die wir geradeaus überqueren.
Dann folgen wir der Wohnstraße Am Hang. Von ihrem Ende links auf einem Fußweg bis vor die Bäk, dort rechts weiter und über einen Seitenarm der Bäk, bald im Wald geradeaus über eine Kreuzung, dann per Linkskurve weiter, bis wir in einer weiteren Linkskurve auf den Pflasterweg Im Kupfermühlental treffen. Auf diesem geradeaus weiter, dann stoßen wir auf den Mühlenweg und erreichen auf diesem in Kürze die Abzweigung an der Pfaffenmühle, wo wir auf den Hinweg treffen.
Auf nun bekanntem Weg zurück zum **Eiscafé Bruhn** ❷, das wir auch erreichen, wenn wir bis zum Schluss auf dem Bäker Weg bleiben. Vom Café wieder nach rechts über den See zum Markt in der Innenstadt von **Ratzeburg**. Die hier rechts abzweigende Domstraße würde einen Abstecher zur sehenswerten Domkirche ermöglichen. Wir halten uns am Nordrand des Markts und folgen der Töpferstraße bis zum Ende der Innenstadt, wo wir wieder auf die Straße Unter den Linden treffen und die **Bushaltestelle Rathaus** ❶ erreichen.

↗ 150 m | ↘ 150 m | 14.5 km

# Von Trittau auf den Hahnheider Berg  26

**3.45 h**

## Durch unberührte Wälder zu einem Aussichtsturm

*Die Wanderung führt uns in das ostwärts von Trittau gelegene Naturschutzgebiet Hahnheide, ein ausgedehntes, teils urwüchsiges Waldgebiet. Besonders romantisch ist der Abschnitt von Trittau bis zum Forsthaus Hahnheide, wo man an etlichen kleinen Waldseen vorbeikommt.*

**Ausgangspunkt:** Bhst. Trittau Rathaus der Linie 364 vom Bhf. HH-Rahlstedt, für Autofahrer etliche Parkplätze.
**Anforderungen:** Größtenteils Waldwanderung auf unterschiedlichen Wegen und abschnittsweise durch hügeliges Gelände mit kleinen Anstiegen.

**Einkehr:** Zahlreiche in Trittau, unterwegs in Hamfelde im Gasthof Waldeslust.
**Tipp:** Vom Turm auf dem 99 m hohen Hahnheider Berg (27 m hoher Holzturm mit 125 Stufen) hat man eine fantastische Rundsicht.

*Ehemalige Eisenbahn-Unterführung im Hahnheider Wald.*

Wir beginnen unsere Rundwanderung an der **Bushaltestelle Rathaus** ❶, laufen nordwestwärts auf der Kirchenstraße vorbei an der Martin-Luther-Kirche und erreichen über die Markttwiete nach 5 Min. die Abzweigung der Straße Am Markt, wo wir auf eine gelbe Markierung treffen. Diese führt uns am Friedhof (mit Parkplatz) vorbei, unter dem alten Bahndamm – heute mit Radweg – hindurch und kurz danach rechts über den Mühlenbach in den **Hahnheider Wald** zu einem Waldparkplatz mit Sitzbänken. Zunächst geradeaus in das von Buchen dominierte Waldgebiet, über eine Kreuzung und gleich danach in einer Rechtskurve nach links vom Hauptweg ab ❷. Der weiterhin gelb markierte Weg (Nummer 21 am Baum) führt nun durch ein von Hügeln gesäumtes Bachtal, in dem leicht verwildert wirkende Teiche liegen, die der Landschaft ein urwüchsiges Aussehen verleihen. Vor dem letzten und größten See treffen wir auf einen Querweg und halten uns hier links. Am Rand einer Wiese stoßen wir auf ein Wohnhaus, biegen dort auf den breiten Fahrweg nach rechts ab und kommen so in Kürze zum **Forsthaus Hahnheide** ❸.

Bald danach erreichen wir eine Kreuzung und orientieren uns dort am Pfeil nach rechts. Im weiteren Verlauf macht der Weg einen Linksbogen und trifft auf einen Querweg, dem wir kurz nach links folgen. Gleich wieder rechts ab und im hügeligen Gelände kurvenreich weiter. Beim Waldstück 23 halten wir uns rechts bzw. südwärts zum Hohenfelder Damm, einer steingepflasterten alten Waldchaussee. Auf ihr linker Hand weiter, vorbei an der Abzweigung des Fahrwegs Richtung Hamfelde. 1 Min. später verlassen wir beim Waldstück 28 auf breitem Waldweg mit gelbem Pfeil rechts den Hohenfelder Damm. In einem Linksbogen nun leicht bergan. Wir kreuzen einen Nebenweg, und nach einer Rechtskurve mündet von links beim Waldstück 29 ein Weg ein, den wir unberücksichtigt lassen. Wir

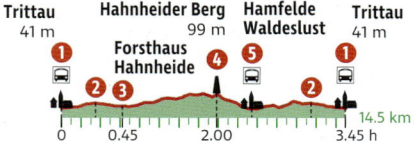

gehen leicht bergab, bei der folgenden Weggabelung nun nicht entsprechend dem Pfeil links weiter, sondern immer geradeaus. Mal bergauf, mal bergab, durch eine Bodensenke bis zur Caroline-Rudolphi-Ruhebank mit Wegweiser; dort wenden wir uns nach rechts auf den **Hahnheider Berg** mit **Aussichtsturm** ❹. Von oben bietet der »Lange Otto« eine weite Rundsicht! Vom Turm zurück zum Hauptweg und auf diesem südwärts in einem kleinen Linksbogen. Schließlich treffen wir beim Waldparkplatz Hasenberg auf einen breiten Querweg, es geht jedoch in gleicher Richtung leicht versetzt gegenüber weiter. Nach einer Rechtskurve zweigt links ein Weg zu den nahen Häusern von **Hamfelde** ab. Im Ort erreichen wir auf dem Lüdersweg die Dorfstraße und folgen ihr nach rechts. So kommen wir zum **Gasthof Waldeslust** ❺, mit Bushaltestelle und großem Parkplatz.

Gegenüber führt ein Weg am Rand des Parkplatzes wieder Richtung Wald. Dort halten wir uns bei Verzweigungen immer halb links und treffen dann auf einen Querweg (Nr. 26), dem wir nach links in Waldrandnähe folgen. Bald sieht man links unten den Kupfermühlenteich. Beim nächsten Querweg orientieren wir uns links am Zaun und gehen entlang der Wiesen kurz bergan, vorbei an der Einmündung von zwei Wegen. Wenig später geht es rechts vom Zaun weg, bald danach folgt ein Links-rechts-Schlenker, und über eine Wegkreuzung erreichen wir einen weiteren Parkplatz am Hohenfelder Damm. Nach dessen Überquerung beim Parkplatz wandern wir halb links weiter, später leicht rechts, über eine Kreuzung vorbei an einem kleinen See, bis wir die **Abzweigung** ❷ des Hinwegs erreichen. Von hier aus sind es noch 5 Min. bis zum Waldparkplatz und 15 Min. ins Zentrum von **Trittau** mit der **Bushaltestelle Rathaus** ❶.

*Gasthof Waldeslust in Hamfelde.*

↗ 140 m | ↘ 140 m | 19.5 km

## 27 Im Norden von Mölln

5.00 h

### Am romantischen Elbe-Lübeck-Kanal und am Lankauer See

*Der Elbe-Lübeck-Kanal wurde bereits um 1900 fertiggestellt und ist heute als romantischer Kanal mit Alleen, wenig genutzten Schleusen und schmalen Brücken bei Radlern und Wanderern gleichermaßen beliebt. Idyllisch gelegen ist auch der Lankauer See, an dem wir ebenfalls vorbeikommen.*

**Ausgangspunkt:** Bhf. Mölln an der Strecke Lübeck–Büchen.
**Anforderungen:** Abwechslungsreiche und Ausdauer verlangende Tour mit einigen leichten Steigungen, überwiegend abseits von Straßen.
**Einkehr:** Zahlreiche in Mölln bzw. unterwegs in Lankau.

Vom **Bahnhof** ❶ gehen wir nach links (nördlich) zum Bahnübergang und biegen nach dessen Überquerung auf der anderen Seite der Bahnstrecke rechts auf den Rad- und Fußweg ab. Dieser benutzt den Eisenbahndamm auf der Seite des Ziegelsees (bzw. Möllner Sees). 10 Min. nach dem Bahnhof geht es auf einer Holzbrücke über einen Kanal, der Ziegel- und Stadtsee miteinander verbindet. Nach der Brücke links folgen wir der Ausschilderung »Jugendherberge« durch die Wohnstraße Im Wirrwinkel. 5 Min. ab der Brücke zweigen wir in einer Rechtskurve links zum Waldrand ab. Der Wanderweg Am Ziegelholz mündet in den Asphaltweg Am Ziegelsee ein, der

*Die Schleuse in Neu Lankau.*

von rechts oben kommt. Hier orientieren wir uns halb links an der Markierung Eulenspiegel. Gleich danach bietet sich links ein schöner Blick zum Ziegelsee, rechts sehen wir die Zufahrt zur Jugendherberge. Es folgt eine Häusergruppe am See, dann führt der Weg Am Ziegelsee in einer Rechtskurve vom See weg und unter der B 207 hindurch. Nun wandern wir am **Elbe-Lübeck-Kanal** nordwärts durch ein Waldstück, in dem ein schöner Rastplatz liegt.

Aus dem Wald heraus, überqueren wir den Pirschbach und erreichen dann eine Wegteilung am Fuß des Voßbergs. Auf dem dortigen Querweg links am Fuße des hügeligen Geländes in Kanalnähe weiter in nördliche Richtung. Rechts abzweigende Wege werden ignoriert. Nachfolgend steigt der Weg weiter an, führt für kurze Zeit vom Kanal weg und erreicht eine Weggabelung, hier geradeaus weiter. Nun mit der Markierung Frosch wieder durch Wald und vorbei an einer schön gelegenen Ruhebank direkt am Kanal.

Danach führt der Weg vom Kanal weg, beschreibt im Wald einen Bogen und passiert einen Teich. Dann treffen wir auf einen Querweg unweit eines Hauses am Waldrand und folgen diesem nach links. Wenig später geht es dann nach rechts, aus dem Wald heraus und zum Schullandheim Haus Lan-

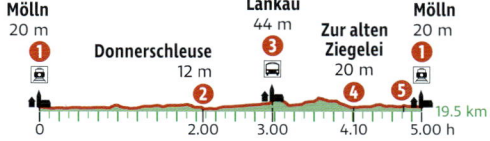

kau. Von dort gehen wir auf einem Sand-Fahrweg weiter nordwärts, bis wir schließlich Neu-Lankau erreichen, wo der Voßbergweg auf eine Kreuzung stößt. Hier links auf der Schleusenstraße vorbei an einer Bushaltestelle zur Brücke über den Kanal mit der **Donnerschleuse** ❷.

Von der Brücke gehen wir auf der Straße kurz zurück, dann links (nordwärts) am Fischerweg abwärts zum Ortsende und zum Sportplatz, dort rechts zur Autostraße Neu Lankau–Anker, der wir für 3 Min. nach links zu einer Kreuzung folgen. Beim Sendemast rechts auf dem Sand-Fahrweg zum Waldrand und links in diesen hinein. In einem Rechtsbogen kommen wir zu einem besseren Fahrweg, der uns südwärts im Wald zu dessen Rand führt. Dort treffen wir auf einen Querweg und wandern geradeaus zunächst noch am Waldrand bergauf. Nach dem Waldende folgen wir einer Buschreihe und steigen kurvenreich abwärts nach Lankau. Der dortigen Dorfstraße (K 35) folgen wir nach links zum Dorfplatz von **Lankau** ❸ mit Bushaltestelle und Teich.

Nun gehen wir rechts auf der Gretenberger Straße bis zur Abzweigung des Seewegs. Dieser bringt uns vorbei an einem Wanderparkplatz und einem Campingplatz-Gelände hinunter zu einem hübschen Rastplatz am **Lankauer See**. Von dort wandern wir im Wald langsam wieder vom See weg bis zu einem Querweg. Diesem Fahrweg folgen wir nun für 1 Min. nach links, dann geht es unmarkiert nach rechts bergan. Nach einer Rechts-links-Kurve halten wir uns immer geradeaus und kreuzen nach rund 10 Min. einen breiten Querweg. Bald danach macht der Weg im Wald eine Links-rechts-Kurve und danach weitere Schlenker, bevor er geradeaus zu einer Kreuzung am Waldrand führt. Nach ihrer Überquerung bergab, weiter per Linkskurve, danach rechts auf einem Waldweg Richtung Waldrand ab.

Am Waldrand treffen wir auf einen von links kommenden Weg, wieder mit der Markierung Eulenspiegel gekennzeichnet. Geradeaus am Waldrand weiter, dann per Rechts-links-Kurve aus dem Wald heraus zu einem breiten Querweg mit der Bezeichnung Stadtziegelei. Rechter Hand liegt dort auch die ehemalige Ausflugsgaststätte **Zur alten Ziegelei** ❹.

Dort nach links über den Pirschbach und auf dem Sand-Fahrweg Am Herzberg am Waldrand ent-

*Rastplatz im Wald.*

*Blick über den Möllner See auf die Altstadt.*

lang. Der Weg macht bald darauf einen Rechtsbogen und passiert einen Rastplatz. Vorbei an einem Einzelhaus und der Zufahrt zum Kieswerk, unterquert er die B 207. Gleich danach führt rechts ein markierter Fußweg hinunter zur Straße Doktorhof. Auf diesem Weg bleiben wir bis zu einer Kurve unweit der Bahnstrecke. Dort links auf einem Sandweg zur Bahnunterführung. Danach gabelt sich der Weg, wir laufen geradeaus – nun auf dem Doktorhofweg – zur Ratzeburger Straße (L 218) und folgen ihr in bisheriger Richtung bis zur Abzweigung der Hauptstraße, die nach rechts über die Wassertorbrück durch die Altstadt von **Mölln** führt. Wir laufen an der Abzweigung der Seestraße vorbei und zweigen dann rechts in die Straße Am Markt ab. Bergauf, an der Nicolai-Kirche vorbei, erreichen wir den Markt mit Historischem Rathaus und Eulenspiegel-Museum im Herzen der **Altstadt** ❺.

Von dort laufen wir wieder bergab zur Hauptstraße und folgen dieser in bisheriger Laufrichtung. Bei einer Kreuzung geht es rechter Hand zum Bus-Bahnhof, von dem auch ein direkter Bus zurück nach Hamburg fährt. Wir bleiben jedoch weiter auf der Hauptstraße in südwestlicher Richtung, bis wir knapp nördlich vom Bahnhof auf den Hinweg treffen und auf bekanntem Weg den **Bahnhof** ❶ erreichen.

# 28 Seen-Runde im Süden von Mölln

↗ 140 m | ↘ 140 m | 17.7 km
**4.30 h**

## Idyllische Tour im Naturpark Lauenburgische Seen

*Diese Wanderung zeigt den Naturpark Lauenburgische Seen von seiner schönsten Seite und führt auf teils idyllischen Wegen südlich von Mölln an Schmalsee, Lütauer See und Drüsensee entlang. Urwüchsig ist der Wegabschnitt durch das Naturschutzgebiet Hellbachtal. Zum Abschluss lockt schließlich die Eulenspiegelstadt Mölln mit ihrer wunderschönen Altstadt.*

*Ruhebank am Südende des Lütauer Sees.*

**Ausgangspunkt:** Bhf. Mölln an der Strecke Lübeck–Büchen.
**Anforderungen:** Abwechslungsreiche Wald- und Seenwanderung auf Fußwegen und Nebenstraßen.
**Einkehr:** In Mölln, unterwegs im Landgasthof Brandt am Drüsensee (kurzer Abstecher).
**Tipp:** Besuch des Stadthauptmannshofs mit dem Tourismus- und Naturzentrum »erlebnisreich«, Besuch der Nicolai-Kirche und des Eulenspiegel-Museums.

Vor dem **Bahnhof** ❶ überqueren wir zunächst den Grambeker Weg und zweigen dann gegenüber in die Brauerstraße ab. An ihrem Ende geht es rechts auf dem Wasserkrüger Weg weiter. Wenig später zweigen wir auf die Feldstraße ab. Sie führt uns zum Gudower Weg, dem wir nur kurz rechts folgen, um dann links in bisheriger Laufrichtung auf die Schulstraße zu wechseln. Diese setzt sich bald geradeaus als Fußweg am Rande eines Friedhofs fort. Dann erreichen wir die Hindenburgstraße, auf ihr nach rechts am Hauptgebäude des Wohngeländes **Robert-Koch-Park** ❷ entlang, einer ehemaligen Bundeswehrschule mit Bushaltestelle. Dann folgen wir halb links dem Sträßchen Waldhallenweg und erreichen einen Parkplatz mit Zugang zum Wildpark Uhlenkolk. Bei der Gabelung links folgen wir weiterhin dem Waldhallenweg am Rand des Wildparks. Vor einer Lichtung geht es rechts ab auf einen breiten Waldweg. Bei der nächsten Gabelung halb links über die Waldwiese und wieder in den Wald. Dort überqueren wir geradeaus einen Querweg und einen Parkplatz. In bisheriger Richtung über eine weitere Kreuzung, dann rechts hinunter zum Ufer

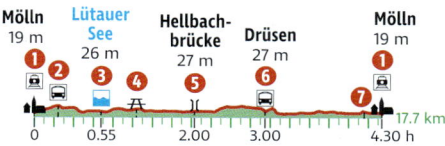

des **Schmalsees**. Dort treffen wir auf das X der FWW E1/6 und 9. Wir folgen nun dem Westufer und haben teils schöne Blicke über den komplett von Wald umgebenen See. Vorbei an einem überdachten Rastplatz gelangen wir dann von seinem Südende in Kürze zu einer Badestelle an der Nordseite des **Lütauer Sees** ❸.

Weiter rechts am Seeufer entlang, per Holzbrücke über einen Bach, bei der gleich danach folgenden Wegverzweigung links (südwärts) weiter parallel zum See entlang. Wir passieren einen schönen überdachten Rastplatz und blicken über den See Richtung Campingplatz am Südende. Anschließend hinauf zum Gudower Weg (L 287) und nach links neben dieser Asphaltstraße zu einem **Gedenkstein** für eine Schlacht im Jahre 1813 mit schöner **Rastbank** ❹. Weitere 2 Min. neben der Autostraße entlang und über den Hellbach, dann über die Straße nach rechts und auf einem Waldfahrweg weiter. Kurz darauf unterqueren wir eine Holzbrücke und gehen bei der folgenden Wegteilung Richtung **Drüsensee**. Der angenehme Wanderweg führt immer am See entlang und trifft nach 30 Min. auf eine Gabelung. Dort geradeaus zum NSG Hellbachtal. Nach 5 Min. kommen wir zu einer weiteren Abzweigung an der **Hellbachbrücke** ❺, kurz vor dem Umkehrpunkt dieser Tour.

Zunächst links per Holzbrücke über den Hellbach und 2 Min. später im Schilfgelände links vom FWW ab. Unser Wanderweg macht bald einen Rechtsbogen vom See weg, führt dann aber per Linksbogen wieder zum Ufer zurück. Der Wegverlauf folgt dem Rand des NSG. Wir erreichen schließlich eine Ruhebank am Südende des **Drüsensees**. Danach geht es etwas bergauf und vom See

*Gedenkstein für eine Schlacht im Jahr 1813.*

weg. Beim Parkplatz Kuhlenlehm, auch »Tiefe Kuhlen« genannt, erreichen wir eine Asphaltstraße. Nun begleitet uns zurück nach Mölln fast immer die Markierung blauer Halbmond. Wir folgen nach links dem überwiegend schnurgeraden Sträßchen Zum Hellbachtal. Kurz vor Erreichen der L 287 zweigt links ein Asphaltweg zur **Gastwirtschaft Brandt** am **Drüsensee** ab. Wir folgen ihm und erreichen eine Rechts-links-Kurve ❻. Auf dem Asphaltweg könnte man mittels kleinem Abstecher den **Landgasthof Brandt** erreichen, während der Wanderweg aus der Kurve gemäß Markierung noch kurz geradeaus führt, dann rechts per Unterführung unter der L 287 hindurch. Bei der folgenden Gabelung zweigen wir rechts ab und erreichen in Kürze den Fahrweg Am Lütauer See, der dort von der L 287 abzweigt; auf ihm nach links zum Campingplatz. Die dortige Gastronomie hat aber nur abends geöffnet. Dann folgen wir geradeaus dem Forstweg zum Waldrand, nehmen dort den linken Weg, wandern zum **Lütauer See** hinunter und an ihm entlang. Bei den folgenden Abzweigungen halten wir uns immer links und erreichen eine Kreuzung zwischen Lütauer See und Schmalsee (links eine Brücke). Dort geradeaus an der Ostseite des **Schmalsees** entlang, dann an seinem Nordende geradeaus bzw. per Rechts-links-Kurve zu einer Brücke über die Pinnau (mit Parkplatz) Wir wandern hier aber geradeaus entlang der Asphaltstraße Pinnautal weiter, wobei ein schmaler Fußweg neben der Straße verläuft. Vorbei an einem Rastplatz erreichen wir bei den ersten Häusern von **Mölln** eine Gabelung. Hier links auf der Villenstraße zu einer Brücke und vor ihr rechts auf dem Sand-Fahrweg Auf den Dämmen weiter. Dieser folgt dem Lauf der Pinnau (hier aber »Mühlengraben« genannt). Vor einer seenartigen Erweiterung erreichen wir schließlich eine links liegende Brücke, laufen dort geradeaus weiter und folgen dann der Straße Auf dem Wall. Wo diese nach rechts umbiegt, links über eine Brücke, danach rechts weiter zum Mühlenplatz mit Parkplatz und geradeaus bis zur Hauptstraße. Nach links kommen wir auf dieser durch einen Teil der **Altstadt**, können jedoch unterwegs auf der rechts abzweigenden Museumsstraße einen Abstecher zum **Markt** ❼ machen, das Herz der Altstadt mit zahlreichen Sehenswürdigkeiten (siehe auch Tour 27). Am Ende der Hauptstraße geht es bei einer Ampelkreuzung rechts ab zum ZOB, von dem auch ein Bus direkt nach Hamburg zurückfährt. Geradeaus führt die Hauptstraße zu einem rechts liegenden Bahnübergang. Dort folgen wir weiterhin geradeaus der Straße, jetzt Grambeker Weg, an deren Beginn rechts der **Bahnhof** von **Mölln** ❶ liegt.

↗ 50 m | ↘ 60 m | 10.2 km

**2.15 h**

# Von Gudow nach Güster — 29

### Romantische Wege entlang zweier Seen

*Gudow und Güster sind zwei kleine Dörfer im Naturpark Lauenburgische Seen nahe an der Grenze zu Mecklenburg. Die Wanderung verläuft auf einsamen Wegen im Wald oder über Feld. Besonders romantisch sind die Abschnitte entlang des Gudower und des Sarnekower Sees.*

**Ausgangspunkt:** Bhst. Kirche in Gudow, zu erreichen vom Bhf. Büchen an der Bahnstrecke von Hamburg Hauptbahnhof.
**Endpunkt:** Bhst. Dorfplatz in Güster, von dort aus Bus zurück zum Bhf. Büchen.
**Anforderungen:** Unschwierige Tour auf meist einsamen Wegen.
**Einkehr:** Nur in Gudow und Güster.

*Die Dorfkirche St. Marien in Gudow.*

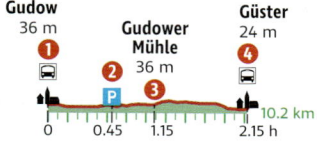

Von der **Bushaltestelle** in **Gudow** ❶, die hinter der Kirche liegt, laufen wir wenige Meter Richtung Dorfzentrum zurück und sehen dort das links liegende **Alte Backhaus** von 1818/19. Es wurde lange als Bäckerei benutzt, heute ist in dem hübschen Fachwerkbau die Bücherei untergebracht. Entlang der Hauptstraße kommen wir zur Abzweigung der Gutsallee, die Fortsetzung unserer Route. Zunächst machen wir jedoch geradeaus einen Abstecher zur **St. Marien-Kirche**. Diese sehenswerte Feldsteinkirche wurde im 13. Jh. erbaut.

Nach dem Abstecher folgen wir der Gutsallee bis zum Eingang des Guts. Das dort gelegene Herrenhaus von 1826 kann nicht besichtigt werden. Von der Gutszufahrt folgen wir links der Lindenallee und kommen schon wenig später über eine Brücke. Dahinter zweigen wir rechts auf einen breiten Fußweg bei einem Teich ab und kommen im Wald zur Eichenallee, ebenfalls eine Zufahrt für das Gut. Nach ihrer Überquerung folgen wir immer dem Seerundweg, der bald das Ufer des **Gudower Sees** erreicht. Der romantische Weg verläuft im Wald, immer in Ufernähe. Bei einer Weggabelung mit einem Schild »Seerundweg« nehmen wir den rechten Weg, der nahe am See bleibt. Wenig später steht direkt am Ufer eine Ruhebank. Davor führt der Wanderweg zunächst links vom See weg und dann halb rechts weiter. Die Orientierung ist hier etwas schwierig.

Einige Minuten später erreichen wir auf der Südseite des Gudower Sees eine Weggabelung. Hier geht der Seerundweg geradeaus weiter, wir zweigen jedoch links ab und steigen minimal bergan zum Waldrand. Dort treffen wir in einer Kurve auf einen Asphaltweg. Auf diesem wandern wir geradeaus weiter und gelangen nach einer Rechtskurve zur **L 205** (Kaiserberg). Gegenüber sehen wir einen **Waldparkplatz** ❷ mit überdachtem Rastplatz und Infotafel. Von dort führt uns ein Fußweg mit der Markierung rote Ente zum Waldrand. Vor dem Hellbach nach rechts zu einer Wegkreuzung bei einem Bootshaus am Südende des **Sarnekower Sees**, der vollkommen von Wald umschlossen ist. Nun links über den Hellbach, dann rechts unweit vom Seeufer im Wald etwas aufwärts weiter. Am Nordende des Sees kommen wir zu einer Gabelung; auf dem linken oberen Weg, der vom See wegführt, erreichen wir in Kürze einen anderen breiten Sandweg, den Alten Frachtweg, und folgen diesem nach rechts zu einer Wegkreuzung mit Ruhebank und Infotafel. Hier wandern wir auf dem breiten Sandweg nach links, jetzt mit dem X der FWW E1/E6 und dem blauen Halbmond markiert, durch die Senke des Hellbachs zur einsam gelegenen **Gudower Mühle** ❸.

Einige Minuten nach der Mühle erreichen wir einen Forst-Querweg. Auf diesem nach links bzw. südwärts Richtung Sarnekow. Schon bald liegt links offenes Gelände, rechts immer noch Wald. Nach etwa 7 Min. zweigt der FWW wieder rechts in den Wald ab und trifft dann auf einen Querweg, dem wir links (südwärts) folgen. Bei einer weiteren Gabelung zweigen wir rechts Richtung Autobahn ab. Davor orientieren wir uns nach rechts und gehen dann links durch die Autobahnunterführung. Bald danach unterqueren wir eine Hochspannungsleitung und gelangen im Wald an eine Kreuzung. Von dort zunächst geradeaus weiter, dann per Linkskurve zum Waldrand, wo wir eine Straßengabelung erreichen.

Weiter geht es auf der Straße Am Kanal westwärts vom Wald weg zur Brücke über den Elbe-Lübeck-Kanal. Nach Überquerung des Kanals sind wir in **Güster**, einem Ort, der einst umfangreichen Kiesabbau erlebte, dessen größte Flächen im Süden des Ortes heute renaturiert sind und als großes Campinggelände genutzt werden. In bisheriger Richtung erreichen wir vom Kanal auf der Göttiner Straße den **Dorfplatz** mit **Bushaltestelle** ❹.

*Blick über den Sarnekower See.*

# TOP 30
## Zwischen Schaalsee und Boissower See

↗ 60 m | ↘ 60 m | 17.2 km
4.15 h
🚌 👣

### Ein einzigartiges Naturerlebnis

*Diese Tour führt durch das ursprüngliche Biosphärenreservat Schaalsee, von Zarrentin am Schaalsee entlang und durch kleine Dörfer zum Boissower See, der für seinen Vogelreichtum bekannt ist. Die Kleinstadt Zarrentin selbst hat sich zu einem beliebten Ausflugs- und Urlaubsziel entwickelt.*

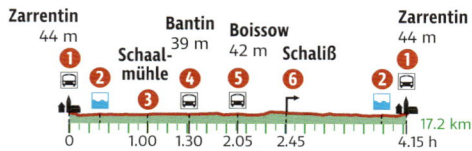

**Ausgangspunkt:** Bhst. Zarrentin Markt, im Rahmen des HVV-Tarifs erreichbar von HH-Wandsbek Markt mit Umstieg in Ratzeburg (Buslinien 8700 und 8790) oder vom Bhf. Büchen mit Buslinie 8850 nach Gudow, von dort weiter mit AST-Linie 8859.
**Anforderungen:** Fuß- und Feldwege sowie Nebenstraßen wechseln sich ab, teilweise etwas hügelig.
**Einkehr:** In Zarrentin, unterwegs keine.
**Hinweis:** Der Weg nach Schaliß darf von 1. Sep. bis 15. Nov. nicht betreten werden.
**Tipps:** Besuch des ehemaligen Klosters Zarrentin; Informationszentrum des Biosphärenreservats Schaalsee im Pahlhuus.

*Blick zum Ostflügel bzw. Klausurgebäude vom ehemaligen Kloster in Zarrentin.*

Von der **Bushaltestelle Markt** in **Zarrentin** ❶ an der Möllnsche Straße überqueren wir die Kreuzung und laufen über den Markt zu einer Querstraße. Auf dieser – der Amtsstraße – zweigen wir links ab und erreichen das Gelände des ehemaligen Klosters. Dazu gehören u.a. die Klosterkirche, das Klausurgebäude (Ostflügel) und ein Heimatmuseum in der Klosterscheune. Das Kloster bestand von 1250 bis 1552, danach wurden Teile wegen Baufälligkeit abgerissen. Wir umgehen den Ostflügel auf der rechten Seite, also bei der Klosterscheune, und kommen auf die Rückseite des Gebäudes, von der wir einen schönen Blick auf den Schaalsee haben.

Etwa in der Mitte des Ostflügels führt eine Treppe hinab zum Uferweg entlang des **Schaalsees**. Diesem folgen wir nach rechts bzw. südwärts. Wir passieren dabei u.a. Bootshäuser, die Verkaufsstelle der Schaalseefischerei und die Abfahrtstelle für Schiffsrundfahrten. Vorbei am Seepavillon umgehen wir das eingezäunte Strandbad. Dabei berühren wir kurz die Wittenburger Chaussee (L 04), bevor der Weg wieder hinab zu einer Weggabelung bei der **Badeanstalt** ❷ führt. Hier halten wir uns rechts und folgen dem Fahrweg Wolfsschlucht entlang eines Parkplatzes. Wenige Minuten später können wir nach rechts einen kurzen Abstecher zum **Pahlhuus** machen, dem Infozentrum für das Biosphärenreservat Schaalsee mit Ausstellungen.

Unsere Wanderung folgt jedoch geradeaus dem Fahrweg, von dem gleich ein Moorlehrpfad nach links abzweigt. Weiterhin geradeaus kommen wir bald zur Lassahner Chaussee (L 041). Nach ihrer Überquerung folgen wir für 3 Min. nach links dem Rad- und Fußweg neben der Autostraße. Auf dem dann rechts abzweigenden Sand-Fahrweg gelangen wir schon bald zu einer Unterführung der ehemaligen Bahnstrecke Zarrentin–Hagenow

Land. Danach berühren wir kurz eine Siedlung und folgen dann dem Sandweg bis zu seiner Einmündung in die L 04. Ganz kurz nach links neben dieser entlang, führt ein Fahrweg zu den Häusern von Schaalmühle abzweigt. Wir überqueren das Flüsschen Schaale und erreichen dann eine Weggabelung in der kleinen Siedlung **Schaalmühle** ❸.

Hier halten wir uns links, kommen wieder aus der Siedlung heraus und folgen bei der nächsten Gabelung dem ausgeschilderten Weg Richtung Bantin. Dann geht es durch ein Stück Wald, nach dessen Durchquerung wir erneut über die stillgelegte Bahnstrecke kommen. Durch Felder und Wiesen immer geradeaus, bis wir auf den Zarrentiner Weg treffen. Dieser Autostraße folgen wir in bisheriger Laufrichtung hinein nach **Bantin**. Dort macht die Straße eine Rechtskurve, führt über den Hammerbach und erreicht dann eine Kreuzung im Zentrum des kleinen Dorfes. Rechts befindet sich dort an der Hauptstraße eine **Bushaltestelle** ❹.

Von der Kreuzung zunächst links auf der Hauptstraße weiter bis auf die Höhe eines links liegenden Reetdachhauses. Dort zweigt rechts ein Feldweg ab, führt an einem Teich vorbei und steigt minimal an. Er endet an einem Querweg unweit von dessen Einmündung in die Straße Wallberg beim Feuerwehr-Gerätehaus. Auf dem Querweg nach links weiter, immer am oberen Rand der Geländestufe entlang bis zu einer beschilderten Weggabelung. Hier links weiter, kurz durch Wald, dann per Brücke über den Hammerbach, nach dem der Weg rechts umbiegt und nordwärts Richtung Boissow zieht. Immer im Tal des Hammerbachs entlang, eine Abzweigung nach links ignorierend, treffen wir schließlich auf die Boissower Hauptstraße (L 041), folgen ihr nach rechts, überschreiten erneut den Hammerbach und erreichen dann eine Bushaltestelle in **Boissow** ❺.

Gegenüber zweigt links ein Asphaltweg ab, an dem eine Infotafel zur Region steht. Wir folgen diesem Weg, halten uns an der nächsten Gabelung rechts (links die Stichstraße Hamburger Berg) und wandern auf dem Sandweg Zum See weiter. So erreichen wir das Südende des **Boissower Sees**. Er steht unter Naturschutz und ist bekannt durch seinen Vogelreichtum. Der Wanderweg führt an seinem Ostufer nordwärts und vermittelt ein einzigartiges Naturerlebnis. Dann erreichen wir eine Kreuzung mit zahlreichen Wegweisern mitten im Wald knapp nördlich des Sees. Hier zweigen wir links ab, kommen per Holzbrücke das letzte Mal über den Hammerbach und erreichen am Waldende einen Rastplatz. In bisheriger Richtung weiter zur K 10, der wir nun für knapp 5 Min. am Waldrand nach links bzw. südwärts folgen. Dann überqueren wir sie und finden auf der Westseite ein Hinweisschild für einen **Wanderweg** ❻ zur Häusergruppe **Schaliß**. Allerdings ist der Durchgang von 1. September bis 15. November untersagt, da das Gebiet von Kranichen als Rastplatz benutzt wird.

Der schlechte breite Sandweg folgt zunächst einem Wiesenstreifen, der dem Wald vorgelagert ist. Nach einem oberhalb vom Weg liegenden Hochsitz passieren wir einen kleinen Wendeplatz. Der Weg wird bald schmaler

*Abendstimmung am Schaalsee-Ostufer.*

und führt am Fuß des Hanges durch einen Waldstreifen und über ein Stück Wiese. Vor einem größeren Waldstück geht es dann rechts weiter, nun wieder auf einem breiteren Weg. Nach einer Linkskurve steigt der Weg etwas bergan, dann erblicken wir rechts wieder den Schaalsee. Wir treffen dann auf den Beginn eines Fahrwegs, der südwärts am Rand der Häusergruppe **Schaliß** entlangführt. Rund 5 Min. nach den Häusern erreichen wir eine Weggabelung. Hier befindet sich rechts ein Bootssteg, und wir haben einen schönen Blick über den **Schaalsee**. Von dort folgen wir dem Sand-Fahrweg in bisheriger Richtung, also südwärts. Vor dem nächsten Waldstück biegt der Weg zunächst nach links um und zieht dann nach einem Hochsitz per Rechtskurve in den Wald hinein.

Mitten im Wald kommen wir zu einer Gabelung und zweigen rechts Richtung Zarrentin ab. Nach einer Linkskurve geht es per Holzbrücke über das Flüsschen Schaale. Zunächst folgen wir nun nach rechts dem Fluss, links liegen Angelteiche. Vor dem Schaalsee biegt der Weg dann nach links von der Schaale weg, und wir laufen am Rand einer großen Waldwiese entlang. An ihrem Südende zweigt links der anfangs erwähnte Moorerlebnispfad ab. Dann passieren wir einen Sportplatz und erreichen vor der **Badeanstalt** ❷ die Abzweigung des Hinwegs.

Zunächst zurück auf dem nun schon bekannten Hinweg. Vor Erreichen des Klosters können wir jedoch links auf der kleinen Wasserstraße abzweigen, treffen so wieder auf die Amtsstraße und folgen dieser kurz nach rechts, dann links über den Markt zur **Bushaltestelle** ❶.

↗ 90 m | ↘ 90 m | 17.6 km

# 31 Sachsenwald und Billetal

4.15 h

**Wandern auf Bismarcks Spuren und ein urwüchsiges Flusstal**

*Von Aumühle, einem historisch gewachsenen Villenvorort von Hamburg, geht es anfangs vorbei an verschiedenen Sehenswürdigkeiten nach Friedrichsruh. Auf überwiegend breiten Wegen wandern wir dann durch den nordöstlichen Teil des Sachsenwaldes, eines wildreichen und abwechslungsreichen Areals – mit rund 70 km² das größte zusammenhängende Waldgebiet Schleswig-Holsteins. Einst ein Geschenk von Kaiser Wilhelm I. an den Reichskanzler in Anerkennung seiner Verdienste um die Gründung des Deutschen Reiches, ist das Waldgebiet heute größtenteils im Besitz der Familie Bismarck, des Reeders von Rantzau und zum Teil gemeindefreies Gebiet. Auf dem Rückweg folgt die Wanderung dem E1 durch das urwüchsige Billetal, das seit 1987 unter Naturschutz steht. 330 verschiedene Farn- und Blütenpflanzen, ferner 80 Vogelarten sind hier heimisch.*

**Ausgangspunkt:** Bhf. Aumühle, Endpunkt der S 21 von Hamburg.
**Anforderungen:** Leichte Wanderung, meist im Wald.
**Einkehr:** In Aumühle und Friedrichsruh.

**Tipps:** Möglichkeit zum Besuch des Eisenbahnmuseums Lokschuppen in Aumühle sowie des Schmetterlingsgartens in Friedrichsruh und des Bismarck-Museums.

*Der Wanderweg vor Friedrichsruh.*

Von der **Bahnhofsbrücke** ❶ gehen wir in nördlicher Richtung zur L 314 hinab, überqueren diese, folgen ganz kurz dem Sträßchen Am Mühlenteich und biegen gleich nach rechts in den Wald, wo wir nach einem Waldparkplatz und Reitstall bald im Wald am **Eisenbahnmuseum Lokschuppen** vorbeikommen, das rechts oberhalb des Weges liegt. Dort vom Bahndamm weg und per Linkskurve zum Bach Schwarze Au, den wir per Holzbrücke überqueren. Danach folgen wir rechts dem Wanderweg Richtung Schmetterlingsgarten und treffen nach erneuter Überquerung des Baches am Waldrand auf einen breiten Weg, der geradeaus weiterführt.

Dann sehen wir rechts den Parkplatz für den **Schmetterlingsgarten** und erreichen eine Gabelung. Hier zunächst ein paar Meter geradeaus und gleich per Linkskurve auf dem Sträßchen Am Schlossteich zum Schmetterlingsgarten, der einen Besuch wert ist. Er liegt auf dem alten Schlossgelände, zu sehen sind hier etwa 60 Schmetterlingsarten.

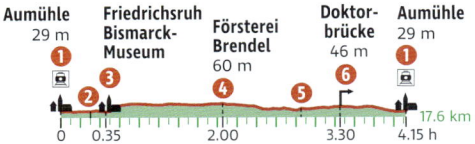

Folgen wir nun weiterhin der kleinen Straße, kommen wir gleich zum idyllischen **Schlossteich** ❷, der schön von Wald umgeben ist. Von dort zurück zur vorher erwähnten Gabelung und auf der kleinen Straße Schloßweg Richtung Bahndamm. Davor biegt die Straße nach links um und folgt der Bahnstrecke. Dort, wo geradeaus ein Weg zur Bahnstation **Friedrichsruh** führt, folgen wir links der Straße Am Museum bis zum rechts liegenden **Bismarck-Museum** ❸, in dem zahlreiche persönliche Stücke aus dem Nachlass von Otto von Bismarck, dem ersten deutschen Reichskanzler, zu sehen sind. Links der Straße liegt das Anwesen der Familie von Bismarck. Hier lebte Otto von Bismarck einst für viele Jahre, heute sein Urenkel Ferdinand von Bismarck mit seiner Frau.

Beim Museum mündet die Straße Am Museum in die L 208. Ihr folgen wir kurz nach links über die Schwarze Au und zweigen dann rechts vor dem Café-Restaurant Forsthaus Friedrichsruh auf den Ödensdorfer Weg ab. Der Weg führt wieder in den Wald und steigt bis zu einer Gabelung etwas an. Hier nicht geradeaus auf dem breiten Forstweg weiter, sondern wir nehmen den linken Weg, der ebenfalls als breiterer Waldweg zunächst immer geradeaus durch den Sachsenwald führt. Dabei kommen wir über viele Kreuzungen, die wir ignorie-

*Der Schlossteich in Friedrichsruh.*

ren. Später biegt der Waldweg etwas nach rechts um, verläuft aber meist geradeaus. Noch vor dem Waldende erreichen wir eine Wegverzweigung, wo von rechts zurück ein Weg einmündet. Hier nehmen wir links den Sandweg, auf dem wir in 10 Min. die Brücke über die A 24 erreichen. Nach deren Überquerung folgen wir dem Weg am Waldrand bis zur Sachsenwaldstraße (L 208), an der rechts die **Försterei Brendel** ❹ liegt.

Von hier folgen wir der Autostraße nach rechts. Kurz nach dem Ortsschild von Kuddewörde zweigt ein Forstweg ab, der wieder in den Sachsenwald führt. Nach einem Linksbogen biegen wir rechts ab, kreuzen sofort einen Querweg und wandern nun etwa 5 Min. geradeaus. Dann zweigt rechts der Hauptweg ab, wir laufen jedoch geradeaus auf dem Grasweg weiter und treffen vor der **Bille** auf den FWW E1, auf dem es links weitergeht. Nun folgt ein wunderschöner Wegabschnitt oberhalb der Bille durch eine urwüchsige Landschaft. Der Weg ist mal nur ein Pfad, mal etwas breiter und führt abwechslungsreich durch Senken und über Nebenbäche durch den Sachsenwald, mehrfach mit schönem Tiefblick auf den Fluss. Dann erreichen wir erneut die A 24, unterqueren sie und gelangen an eine **Weggabelung** ❺ mit Infotafel.

*Zugang zum Forsthaus Friedrichsruh.*

Von der Gabelung folgen wir weiterhin dem FWW E1. Entlang der Bille führt er anregend mal auf, mal ab am Talrand entlang. Schließlich kreuzen wir einen Querweg. Dort liegt rechter Hand die **Doktorbrücke** ❻, die eine Überquerung der Bille ermöglicht. Für uns geht es jedoch vom Querweg geradeaus durch den Sachsenwald weiter. Der FWW kreuzt etliche Nebenwege und führt mit einigen Schlenkern durch das ausgedehnte Waldgebiet, weg von der Bille. Wir kommen auch an einem **Hügelgrab** vorbei, auf das als archäologisches Denkmal hingewiesen wird.

Für uns kaum merkbar bringt uns der Weg wieder Richtung Aumühle. Kurz vor dem Waldrand treffen wir auf die Lindenallee, einen Pflasterweg, der halb rechts zum Mühlenteich führt. Dort per Holzbrücke über die Schwarze Au, rechts liegt dann das Hotel-Restaurant Fürst Bismarck Mühle. Bei der Kreuzung danach links auf die Straße Am Mühlenteich abbiegen, an der noch zwei weitere Restaurants eine Einkehrmöglichkeit bieten. Dann erreichen wir wieder die L 314 und nach ihrer Überquerung den **Bahnhof** von **Aumühle** ❶.

↗ 110 m | ↘ 120 m | 18.8 km

**32** **Von Aumühle nach Geesthacht**

4.45 h

### Abwechslungsreiche Wanderung zwischen Sachsenwald und Elbe

*Nach dem Start im Villenort Aumühle geht es zunächst zur Bismarck-Gedächtnis-Kirche. Dann befinden wir uns für längere Zeit im südlichen Teil des Sachsenwalds, des größten Waldgebiets in Schleswig-Holstein. Nach Durchwanderung des Bistales erreichen wir schließlich den Rand des Geesthanges, laufen bei Escheburg durch ein Stück Marschland, um dann das urwüchsige Naturschutzgebiet Besenhorster Sandberge zu durchqueren. Dabei kommen wir an der alten Pulverfabrik von Geesthacht vorbei. Ziel ist die Stadt Geesthacht an der Elbe, die zeitweise mit einem Museumszug mit Hamburg-Bergedorf verbunden ist.*

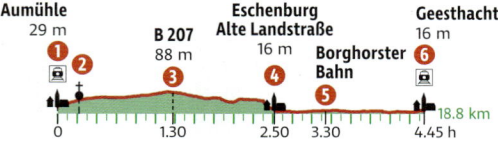

**Ausgangspunkt:** Bahnhof Aumühle, Endpunkt der S 21 aus Hamburg.
**Endpunkt:** Geesthacht, Bhst. An der Post, von der Busse zurück nach HH-Bergedorf und ins Zentrum von Hamburg fahren.

**Anforderungen:** Unterschiedliche Wege, teils hügelig, Orientierungsvermögen erforderlich.
**Einkehr:** In Aumühle und Geesthacht, unterwegs in Escheburg (knapp abseits der Route).

Den **Bahnhof** in **Aumühle** ❶ verlassen wir auf seiner Südseite und treffen dann auf die Emil-Specht-Allee (K 18). Auf ihr nach rechts, kurz danach an der Straßengabelung links ab und auf der Dora-Specht-Allee weiter, immer noch die K 18. Auch nach Abzweigung der Bergstraße (K 18) laufen wir südwärts, vorbei an den Villengrundstücken, nun auf der Börnsener Straße. Kurz nach der Bushaltestelle Bürgerstraße zweigt links der Kirchenweg ab und führt durch die Grünanlage direkt zur **Bismarck-Gedächtnis-Kirche** ❷. Der runde Backsteinbau wurde 1930 eingeweiht.

An der Kirchen-Südseite zweigen wir links ab und treffen kurz danach auf einen Querweg, dem wir nach rechts folgen. Nach der nächsten Kreuzung laufen wir außen am Waldfriedhof entlang. Vom Ende des Friedhofs wandern wir geradeaus weiter, kommen erneut über eine Kreuzung, überqueren die danach folgende Kreuzung halb links und treffen dann auf die L 208. Gegenüber geht es auf einem breiten unmarkierten Weg weiter durch den Sachsenwald. Nach etwa 600 m erreichen wir eine Fußweg-Kreuzung. Hier (und nicht bei der danach folgenden Kreuzung mit Hochsitz!) zweigen wir rechts auf einen schmalen Fußweg ab, der teilweise mit gelben Pfeilen markiert ist und Friedrichsruh mit Escheburg verbindet. In südlicher Richtung überqueren wir bald einen breiten Sand-Fahrweg, folgen aber weiterhin geradeaus unserem romantischen Waldweg. Dann erreichen wir erneut eine Kreuzung und einen breiten Waldweg. Hier halten wir uns links und wandern knapp 1 km in östlicher Richtung bis zu einer Kreuzung, wobei wir zwischendurch abzweigende Wege ignorieren. Bei der Kreuzung zweigen wir dann rechts ab und laufen südwärts durch den Sachsenwald bis zur **B 207** ❸.

Nach Überquerung der Bundesstraße wandern wir gegenüber, etwas nach links versetzt, auf einem Forstweg weiterhin in südlicher Richtung durch den Wald. In der Folge begleiten uns bis Escheburg immer gelbe Pfeile. Wir ignorieren alle Kreuzungen und treffen nach etwas mehr als 1,5 km auf einen breiten Querweg. Diesem folgen wir für 1 Min. nach rechts, dann geht es links ab und in bisheriger Richtung durch eine Senke. Wenig später passieren wir im Wald eine Überland-Stromleitung. Bei der nachfolgenden Abzweigung geradeaus bis zum Rand des **Bistals**.

Nach einer Rechtskurve steigen wir hinab in das kleine Tal, gehen per Linkskurve ein Seitental mit Ruhebank aus und wandern nochmals etwas bergab, bis unser Weg vor dem Bach eine Rechtskurve macht. Wir laufen

*In den Besenhorster Sandbergen.*

weiter talauswärts, ignorieren Abzweigungen und erreichen einen Querweg. Hier folgen wir rechts der Ausschilderung zur Dalbek-Schlucht, die westlich von Escheburg liegt und von unserer Wanderung nicht berührt wird. Immer etwas bergan kommen wir aus dem **Bistal** heraus und erreichen den Waldrand mit Ruhebank. Dort führt der Weg noch kurz geradeaus am Rand des Golfplatzes von Escheburg entlang. Bei der folgenden Gabelung zweigen wir links ab und laufen auf einem Sand-Fahrweg durch das Golfplatz-Gelände. Der Weg macht eine Rechtskurve und stößt auf eine Gabelung. Dort nicht links auf den Asphaltweg, sondern weiterhin geradeaus auf dem Sand-Fahrweg. Wenig später geht es rechts in den Wald und dort stärker abwärts. Am anderen Waldrand biegen wir vor einem Fußballplatz links um, treffen kurz danach auf einen Zufahrtsweg und folgen diesem bis zur Autostraße Stubbenberg (L 208). Auf dieser Straße laufen wir durch **Escheburg** südwärts bis zur Kreuzung mit der **Alten Landstraße** ❹. Ein kleiner Abstecher rechts bringt uns zum hiesigen Restaurant Vecchia Stazione.

Nach Überquerung der Alten Landstraße laufen wir gegenüber auf der Straße Speckenweg Richtung Altengamme weiter und überqueren schon bald die **Gleise** der **Museumseisenbahn** Bergedorf–Geesthacht. Danach biegt die Straße links um und folgt der Bahnstrecke. Nach der Bushaltestelle Kiehnwiese erreichen wir eine Straßengabelung. Hier halten wir uns rechts und folgen weiter dem Speckenweg in südlicher Richtung. Durch die Wiesen des Marschlandes geht es Richtung Autobahn. Hinauf zur Brücke über die A 25 und nach deren Überquerung wieder abwärts Richtung Besenhorster Sandberge. Nach Unterquerung einer Stromleitung erreichen wir in einer Rechtskurve der Straße den Waldrand. Hier folgen wir links dem breiten Sandweg Richtung Geesthacht. Dieser Weg Am Knollgraben folgt einem eingezäunten Gelände. Nach gut 10 Min. Gehzeit zweigt rechts ein schmaler Fußweg in den Wald ab und folgt dem Zaunverlauf. Wir wandern nun genau an der Landesgrenze zwischen Hamburg und Schleswig-Holstein in das Gebiet der Besenhorster Sandberge und treffen schließlich auf einen quer verlaufenden **Fahrweg** mit Infotafel ❺.

Wir folgen dem Fahrweg Borghorster Bahn, gleichzeitig auch Reitweg, für 300 m nach links und zweigen dann rechts auf einen Fußweg ab. Am Beginn links haltend kommen wir nun bergan in das Gebiet der Sanddünen und durchqueren das **NSG Besenhorster Sandberge** in südlicher Richtung. Bei einer Weggabelung dann nicht links, sondern rechts weiter. Wieder abwärts kommen wir zu einer weiteren Gabelung, dort geradeaus. So erreichen wir am südlichen Waldrand bei einer Infotafel den Schwarzen Weg. In diesen Querweg mündet von rechts auch ein Reitweg ein. Wir folgen diesem nach links immer am Waldrand entlang. Auf der Höhe eines tiefer liegenden Windrades zweigt rechts ein Weg ab, hier laufen wir geradeaus weiter. Per Linksbogen kommen wir wieder in den Wald und erreichen dort eine Gabelung. Hier halten wir uns links und stoßen auf eine Lichtung. Dort stehen die **Ruinen** der ehemaligen Pulverfabrik **Düneberg**. Sie wurde 1877 in Betrieb genommen, von den Nationalsozialisten ausgebaut und am Ende des Zweiten Weltkriegs bombardiert und zerstört.

Von den Ruinen geradeaus wieder in den Wald, dort bei der gleich folgenden Gabelung rechts ab. Der Weg macht etliche Schlenker im Wald und biegt vor der B 404 nach links um. Kurz neben der Bundesstraße entlang, dann per Rechtskurve unter ihr durch und kurz bergan zu einer Gabelung am Waldrand. Hier folgen wir geradeaus dem schmalen Fußweg zwischen den Grundstücken und erreichen so den Heuweg. Diese Wohnstraße bringt uns nach links bis zu einer Kreuzung. Bei dieser rechts ab und auf der Charlottenburger Straße in einen Waldstreifen hinein. Dort zweigt links ein Fußweg ab, der durch den Wald nordostwärts führt. Bei einer Gabelung halten wir uns rechts und treffen dann am Waldrand auf die Kreuzberger Straße. Ihr folgen wir zunächst noch am Wald entlang, dann biegt sie links um, führt vom Wald weg und kreuzt die Straße Am Moor. Auf dieser nach rechts bis zu ihrer Einmündung in die Düneberger Straße.

Diese Straße überqueren wir per Ampel und folgen ihr dann kurz nach links. Schließlich zweigt direkt vor der Bahnstrecke der Museumsbahn rechts die Straße Neuer Krug ab. Auf ihr über die Bahnlinie, dann am Gymnasium vorbei Richtung Innenstadt. Vor der Alfred-Nobel-Schule zweigen wir dann links ab und kommen auf der Straße An der Post zu einem Platz beim Postamt. Dort links zur B 5/404 und per Ampel über diese viel befahrene Straße. Nach ihrer Überquerung links bzw. nordwärts auf dem Fußweg neben der Straße bis zur **Bushaltestelle An der Post** ❻, dem Endpunkt unserer Wanderung.

Wer noch mehr Zeit hat, findet etwas südlich vom erwähnten Platz den Beginn der Bergedorfer Straße, der Fußgängerzone von **Geesthacht**.

**TOP 33** — ↗ 130 m | ↘ 160 m | 15.6 km

# Von Geesthacht nach Lauenburg

3.45 h

### Einmalige Wanderung zur beliebten historischen Elbstadt

*Vom Waldfriedhof Geesthacht wandern wir am Rand des Energieparks Geesthacht den Elbhang hinab zur Elbe in Krümmel und weiter entlang des Flusses nach Tesperhude – ein direkt an der Elbe gelegener Stadtteil von Geesthacht und beliebtes Ausflugsziel. Hier schließt sich unmittelbar das Hohe Elbufer an, ein Naturschutzgebiet zwischen Tesperhude und Lauenburg, in dem viele Wander-, Rad- und Reitwege zum Verweilen einladen. Der Wanderweg zieht abwechslungsreich parallel zur Elbe Richtung Lauenburg und kreuzt zwischendurch die Alte Salzstraße, einen alten Handelsweg zwischen Lüneburg und Lübeck. Dort lohnt auch noch der kurze Abstecher zum archäologischen Denkmal Ertheneburg mit schönem Elbblick.*

**Ausgangspunkt:** Bhst. Geesthacht Waldfriedhof, zu erreichen von Hamburg Hbf. mit S 21 bis HH-Bergedorf, weiter mit Bus über Geesthacht ZOB, teils auch durchgehende Busse ab Hamburg Innenstadt.
**Endpunkt:** Lauenburg ZOB in der Oberstadt. Von dort direkte Busse nach Hamburg, alternativ vom etwas außerhalb liegenden Bhf. Lauenburg über Büchen (Umsteigen) zurück. Autofahrer kehren per Bus zum Waldfriedhof zurück, dort auch Parkmöglichkeit.

**Anforderungen:** Unschwierige Tour überwiegend durch Wald sowie entlang der Elbe bzw. des Hohen Elbufers. Bei Nässe erfordern schmale Wegabschnitte jedoch eine gewisse Trittsicherheit (können aber umgangen werden)!
**Einkehr:** Mehrere in Krümmel und Tesperhude, ferner im Café Alter Sandkrug und etliche in Lauenburg.
**Tipp:** Rundgang durch die historische Unterstadt von Lauenburg/Elbe mit Häusern aus dem 17. und 18. Jh.

Von der **Bushaltestelle Geesthacht Waldfriedhof** ❶ laufen wir kurz neben der Berliner Straße (B 5) ostwärts und zweigen dann rechts auf einen breiten Sand-Fahrweg ab. Dieser führt außen am **Energiepark Geesthacht** entlang (der Zugang zum Aussichtsturm ist zeitweise gesperrt!). Der zunächst gelb markierte Weg macht später eine Linkskurve, in der rechts ein zu ignorierender Weg abzweigt. Bei der folgenden Gabelung nicht rechts auf den breiten gelb markierten

*Fassade in der Elbstraße in Lauenburg.*

*Blick auf Lauenburg mit dem Schaufelraddampfer »Kaiser Wilhelm«.*

Weg, sondern geradeaus zu einem kleinen Parkplatz bei einem Vattenfall-Gebäude. Wir wandern geradeaus weiter und haben bald rechts im Bereich der Rohrleitungen des Pumpspeicherwerks einen schönen Elbblick. Hier befinden wir uns im Herzen des Energieparks. Oberhalb des Weges liegt ein Speichersee, der mit Elbwasser versorgt wird. Zum Energiepark gehören ferner eine Windkraft- und eine Solarstromanlage. Das 1958 in Betrieb genommene Pumpspeicherkraftwerk nutzt das Gefälle des Elbhangs, es deckt den Strombedarf zu Spitzenlastzeiten und dient als Reserve bei Ausfällen anderer Kraftwerke.

Kurz nach der Windkraftanlage folgen wir bei einer Weggabelung nach rechts dem **Naturlehrpfad**, der rasch an Höhe verliert und bei einer Brücke über die Rohrleitungen auf einen Querweg trifft. Hier links und bei der folgenden Gabelung rechts. So erreichen wir in einer Kurve die Straße Kronsberg, die uns geradeaus langsam abwärts zum Nobelplatz im Zentrum von **Krümmel** ❷ bringt. Dort befinden sich nicht nur eine Bushaltestelle und mehrere Einkehrmöglichkeiten, sondern auch das frühere Verwaltungsgebäude der Dynamitfabrik (heute Wohnhaus), die auf den Schweden Alfred Nobel zurückgeht.

Der Weiterweg folgt dem Lauf der Elbe, über die sich immer wieder schöne Blicke ergeben. Entlang der Elbuferstraße (K 63) kommen wir auf dem Fuß-

bzw. Radweg am stillgelegten Kernkraftwerk Krümmel vorbei und nehmen vom folgenden Parkplatz den rechter Hand verlaufenden Sandweg, der uns ins Zentrum von **Tesperhude** ❸ bringt, wo es ebenfalls mehrere Einkehrmöglichkeiten gibt. Auf Höhe des Schiffanlegers biegt die K 63 nach links ab. Wir folgen hier geradeaus weiter dem Sandweg, passieren einen größeren Spielplatz und wandern in Sichtweite der Autostraße Strandweg zu einem Parkplatz, den wir nach links überqueren, wodurch wir am Ende der Autostraße einen Campingplatz erreichen. Von seinem Eingang links am Zaun entlang bis zu seinem Ende. Wir befinden uns jetzt bereits im **NSG Hohes Elbufer**, Teil des Biosphärenreservats Flusslandschaft Elbe.

Bald nach dem Campingplatz führt der Weg links den Elbhang hinauf zu einem breiteren Querweg, den auch der Elbe-Radweg nutzt. Auf diesem nach rechts bis zur nächsten Weggabelung. Hier folgen wir nicht mehr dem Radweg, sondern wandern geradeaus weiter. Dieser Weg verläuft am Fuß des Elbhangs durch urwüchsige Landschaft, der Elbe-Radweg dagegen et-

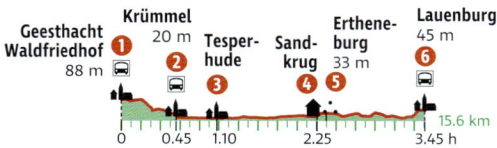

was höher im Wald. Durch einen kurzen Verbindungsweg können wir zwischendurch eine Schutzhütte am Radweg erreichen. Schließlich kommen wir aus dem Wald heraus und treffen auf die Alte Salzstraße. Hier kurz links zum **Café Alter Sandkrug** ❹. Gegenüber rechts, dann per Linkskurve im Wald hinauf zu einem Querweg. Auf diesem erreichen wir rechts gleich einen lang gestreckten Parkplatz. An seinem Ende führt rechts ein lohnender Abstecher zu den Resten der einst bedeutsamen **Ertheneburg** ❺ aus dem 11./12. Jh., mit sehr schöner Aussicht auf die Elbe.

Nach diesem kleinen Abstecher führt vom Parkplatzende ein Pfad links zu einem Querweg, auf diesem am Rand des Steilhanges rechts weiter. Wir treffen bald auf einen breiten Sand-Fahrweg, folgen diesem geradeaus, halten uns bei der nächsten Gabelung rechts und erreichen eine Kreuzung. Hier folgen wir nicht dem Radweg, sondern rechts der gelben Pfeilmarkierung bzw. dem Pilgerweg. Nach einer Linkskurve verläuft der schmale Weg oberhalb am Rand des Steilabfalls im »Elbufer-Urwald«. Schließlich zu einer Wiese hinab, wo mehrere Wege abzweigen. Wir orientieren uns weiterhin an den gelben Pfeilen, wandern halb links den Hang wieder hinauf und erreichen vor Häusern eine Gabelung. Der Elbuferweg führt hier als schmaler Steig unterhalb der Häuser geradeaus weiter. Vorbei an einem Treppenweg zur höher verlaufenden Straße Elbkamp in bisheriger Richtung weiter. Bei einem Pavillon am Ende der Straße Am Kuhgrund geradeaus auf die Elbuferpromenade, vorbei an der alten Zündholzfabrik. Die kleine Seitengasse Mahneckersche Twiete führt uns dann nach links zur Elbstraße.

Dieser folgen wir rechts in die alte Unterstadt von **Lauenburg**. Dabei passieren wir zahlreiche sehenswerte Häuser, wie z.B. das Mensingsche Haus, das älteste Bürgerhaus Lauenburgs (1531). Dann über den Kirchplatz links zur **Maria-Magdalenen-Kirche** mit ihrem markanten Spitzturm und vor der Kirche rechts auf dem Wallweg weiter. Dieser steigt nach links steiler bergan, macht eine Rechtskurve und führt hinauf zum **Schlossturm**. Rechts liegt der Schlossflügel als Rest einer früheren Burg und unterhalb die Askanierterrasse mit ihrem weithin bekannten Elbblick. Vom Schlossturm laufen wir links auf einer Straße bis zu einer Kreuzung, dort links auf dem Askanierring zum nahen **ZOB** ❻ in der **Oberstadt**.

↗ 120 m | ↘ 150 m | 21.9 km

# 34 Zwischen Lauenburg und Boizenburg

5.15 h

### Die Flusslandschaft Elbe genießen

*Diese Streckenwanderung verbindet die kleinen Elbstädte Lauenburg und Boizenburg. Sie eignet sich als Fortsetzung der Tour 33 und führt über viele Kilometer durch einsame Natur, die frühere gesperrte DDR-Grenzzone. Am Beginn steigen wir hinab von der Oberstadt in Lauenburg zur Unterstadt und genießen die Aussicht über die Elbe. Die Kleinstadt verlassen wir an der Palmschleuse. Schon bald erreichen wir die Elbe, überschreiten die Grenze zu Mecklenburg und wandern am früheren Kolonnenweg Richtung Vier. Auf einem Fußweg im Elbhang geht es äußerst romantisch weiter zum Aussichtspunkt Elwkieker. Am Hafen entlang erreichen wir Boizenburg, bekannt auch als »Stadt der Fliesen«. Danach folgen wir dem Dammweg entlang der Sude. Hier sind wir in Adebars Reich und besuchen auch das Storchendorf Gothmann. Durch das NSG Bollenberg und vorbei am Vorort Bahlen laufen wir schließlich zum Bahnhof von Boizenburg.*

**Ausgangspunkt:** Lauenburg ZOB, zu erreichen mit Buslinie 31 von Hamburg.
**Endpunkt:** Bahnhof Boizenburg an der Strecke Ludwigslust–Hamburg, RE1 für die Rückfahrt nach Hamburg.
**Anforderungen:** Außerhalb der beiden Städte überwiegend naturbelassene Fahr- oder Fußwege, zwei Abstiege über Treppen in Lauenburg und bei Vier.
**Einkehr:** In Lauenburg, bei der Palmschleuse und Boizenburg, sowie mit Abstecher in Vier.

*Fußweg am alten Wall in Boizenburg.*

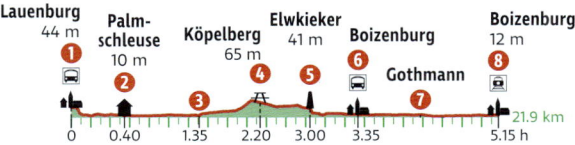

Wir starten die Wanderung am **ZOB** ❶ in der **Oberstadt** von **Lauenburg**. Ostwärts kommen wir auf dem Askanierring in Kürze zu einer Kreuzung, dort rechts. Per Brücke geht es über den Hohlen Weg zu einer Gabelung. Hier beginnt auch die Fährtreppe, die uns mittels 131 Stufen in die Unterstadt hinabbringt. Dort erreichen wir gegenüber dem Hotel-Restaurant Zum Alten Schifferhaus die Elbstraße. Nach rechts lohnt ein Abstecher durch die Gassen der **Unterstadt** mit zahlreichen historischen Gebäuden, dem Ruferplatz und der Schiffsablegestelle.

Unser Wanderweg folgt jedoch der Elbstraße nach links. Bei der folgenden Straßengabel dann geradeaus auf der Bahnhofstraße und auf deren Verlängerung, der Hafenstraße, weiter. Dann treffen wir auf die B 209 (ebenfalls »Hafenstraße«), die wir geradeaus überqueren, um gegenüber am Yachthafen entlang weiterzuwandern. Bald stoßen wir erneut auf die B 209 bzw. Hafenstraße und folgen ihr ostwärts, vorbei an der Schleuse des Elbe-Lübeck-Kanals, bis zu ihrem Ende vor der Kanalbrücke. Dort neben der B 5 auf dem Fußweg über die Brücke mit Aussicht auf die Hafen- und Industrieanlagen und gleich danach auf der Nebenstraße An der Palmschleuse zur historischen **Palmschleuse** ❷. Diese wurde bereits 1398 als Teil des Stecknitzkanals erbaut. Hier können wir auch einkehren.

Von der Schleuse in bisheriger Richtung weiter, über die Stecknitz, dann über die Abzweigung der Hermann-Gebauer-Straße wieder zurück zu B 5 und am Rand des Industriegeländes weiter. Dann zweigt rechts bzw. südwärts ein Fahrweg ab, der uns in die Elbtalaue bringt. Vor der Elbe treffen wir bei einer Infotafel zum NSG Lauenburger Elbvorland und Ruhebank auf einen Quer-Fahrweg, hier links. Bei zwei Schranken erreichen wir die Grenze zu Mecklenburg-Vorpommern. Dahinter steigen wir zum Deich hinauf und laufen auf diesem parallel zur Elbe weiter. Zweimal biegt der Weg etwas nach rechts um, dann vor einem Wassergraben nach links; so führt er zu einem **Wasserschöpfwerk** ❸. Noch ein paar Schritte in bisheriger Richtung, dann rechts mithilfe einer Brücke über den Wassergraben, kurz rechts zurück und per Linkskurve in den Wald. Der nun breitere Sandweg ist manchmal etwas mühsam, Abzweigungen zur B 5 ignorieren wir und laufen immer geradeaus bzw. mit kleinen Schlenkern rund 3 km Richtung Osten. Mitten im Wald zweigt dann vom ehemaligen Kolonnenweg rechts ein abwechslungsreicher Fußweg durch den Elbhang ab. Schon nach wenigen Minuten biegt links ein kurzer Weg zum **Köpelberg** ❹ ab, eine Walderhebung mit beschränktem Elbblick und einfacher Sitzmöglichkeit.

Wieder zurück auf dem Hauptweg biegt der schmale Pfad unterhalb des Köpelbergs nach links um und führt romantisch durch den urwüchsigen Vierwald im Steilhang des Elbtals. Dabei geht es in den eiszeitlichen Kerbtälern anregend auf und ab. Teilweise begleiten uns auf der rechten Seite des Weges alte Betonpfosten, Reste des ehemaligen Grenzzaunes, der verhindern sollte, die tiefer liegende Elbe zu erreichen, die zu DDR-Zeiten als Grenzfluss fungierte. Immer wieder erblickt man durch das Grün des Waldes auch ein Stück Elbe. Kurz vor der Siedlung Vier biegt der Waldpfad nach links um. Bei der folgenden Abzweigung geradeaus, bis wir in einer Kurve wieder auf den Kolonnenweg treffen. Weiter geradeaus zu einer nahen Kreuzung, dort rechts auf dem Fasanenweg durch die Waldsiedlung **Vier**. Dahinter führt die Route nochmals durch Wald im Steilufer zum Aussichtspunkt **Elwkieker** ❺. Vom Aussichtsturm bietet sich ein beeindruckender Blick über Elbe, Sude und Boize. Etwas zurückgesetzt befindet sich ein Infozentrum zum Biosphärenreservat Flusslandschaft Elbe. Per Abstecher kann man von dort den alten Kontrollpunkt Vier erreichen, heute Restaurant, und das Elbbergmuseum mit einer Ausstellung zur früheren Grenze. Vom Turm führt links eine teils luftige Treppe hinab zum Anleger Vier unweit der Mündung der Boize in die Elbe. Unten folgen wir dem Feldweg nach links und erreichen bald den Beginn des Fährwegs, einer kleinen Asphaltstraße. Nach einem Links-rechts-Bogen kommen wir an der ehemaligen Elbewerft vorbei, Schautafeln an der Straße erzählen ihre Geschichte. Der Fährweg mündet schließlich in die Hamburger Straße, der wir für wenige Minuten nach rechts folgen. Dann zweigt rechts eine Nebenstraße zum **Hafen** von **Boizenburg** ab. Nach einer Linkskurve laufen wir die Hafenpromenade entlang und treffen beim Hotel Stadt Boizenburg auf die Klingbergstraße, hier 1 Min. rechts, dann finden wir auf der gegenüberliegenden Straßenseite einen schmalen Durchgang. So kommen wir auf den Wallweg, der die Altstadt umrundet. Begleitet vom Boizegraben wandern wir auf der Nordseite der Altstadt auf dem Wall. Einen ersten rechts abzweigenden Weg ignorieren wir, bei der folgenden Kreuzung laufen wir dann rechts in die Altstadt hinein. Dort erreichen wir den Kirchplatz mit der St.-Marien-

Kirche. Geradeaus an ihr vorbei zum südlich gelegenen Markt mit dem Rathaus im Zentrum der **Altstadt** ❻ von **Boizenburg**. Das Fliesenmuseum befindet sich in der Reichenstraße südwestlich vom Markt.

Wir verlassen den Markt an seiner Südseite nach links und laufen auf der Markttorstraße aus der Altstadt hinaus. Nach der Brücke über den Boizegraben zweigt rechts ein Fußweg ab und führt südwärts auf dem Wall entlang. Nach einem Angelteich erreichen wir einen Querweg. Hier links, über eine Holzbrücke, bei der Gabelung rechts und südwärts am Fitzenteich entlang zur Straße Altendorf. Auf dieser aus Boizenburg heraus, immer südwärts, bis wir den Schacksgraben überqueren. Durch das Wiesengelände kommen wir geradeaus zu einem Quersträßchen unterhalb des Deichs vor der **Sude**. Auf den Deich hinauf, von dem sich ein Blick über die Sude zu einem alten Wachturm bietet. Wir folgen dem Deich entlang der Sude nach links. Am Ortsrand des Storchendorfs Gothmann verlassen wir den Deich und laufen auf dem Fahrweg weiter. Vor der Brücke über die Sude links in die Straße Fischereck, die bald auf die Straße An der Sude trifft. Auf dieser nach rechts ins Ortszentrum von **Gothmann** ❼ bei der rechts liegenden Feuerwehr.

In bisheriger Richtung weiter, bis die Straße am Ortsende nach links umbiegt und als Fahrweg weiterführt. Wo links ein Fahrweg abzweigt, erreichen wir den **Bollenberg** und blicken direkt auf ein Stück Sanddüne, während sich rechter Hand die Sudeniederung erstreckt. Wir folgen dem Fahrweg noch kurz nach rechts, zweigen dann links ab und steigen den **Bollenberg** hinauf. Wir kommen durch ein Stück Wald und vorbei an einem links liegenden Teich, bis wir auf der Nordseite des Bollenberges das NSG wieder verlassen. Per Linkskurve am Waldrand entlang, dann auf dem Fahrweg schnurgerade durch die Gildewiesen zur Neuen Straße (B 195) in **Bahlen**. Direkt an der Einmündung des Feldwegs zweigt links der Schwarze Weg ab, dem wir anstelle der Autostraße folgen. Kurz vor Bahlendorf zweigt rechts das Sträßchen Am Heckenweg ab und führt uns wieder zur B 195 (Fritz-Reuter-Straße). Wir folgen ihr nach links, überqueren gleich einen Graben und kommen dann in die Bahnhofsvorstadt von **Boizenburg**. Weiter auf der B 195 zur Bahnhofstraße, auf ihr rechts zum **Bahnhof** ❽.

↗ 30 m | ↘ 30 m | 14.5 km

# 35 Rundwanderung bei Bleckede

3.30 h

### Genusstour durch die Elbtalaue und die Sandberge

*Im ersten Teil dieser Wanderung lernt man die einzigartige Naturlandschaft der Elbtalaue kennen, wo unzählige Kleingewässer – wie Altarme der Elbe oder Flutrinnen – sowie Auwälder einen Lebensraum für seltene Pflanzen und Tiere bieten. Ein Stück wandern wir entlang der Elbe und zurück durch die Sandberge im Süden von Bleckede.*

**Ausgangspunkt:** Bhf. Bleckede, zu erreichen von Hamburg Hbf. mit Zug bis Lüneburg, dann weiter mit Bus 5100.
**Anforderungen:** Abwechslungsreiche Wanderung in der Elbtalaue und in den hügeligen Sandbergen im Süden von Bleckede.

**Einkehr:** In Bleckede sowie unterwegs im Hotel-Restaurant Waldfrieden.
**Tipps:** Besuch von Schloss Bleckede mit Informationszentrum zum Biosphärenreservat Niedersächsische Elbtalaue, ferner Draisinenfahrt zwischen Waldfrieden und Alt Garge.

Von der Bushaltestelle beim **Bahnhof Bleckede** ❶ laufen wir auf der Bahnhofstraße Richtung Nordwesten und erreichen nach einer Rechtskurve beim Penny-Markt die Friedrich-Kücken-Straße, auf der wir nach etwa 700 m rechts zum Markt mit der St.-Jacobi-Kirche kommen. Von dort könnten wir links auf der Schloßstraße einen Abstecher zum Schloss Bleckede machen. Unsere Wanderung folgt jedoch der Breiten Straße durch

*Verkehrskreisel im Zentrum von Bleckede.*

das kleine **Zentrum** von **Bleckede**. Danacn erreichen wir eine Kreuzung mit **Verkehrskreisel** ❷.

Hier zweigen wir links ab und folgen kurz der Elbstraße Richtung Fähre, dann rechts der Wohnstraße Am Hafen. Erneut rechts auf dem Sträßchen Sanddeich weiter, von dem dann links ein Asphaltweg bzw. Treppenstufen hinab zu Deich und Hafen führen. Dort rechts weiter, parallel zur Bahnstrecke, wobei wir immer mehr vom Elbarm wegkommen. Schließlich mündet von links wieder die Straße Sanddeich ein. Geradeaus auf der Asphaltstraße weiter, die etwas unterhalb der L 222 verläuft. Nach einer Linkskurve – oben an der L 222 befindet sich eine Bushaltestelle – treffen wir auf die Wendischthuner Straße (K 22). Neben ihr auf dem Rad- und Fußweg in östlicher Richtung. Uns begleitet nun ein Stück das X des E6. Vor einer Rechtskurve der Straße zweigt unser Wanderweg links ab und folgt am Rand von **Alt Wendischthun** dem Deich. Auf dem asphaltierten Deichweg erreichen wir dann bald eine Kreuzung unweit eines großen, markanten **Reetdachhauses** ❸.

Geradeaus über die Kreuzung und in einem Links-rechts-Bogen zum Nordende von Alt Wendischthun. Dort treffen wir bei einem links liegenden See auf einen Querweg, dem wir ganz kurz nach links durch das Feuchtgebiet folgen. Dann zweigt links ein Grasweg ab und führt in die Elbtalaue hinein. Der Weg macht nach 3 Min. eine Linkskurve und erreicht einen Fahrweg, dem wir nach rechts Richtung Elbe folgen. Vorbei an alten Elbarmen kommen wir zu einem Parkplatz direkt vor der **Elbe** mit kleinem **Sandstrand** ❹.

*Reetdachhaus im Ortsteil Alt Wendischthun.*

Unser Wanderweg führt von dort nach rechts parallel zur Elbe als Pfad weiter. Der naturnahe Weg vermittelt die Nähe der Elbe und ihr Auen-Hinterland in einzigartiger Weise. Schon bald passieren wir einen rechts liegenden kleinen Teich, dann führt der Grasweg rechts mehr von der Elbe weg; linker Hand folgen zwei Teiche, Reste eines **Altarmes** der **Elbe**. Schließlich erreichen wir einen Querweg, links geht es zum nahen Fluss, rechts landeinwärts, vorbei an einem einfachen Parkplatz und dann auf einem deutlichen Sand-Fahrweg zu einer Kreuzung mit dem sogenannten Elbweg, der auch wieder mit dem X des FWW markiert ist. Wir folgen diesem breiten Sand-Fahrweg nach links. Er macht bald eine Rechtskurve, wenig später zweigt links ein Grasweg ab, wir laufen aber geradeaus weiter. Entlang eines links liegenden Waldstücks zieht der Fahrweg Richtung Waldrand, wo er links umbiegt. Bei der dortigen **Gabelung** ❺ folgen wir nun einem blau-weiß-blau markierten Weg, der innen am Waldrand zurückführt.

Für etwa 15 Min. laufen wir nun auf dem holprigen Sand-Fahrweg am Rand des Waldes entlang. Dann führt der Weg mehr in den Wald hinein, biegt dort, wo ein anderer Weg einmündet, rechts um; danach bald links. Weiter geht es immer geradeaus durch den Wald, wobei wir alle abzweigenden Nebenwege ignorieren. Schließlich erreichen wir wieder einen Waldrand, dort schwenkt unser Weg nach links und führt kurze Zeit später wieder in den Wald hinein. Wir kreuzen die Bleckeder Landstraße (K 22) und laufen gegenüber auf dem immer noch blau-weiß-blau markierten Forstweg weiter. Über die nächste Kreuzung geradeaus; nach einigen Minuten macht der Weg eine Rechtskurve und erreicht eine weitere Kreuzung. Hier zweigt die Markierung rechts ab, wir folgen aber geradeaus dem nun unmarkierten Forstweg. Weiter im Wald, dann über einen Graben kommen wir wenig später zur Draisinenstation Waldfrieden. Bei entsprechender Vorbestellung ist hier eine Fahrt mit der Fahrraddraisine möglich. Geradeaus treffen wir gleich danach auf die L 222, an der rechts das **Hotel-Restaurant Waldfrieden** ❻ liegt, dort auch eine Bushaltestelle.

Nach der Straßenüberquerung zunächst gegenüber geradeaus weiter, dann hinter dem Restaurant rechts ab und an der alten Bahnstation Waldfrieden vorbei. Kurz danach gabelt sich der Weg erneut. Wir zweigen links ab, machen eine Rechtskurve und wenige Zeit später nochmals eine Linkskurve. Schließlich erreichen wir einen großen Holzschuppen im Wald, wo wir rechts dem breiten Fahrweg, Ölhof genannt, bis zum Waldrand folgen. Dort treffen wir auf die Robert-Koch-Straße, auf ihr links, dann vorbei an einer Bushaltestelle per Rechtsbogen auf dem Nindorfer Moorweg durch Wohngebiet weiter. Vorbei am Schulzentrum biegt die Straße dann nach links um (rechts liegt ein Teich) und endet an der Lüneburger Straße (L 221). Auf dieser nach rechts, bald über Bahngleise, wenig später dann links auf der Bahnhofstraße zurück zum Ausgangspunkt am alten **Bahnhof** ❶.

*Elbvorland bei Alt Wendischthun.*

**TOP**

**36 Von Hitzacker nach Neu Darchau**

↗ 340 m | ↘ 350 m | 20.3 km
5.30 h

### Herrliches Naturerlebnis entlang der Elbe

*Am Beginn lernen wir die hübsche Innenstadt von Hitzacker kennen sowie den nördlichsten Weinberg Niedersachsens. Bei dieser Wanderung geht es im Höhenzug Drawehn entlang der Elbe ständig auf und ab, was sie zur anspruchsvollsten Tour dieses Führers macht. Dafür entschädigen die Aussichten auf Hitzacker, vom Osterberg oberhalb von Tießau oder vom 86 m »hohen« Kniepenberg. Wir durchstreifen dabei einerseits den Naturpark Elbhöhen-Wendland, andererseits das Biosphärenreservat Niedersächsische Elbtalaue.*

**Ausgangspunkt:** Bhf. Hitzacker an der Strecke von Lüneburg.
**Endpunkt:** Bhst. Post in Neu Darchau mit Verbindungen zum ZOB/Bhf. von Lüneburg.
**Anforderungen:** Mehrere teils steile Auf- und Abstiege, für die gute Kondition erforderlich ist, nur für ältere Kinder geeignet. Der Elbufer-Wanderweg bzw. Elb-Höhenweg ist durchgehend mit einem weißen E gekennzeichnet. Auf ihm legen wir den größten Teil der Wanderung zurück.
**Einkehr:** In Hitzacker, dann erst in Klein Kühren (bei kurzem Abstecher in den Ort) und Neu Darchau.

Vis-à-vis vom **Bahnhof Hitzacker** ❶ außerhalb des Zentrums beginnen wir unsere Wanderung auf der Bahnhofstraße und laufen bis zu deren Einmündung in die Dannenberger Straße (L 231); auf dieser links stadteinwärts. Sie wird zur Drawehnertorstraße und erreicht dann den Julius-Frhr.-v.-d.-Bussche-Platz. Dort ist rechts ein kurzer Abstecher zum Archäologischen Freilichtmuseum möglich. In bisheriger Richtung gehen wir dann weiter auf der Drawehnertorstraße zur Brücke über die Jeetzel und anschließend auf der Hauptstraße in die **Altstadt**. Vom Markt laufen wir geradeaus bis zum **Heimatmuseum** ❷ an der Ecke Zollstraße.

Dort zweigt unser Weg links vor dem Museum ab, nun mit der Markierung E, und führt auf der Zollstraße zur Elbstraße und nach deren Überquerung auf dem Fischergang zum Hiddostieg, der die malerische Jeetzel überbrückt. Jenseits der Brücke steigen wir auf Treppen hinauf zum Weinbergsweg und folgen ihm nach rechts. Bald biegt der nun breitere Weg nach links um und steigt weiter an. Dann machen wir einen Abstecher zum Weinberg, in-

*Blick vom Weinberg auf Hitzacker.*

dem wir dem nach rechts abzweigenden Weg folgen und mittels mehrerer Schlenker bergan steigen. Dann erreichen wir eine Gabelung. Hier zunächst rechts zum Plateau des 52 m hohen **Weinbergs** ❸ hinauf. Von oben bietet sich ein schöner Blick auf Hitzacker und die Elbe. Der Weinberg hat eine lange Tradition. 1521 wurden die ersten Reben gepflanzt, 1730 wurden diese durch einen Hagelsturm vernichtet. Die heutigen Rebenstöcke gehen auf 1980 zurück. Das Hidesaker Weinbergströpfchen wird bei repräsentativen Veranstaltungen ausgeschenkt. Auch wenn immer noch damit geworben wird, dass es sich um den nördlichsten Weinberg Deutschlands handelt, so stimmt das nicht mehr. Wein wird nämlich dank der Klimaveränderungen inzwischen auch in Schleswig-Holstein angebaut, u.a. auch auf Sylt!

Vom Plateau des Weinbergs wieder hinab zur Gabelung, dort rechts ab. Wir wandern nun durch das **Rebenanbaugebiet**, steigen bei der nächsten Abzweigung links ab und treffen kurz vor dem Hotel-Restaurant Waldfrieden auf eine Autostraße. Ihr folgen wir Richtung Nordwesten. Rechts vom Hotel-Restaurant haben wir über den dortigen Minigolf-Platz einen schönen Blick zur Elbe. Die Autostraße, immer noch der Weinbergsweg, macht dann eine Linkskuve. Hier leitet uns die Markierung geradeaus auf einen Fußweg weiter. Wir kommen an der Rückseite des Verdo-Restaurants vorbei und laufen dann geradeaus Richtung Kurpark. Bei der folgenden Gabelung zweigen wir rechts ab und gelangen nach einer Linkskurve auf eine Aussichtsterrasse an der Rückseite eines Wohnhauses. Danach führt ein schmaler Weg in den Wald. Dieser folgt dem Rand des Steilabfalls zur Elbe. Nach einigen Minuten geht es zu einem Buckel hinauf, danach per Linkskurve hinab zu einem Weg, dem wir nach rechts folgen. Wir passieren einen oberhalb stehenden Sendemast, dann gabelt sich der Weg in einer Linkskurve. Unser Wanderweg führt geradeaus über einen kleinen Bergrücken, dann per Rechtskurve kurz und fast weglos steil hinab zu einer Wegkreuzung.

Von dort nun wieder auf einem Weg in bisheriger Richtung weiter bergab. Nach einer Linkskurve kommen wir in ein kleines Seitental und steigen dort weiter abwärts. Schließlich treffen wir auf einen Querweg, dem wir nach rechts folgen, um am Fuß des Steilabfalls auf eine weitere Weggabelung zu stoßen. Dort links die Treppe hinauf und im Wald zu einer Hütte. Danach wandern wir wieder hinab zum Fuß der Hügelkette, vorbei an einer Kläranlage, hinter ihr auf dem Fußweg kurz stärker bergauf zum Rand des Steilabfalls, schließlich wieder abwärts zu einem Querweg, wo wir links zur Autostraße abbiegen. An der Elbuferstraße (K 36) liegt dann gegenüber ein kleiner Parkplatz.

Dort geht es wieder in den Wald, zunächst gleich rechts, dann in einem Linksbogen von der Elbuferstraße weg. In der Folge wendet sich der Weg mehrmals nach rechts, erreicht eine Weggabel inmitten etlicher Hügel, führt dort nach links, wieder bergan, danach zu einer Anhöhe und wieder hinab zu einem Querweg, bei dem wir uns rechts halten. Bei der nächsten Weggabelung wandern wir links hinauf, dann am Kamm leicht abwärts, und kommen so weiter halb rechts zu einem Aussichtspunkt rechts etwas oberhalb des Weges. Wir befinden uns nun oberhalb von Tießau auf dem **Osterberg** ❹ und genießen einen weiten Blick über die Elbe – die Ruhebank lädt zum Verweilen ein.

Vom Aussichtspunkt zurück zum Hauptweg, dort rechts hinab, dann mittels mehrerer Schlenker hinab und aus dem Wald heraus zu den ersten

Häusern von Tießau. Auf dem Sandweg Im Nietzing erreichen wir die Tießauer Straße und folgen ihr auf dem Fußweg nach rechts abwärts bis zum Dorfplatz in **Tießau**, wo auch eine Schutzhütte zur Rast einlädt.

Jetzt folgen wir links der Straße Am Elbufer (K 36), bis vor einer Linkskurve geradeaus der Schulweg mit unserer Markierung zur kleinen Siedlung **Tiesmesland** führt. In deren Zentrum halten wir uns auf

*Der Aussichtsturm auf dem Kniepenberg.*

dem Triftweg kurz nach links, dann zweigt rechts der Fahrweg Zum Kniepenberg ab, dem wir vorbei an einigen Häusern folgen.

Dort, wo der Sandweg nach links abbiegt, geht es geradeaus am Steilabfall des Höhenzuges weiter. Vor einem Kieswerk wandern wir links von der Elbe weg und kommen in einem Rechts-links-Bogen um das Betriebsgelände herum zur Zufahrtsstraße unweit der Elbuferstraße. Nun führt der Weg nach rechts den Wald hinauf, wieder in Richtung Elbe, dann nordwärts im Wald, teils stärker ansteigend auf schönem Fußsteig hinauf zum 86 m hohen **Kniepenberg** ❺. Dieser Waldberg oberhalb der Elbe bietet vom Holz-Aussichtsturm eine entsprechend umfassende Rundsicht über die Elbe und das waldreiche grüne Umland im Süden.

Vom Aussichtsturm wenden wir uns zuerst nach links zu den Ruhebänken, dann nach rechts recht steil in den Wald hinab und in mehreren Kurven immer tiefer. Schließlich geht es sanfter nordwestwärts weiter, wir kreuzen verschiedene Wege, halten uns immer geradeaus und nähern uns der Elbtalaue. Dort treffen wir am Waldrand auf einen im Elbtal verlaufenden Sandweg und folgen ihm in bisheriger Richtung durch Wiesen zu den ersten Häusern von **Drethem**. Vor einem alten Fachwerkbauernhaus gibt es zwei Wegvarianten: Halb rechts kann man ein Stück durch die Elbtalaue und dann wieder links zur Elbuferstraße gehen. Halb links kommen wir dagegen ins Ortszentrum und zur kleinen Backsteinkirche.

Gleich nach der Kirche gelangen wir bei der Straßeneinmündung in einer Kurve wieder auf die Elbuferstraße, passieren dann an der Einmündung der zuvor genannten Variante eine Bushaltestelle und folgen der Straße nordwestwärts aus Drethem heraus.

Vorbei an einer Ruhebank mit schönem Elbblick kommen wir per Linkskurve zu den ersten Häusern von **Glienitz**. Bei der dortigen Rechtskurve der Elbuferstraße und einer Bushaltestelle zweigen wir links auf das Asphaltsträßchen Im Dool ab. Gleich verlassen wir den Ort wieder, und der

Fahrweg verläuft im Wald in einem langen Rechtsbogen zunächst leicht bergan. Schließlich geht es durch Felder, dann in ein kleines Waldstück. Bei der dortigen Weggabelung nach rechts über eine große Lichtung und im Anschluss wieder in den Wald, meist links haltend zu einem heidebewachsenen Hügel mit einer Höhe von 109 m, der rechts vom Weg liegt. Nun zunächst weiter in einem Linksbogen, dann auf einem Querweg nach rechts und gleich danach links zu einem **Parkplatz** im Wald mit **Rasthütte** ❻.

Nach Überquerung des Asphaltwegs beim Parkplatz leitet uns der Weg zunächst im Wald weiter, dann auf langer Strecke am Feldrand entlang bis zu einer Weggabelung am Waldrand, wo wir uns am nördlichen Feldrand nach links orientieren. Am Ende des Feldes beginnt die Asphaltierung, und es geht per Rechtsbogen in den Wald. Einem Querweg folgen wir nach rechts, eine Abzweigung links wird ignoriert, und so kommen wir in einem weiteren Rechtsbogen zu den ersten Häusern von **Klein Kühren** und einer Weggabelung. Geradeaus ist es ein kurzer Abstecher zur Elbuferstraße, an der rechts bzw. links zwei Einkehrmöglichkeiten liegen.

Der Wanderweg führt im spitzen Winkel links zurück und steigt im Wald wieder an. Nach 10 Min. zweigen wir bei der dortigen Weggabelung rechts ab. Nach einem Links-rechts-Bogen geradeaus, kurz nach Verlassen des Waldes durch eine Siedlung und in bisheriger Richtung auf dem August-Kröpke-Weg leicht abwärts zur Göhrder Straße in **Neu Darchau**. Dieser folgen wir rechts bis zur Einmündung in die Hauptstraße. Auf dieser rechts zur nahen **Bushaltestelle Post** ❼. Zwecks Einkehr muss man weiter geradeaus laufen und findet dann zwei Alternativen (nicht immer geöffnet!).

*Blick über die Elbe bei Drethem.*

↗ 110 m | ↘ 120 m | 16.6 km

# 37 Von Hitzacker nach Dannenberg

**4.00 h**

**Von einer Fachwerkstadt zur anderen durch wunderschöne Landschaft**

*Diese Wandertour erschließt die einsame, hügelige Landschaft zwischen Hitzacker und Dannenberg. Größere Wälder, Felder und Wiesen wechseln sich ab. Unterwegs besuchen wir auch Thunpadel, ein Dorf mit Rundling (nähere Informationen zu »Rundling« siehe Tour 38). Hitzacker wie auch Dannenberg liegen an der »Deutschen Fachwerkstraße« – aus gutem Grund, wie die Stadtbilder beweisen.*

**Ausgangspunkt:** Bhf. Hitzacker an der Strecke Lüneburg–Dannenberg Ost.
**Endpunkt:** End-Bhf. Dannenberg Ost an der Strecke von Lüneburg.
**Anforderungen:** Wanderung auf überwiegend leichten Wald- und Feldwegen.
**Einkehr:** In Hitzacker und Dannenberg, unterwegs keine.
**Tipp:** Besuch der Altstadt und des Archäologischen Zentrums in Hitzacker.

*Der Waldemarturm (links) und die Lange Straße (rechts) in Dannenberg.*

Vom **Bahnhofsgebäude** in **Hitzacker** ❶ wenden wir uns nach links auf die Straße Am Bahnhof. Nach 2 Min. biegen wir links ab und überqueren die Bahngleise. Danach links entlang des Sarensecker Weges, der per Rechtskurve von der Bahnlinie wegführt und uns durch eine Siedlung und weiter Richtung Wald bringt. Dort zweigt, bereits im Wald, in einer Rechtskurve der Straße geradeaus ein breiter Sand-Waldweg ab, der an der Rückseite der Waldsiedlung Vordorfsfeld vorbeiführt und anschließend einen Linksbogen macht. Wir kommen nun zu einer Kreuzung, ignorieren die Abzweigung rechts nach Sarenseck und gehen geradeaus weiter. 5 Min. später, noch vor Erreichen des Waldrandes, wandern wir rechts auf dem Sandweg

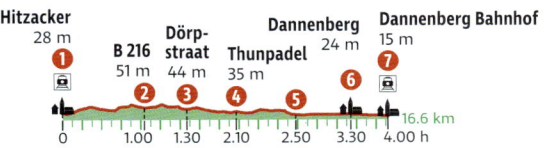

bis zur nächsten Gabelung. Hier wenden wir uns nach links und gelangen durch eine Senke zu einem Querweg, an dem es zunächst rechts zum Waldrand geht, aber gleich weiter links in den Wald und bei der dortigen Kreuzung wieder nach links zur **B 216** ❷.

Nach deren Überquerung führt unser Weg im Wald weiter. Nach 10 Min. biegen wir links auf einen Querweg, bei der folgenden Kreuzung bleiben wir auf dem Weg geradeaus, kurz danach geht es rechts ab und wenig später am Waldrand entlang. Anschließend wandern wir erneut in den Wald hinein, am folgenden Waldrand orientieren wir uns nach rechts, betreten aber nicht geradeaus den Wald, sondern gehen links am Waldrand weiter. Wir erreichen eine Weggabelung, wo der Querweg rechts in ein Asphaltsträßchen einmündet, die Richtung Lenzen führende **Dörpstraat** ❸.

Hier biegen wir auf den Querweg links ab, kommen gleich unter einer Stromleitung hindurch und wandern auf dem Sand-Fahrweg durch ein Waldstück bergan. Wieder aus dem Wald heraus, laufen wir stets in östlicher Richtung weiter und sehen rechter Hand eine Ansammlung von Wochenendhäusern. In der Folge kreuzen wir mehrere Wege und auch eine Autostraße. Schließlich kommen wir zu den Häusern von **Thunpadel**, die sich teils an eine bewaldete Kuppe schmiegen. In einem Rechtsbogen führt der Weg weiter, dann mündet von rechts die Straße aus Lenzen ein. Wir bleiben geradeaus auf der Dorfstraße bis zur **Kreuzung** ❹ im östlichen Ortsteil. Bevor wir nun geradeaus weiterwandern, machen wir einen Abstecher auf der südwärts bzw. rechts abzweigenden Straße vorbei an der Bushaltestelle zum rechts liegenden Dorfplatz Rundling. Hier gruppieren sich mehrere Fachwerk-Hallenhäuser aus dem 18. und 19. Jh. um den Dorfplatz mit seinen alten Eichen.

Zurück an der **Kreuzung** ❹ gehen wir weiter ostwärts Richtung Schmarsau. An einem Waldstück kommen wir durch eine Senke mit Bach und danach an einem Teich vorbei. Dann passieren wir einen kleinen Friedhof und zweigen am Waldrand links auf einen Asphaltweg ab. Wir steigen kurz aufwärts, dann biegt der Fahrweg rechts ab und führt durch ein kleines Waldstück. Danach erreichen wir über verschiedene Nebenwege einen Querweg, auf dem wir kurz nach rechts Richtung Schmarsau gehen, dann links weiter Richtung Prisser. Der Weg führt wieder zu einem kleinen Waldstück, größtenteils an dessen Rand entlang, dann zur B 248 am Ortsanfang von **Prisser**. Hier halten wir uns rechts auf dem parallel verlaufenden Rad- und Fußweg und passieren gleich die Abzweigung der Straße Richtung Lüggau. Noch kurz weiter geradeaus, dann überqueren wir die B 248 nach links bei der Abzweigung der **Schmarsauer Straße** ❺.

Dort zweigt links ein Nebensträßchen von der Bundesstraße ab und führt uns als Feldweg an die Jeetzel. Auf dem dortigen Querweg links, bis zur B 216. Hier rechts über die Brücke, auf der anderen Seite der Bundesstraße wandern wir dann auf der Dammkrone neben dem Kanal weiter. Wir erreichen dann eine weitere Brücke über den Kanal, wo wir links zu den Häusern von Lüggau kommen würden. Hier folgen wir jedoch dem Asphaltweg rechts Richtung **Dannenberg**. Am Ortsrand überqueren wir die Bahnstrecke Lüneburg–Dannenberg und folgen geradeaus dem Osterweg zur Lüneburger Straße. Auf dieser nach links zur Ampelkreuzung und nach ihrer Überquerung zum Mühlentor, wo links eine verkehrsberuhigte Straße abzweigt – anfangs Mühlentor, dann Lange Straße genannt – und zum **Markt** ❻ führt. Dort befindet sich das Alte Rathaus mit der Tourist-Information. Im Zentrum liegen auch der Waldemarturm und die St.-Johannis-Kirche. Der Waldemarturm aus dem 12. Jh., Rest einer Burg, gilt als Wahrzeichen der Stadt und beherbergt ein Museum.

Wir behalten unsere bisherige Richtung bei, überqueren die Alte Jeetzel und gelangen durch die Marschtorstraße zu einem Parkplatz an der Einmündung der Jeetzelallee. Nun biegen wir mit der Marschtorstraße nach rechts ab und laufen am Rand der Grünanlage Essowiese weiter. Dann beginnt die Gartower Straße, von der gegenüber die Bahnhofstraße abzweigt. Auf dieser laufen wir dann ostwärts weiter, bis wir links auf die Nebenstraße Am Ostbahnhof wechseln, durch die wir den **Bahnhof Dannenberg Ost** ❼ erreichen.

*Brücke über die Jeetzel bei Lüggau.*

**38  Stippvisite in den Rundlingsdörfern**

↗ 40 m | ↘ 40 m | 18.2 km
4.30 h

### Fachwerkromantik und Rundlinge – Markenzeichen des Wendlandes

*Die kleine Kreisstadt Lüchow liegt an der Deutschen Fachwerkstraße, und das nicht zu Unrecht. Von der Stadt führt ein markierter und gut ausgeschilderter Rundweg zu den typischen Rundlingsdörfern. Diese Siedlungsform ist besonders hier im Wendland gut erhalten. Ein Rundling zeichnet sich dadurch aus, dass sich die Höfe um einen runden oder ovalen Dorfplatz gruppieren, der ursprünglich nur einen Zuweg hatte. Bei der Gebäudeart gibt es keine typische Hausform, vorherrschend ist jedoch das Hallenhaus mit Fachwerk und in Giebelstellung.*

*Fachwerkhaus in Lübeln.*

**Ausgangspunkt:** Lüchow ZOB, zu erreichen mit direkten Bussen von Dannenberg Ost, Salzwedel und Uelzen. Achtung! Fast alle Busse müssen im Voraus reserviert werden: Tel. +49 5841 977377 täglich 6–20 Uhr oder online unter www.lse-bus.de.
**Anforderungen:** Überwiegend leicht begehbare breite Feldwege und Nebenstraßen.
**Einkehr:** In Lüchow, unterwegs in Lübeln und Satemin.

Vom **ZOB** in **Lüchow** ❶ direkt am Rathaus laufen wir auf dem Amtsweg Richtung Norden und treffen dann auf die Lange Straße, die Haupteinkaufsstraße in Lüchow mit zahlreichen Fachwerkgebäuden. Auf ihr nach links, bald über die Jeetzel, zum Marktplatz mit Ratskeller. Weiterhin auf der Langen Straße westwärts, über die schmalere Drawehner Jeetzel, dann zweigt rechts die Schützenstraße ab. Sie macht gleich eine Linkskurve und führt dann immer geradeaus durch Wohngebiete zum Stadtrand.
Dort in bisheriger Richtung auf einem Schotterweg zu einer nahen Wetterstation mit Ruhebank, danach über einen Minigraben und auf einem schmalen Fuß- und Radweg zum **Lübelner Mühlenbach**. Diesen überqueren wir mittels einer Holzbrücke. In ein kleines Waldstück, dann links auf einem breiten Gras-Sandweg zur L 261. Nach deren Überquerung wandern wir geradeaus auf dem breiten Sandweg Richtung Lübeln weiter. Wir treffen auf eine Asphalt-Querstraße, zweigen hier links ab und kommen gleich

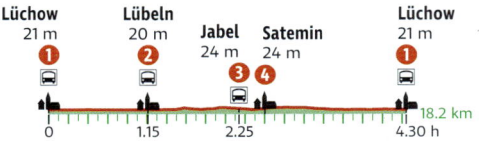

am Parkplatz von Lübeln vorbei. Dann geht es erneut über den Lübelner Mühlenbach und wir erreichen bald den Dorfplatz in **Lübeln** ❷ mit seinen typischen Hallenhäusern. Hier können wir einkehren oder auch das Rundlingsmuseum besuchen.

Den Dorfplatz verlassen wir in südöstlicher Richtung und laufen dabei am Freiluftgelände des Museums entlang. Dann biegt der Weg rechts um und folgt kurz dem Lübelner Mühlenbach; nach einer Linkskurve geht es weiter geradeaus entlang der Baumallee. Bei der folgenden Kreuzung treffen wir auf einen Asphalt-Querweg und folgen diesem nach links. So erreichen wir den nördlichen Ortsrand von **Gühlitz**, einer Ortschaft der Gemeinde Küsten. Wir laufen nicht in den Ort hinein, sondern zweigen am Ortsrand gleich rechts auf der dortigen Straße ab. In einer Rechtskurve, bereits außerhalb von Gühlitz, zweigt dann links ein breiter Waldweg von der Straße ab, wie immer entlang unserer Runde mit deutlichem Pfeil markiert. Bei der folgenden Gabelung halten wir uns links, kommen über einen Bach und wandern danach im Wald rechts weiter. Dann erreichen wir kurz vor Meuchefitz eine Gabelung. Geradeaus wäre ein Abstecher zu diesem Rundlingsdorf möglich, unser Rundweg zweigt jedoch links ab und führt durch einen Waldstreifen zu einer Querstraße.

Auf dieser nach rechts zum nahen Dorfplatz von **Seerau** mit kleinem Teich und Rastplatz. Vom Dorfplatz südwärts weiter zu einer Straßengabelung außerhalb des Ortes mit Bushaltestelle. Hier zunächst links, nach 5 Min. bei

der nächsten Gabelung rechts ab Richtung Jabel. Schon bald erreichen wir die ersten Häuser der schon wieder zu Lüchow gehörenden Ortschaft. Vorbei an einer Abendkneipe kommen wir zum großen Dorfplatz mit Bushaltestelle, der wieder von typischen Bauten umgeben ist. Auf dem weitläufigen Dorfplatz des Rundlingsdorfes **Jabel** ❸ können wir ebenfalls rasten. Den Dorfplatz verlassen wir in nordöstlicher Richtung, am Ortsende zweigen wir dann auf die Straße rechts ab. Bald nach einer Linkskurve sehen wir die ersten Häuser von Satemin, dem nächsten Rundlingsdorf. In den Ort hinein, liegt auf der rechten Seite die hübsche kleine Kirche, aus Feldstein und Backstein erbaut. Sie geht auf die Zeit um 1500 zurück und ist einen Besuch wert. Hinter ihr treffen wir auf eine Querstraße. Dort machen wir zunächst linker Hand einen Abstecher zum **Dorfplatz** von **Satemin** ❹ mit einem Café.

Zurück zur Gabelung bei der Kirche und in südlicher Richtung aus Satemin heraus. Dann zweigt zunächst rechts ein Feldweg ab, kurz danach links ein weiterer. Auf diesem links abzweigenden Asphaltweg geht es für uns weiter Richtung Reetze. Bei der folgenden Gabelung halten wir uns rechts. Schon wenig später treffen wir auf einen Querweg, diesem folgen wir nach links. Knapp 15 Min. später geht es nach einem Waldstück links ab. Nun laufen wir nordwärts und treffen auf eine Autostraße, auf der wir rechts Richtung **Reetze** wandern. Zunächst am südlichen Ortsrand entlang, dann auf der zweiten links abzweigenden Straße ins **Ortszentrum**. Dort erreichen wir den Dorfplatz mit Rundlingshäusern, Rastmöglichkeit und Bushaltestelle. Bei dieser rechts haltend kommen wir auf dem Reetzer Weg, einer Nebenstraße, wieder aus dem Dorf heraus.

Bald macht das Sträßchen eine Linkskurve und führt dann nordwärts weiter. Auf dem zweiten rechts abzweigenden Asphaltweg laufen wir Richtung **Lüchow** zurück. Noch vor dem Stadtrand kommen wir zu einem Graben, den wir per Holzbrücke überqueren. Dann geht es kurz links neben dem Graben weiter und bei einer Ruhebank vor einem Waldstreifen rechts ab. So

*Museumseingang in Lübeln.*

*Markt vor dem Ratskeller im Zentrum von Lüchow.*

treffen wir auf die Spötzingstraße und laufen auf ihr in bisheriger Richtung weiter. Nach nicht ganz 5 Min. Gehzeit auf der Straße verweist der Markierungspfeil auf einen links abzweigenden Fußweg. Auf diesem erreichen wir eine Sackgasse und laufen bis zum Ende dieser kleinen Straße. Dort treffen wir auf die Humboldtstraße und folgen ihr nach rechts. Nach einem Spielplatz biegen wir links auf die Lübelner Straße ab. An zwei rechts abzweigenden Straßen vorbei, nehmen wir dann die dritte rechts abgehende Straße und folgen dieser Senator-Brünger-Straße bis zu einer Kreuzung. Hier geradeaus über die Drawehner Straße und gegenüber in bisheriger Richtung weiter, nunmehr die Straße Wiesengrund entlang.

Vor einer Grünanlage, dem sogenannten Amtsgarten, kurz links an der Straße Blechwiese entlang. Dann zweigen wir halb rechts in die Grünanlage ab, kommen an einem Teich vorbei und treffen nach einem Linksbogen auf einen Querweg, dem wir links folgen. Bei der nächsten Kreuzung geht es dann rechts per Brücke über die Drawehner Jeetzel und weiter zum bereits sichtbaren Amtsturm mit Museum, Überbleibsel eines ehemaligen Schlosses. Auf der Nordseite des Turms steigen wir dann hinab zur Kalandstraße und folgen ihr nach rechts. So kommen wir über die Jeetzel zurück zum **ZOB** von **Lüchow** ❶.

↗ 110 m | ↘ 90 m | 27.4 km

## 39 Auf dem Jakobsweg von Bardowick nach Bienenbüttel

6.45 h 🚌 ✕

### Unterwegs auf schönen Wegen im Tal der Ilmenau

*Diese Wanderung folgt größtenteils dem Jakobsweg Via Scandinavia, einem alten Pilgerweg, der Skandinavien mit Mitteldeutschland verbindet. In Deutschland führt er von Fehmarn bis in die Nähe von Eisenach, wo Anschluss an andere Jakobswege besteht. An unserer Wegstrecke liegen etliche Sehenswürdigkeiten wie beispielsweise der Dom in Bardowick, das Kloster Lüne, die gesamte sehenswerte Innenstadt von Lüneburg und der Skulpturenpfad vor Bienenbüttel. Ansonsten folgen wir dem Lauf der Ilmenau, an der der Weg abschnittsweise entlangführt.*

**Ausgangspunkt:** Bardowick, Bhst. Wallstraße der Linie 5002 vom Bhf./ZOB Lüneburg.
**Endpunkt:** Bhf. Bienenbüttel an der Strecke Hannover–Uelzen–Hamburg mit stündlich verkehrenden Regionalzügen zurück nach Hamburg.
**Anforderungen:** Leichte, aber sehr lange Wanderung, überwiegend auf guten Feldwegen, teilweise Wohn- oder Nebenstraßen.
**Einkehr:** In Bardowick und Bienenbüttel, unterwegs in Lüneburg sowie im Ausflugslokal Rote Schleuse.
**Variante:** Wem die Wanderstrecke zu lang ist, kann auch nur den nördlichen Abschnitt bis Lüneburg oder den südlichen Teil bis Bienenbüttel laufen.

*Am Stintmarkt in Lüneburg.*

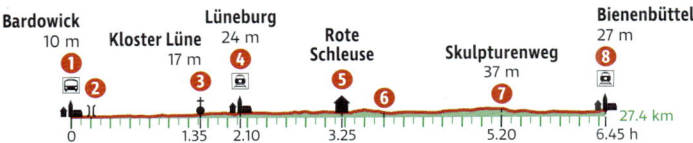

In **Bardowick** starten wir an der **Bushaltestelle Wallstraße** ❶. Dort zweigt am Südende des Parkplatzes Dom ein Fußweg Richtung Osten ab. Am Ende des Parkplatzes biegt der Weg rechts um, bei der folgenden Gabelung geht es links ab direkt zur Straße Beim Dom. Auf dieser kurz nach rechts, und schon stehen wir vor dem mächtigen Kirchenbau. Die gotische Hallenkirche geht größtenteils auf das 14. Jh. zurück und birgt im Inneren zahlreiche Kunstschätze.

Wir laufen auf der Südseite des Doms im Halbbogen weiter und folgen dann dem Pflasterweg Hinterm Dom, der als Fußweg zur Schulstraße führt. Hier rechts bis zu ihrem Ende, dort kurz rechts auf die Huderstraße, dann gleich wieder links ab und auf der Kleinen Brückenstraße weiter. Diese mündet bald nach einer Rechtskurve in die Große Brückenstraße (K 30). Auf ihr kurz nach links zur **Ilmenaubrücke** ❷, einer Klappbrücke von 1965. Davor beginnt ein Fuß- und Radweg – einst der Treidelweg entlang der Ilmenau bis Lüneburg –, Teil des Pilgerwegs Via Scandinavia. Nach 15 Min. erreichen wir die Schleuse von Bardowick (Rastplatz). Sie wurde 1933/34 erbaut und wird heute nur noch von Freizeitschiffen benutzt. In etlichen Schlenkern nun immer weiter entlang der Ilmenau. Wo ein Waldstreifen rechts vom Fluss wegführt, passieren wir die alte **Landwehr** von Lüneburg (siehe S. 174).

Schließlich begleitet uns rechts ein Waldstück mit Rasthütte. Im Wald weiter kommen wir zuerst unter einer Steinbrücke hindurch und wenig später per Linkskurve unter der Umfahrungsstraße. Wir folgen weiterhin der Ilmenau und laufen in einem Grünstreifen, rechter Hand begleitet von einem Gewerbegebiet. Nach einiger Zeit erreichen wir die Eisenbahnbrücke über die Ilmenau. Davor rechts zur Goseburgstraße, dort mittels Treppe zur Eisenbahnbrücke und neben den Gleisen über den Fluss. Bei der Gabelung dann links, noch per Brücke über die Bockelmannstraße, links die Treppe hinunter und vor dem Klostergelände auf dem Sträßchen Am Domänenhof weiter. Beim Restaurant Klosterkrug rechts ab auf den Lüner Kirchweg, von dem dann rechts der Zugang zum **Kloster Lüne** ❸ abzweigt. Das Kloster wurde 1172 gegründet und liegt inmitten alter Buchen und Eichen. Seit 1711 ist es ein Damenstift. Die Klosterkirche, ein einschiffiger Bau mit mehreren Kreuzgewölben, weist im Inneren einige Schätze auf. Der kostbarste Besitz befindet sich im Textilmuseum, nämlich Weißstickereien aus dem 13./14. Jh. und farbige Bildteppiche aus der Zeit um 1500.

Die Via Scandinavia leitet uns auf dem Lüner Kirchweg vorbei an einem weiteren Restaurant und führt dann als Pflaster-Fußweg geradeaus zum

Lüner Weg. Hier rechts südlich weiter bis zur Bahntrasse. Dort beginnt ein Fuß- und Radweg, der die Bahnlinie unterquert und zum Beginn der Straße führt; weiterhin auf dem Lüner Weg. Dieser trifft knapp nördlich des Bahnhofs von Lüneburg auf die Lünertorstraße. Auf ihr rechts, unter der Eisenbahnstrecke hindurch, bald danach über den Lösegraben zu einer großen Ampelkreuzung. Geradeaus über diese Kreuzung und auf der Lüner Straße in die Altstadt von **Lüneburg**. Die historische Hansestadt wurde durch Salz reich und bietet dem Besucher heute 1400 mittelalterliche Baudenkmäler. Weiter stadteinwärts, liegt rechts direkt vor der Ilmenau das Hotel Altes Kaufhaus, von dem nur die historische Fassade erhalten ist. Einst ein städtischer Heringsspeicher und lange von der Feuerwehr genutzt, erinnert die zwiebelturmgekrönte Barockfassade an einen italienischen Palast. Linker Hand steht der Alte Kran, eines der Lüneburger Wahrzeichen und einer der wenigen aus dem Mittelalter erhaltenen Drehkräne. Am anderen Flussufer

liegt der Stintmarkt mit seinen Giebelhäusern, wo man heute in Kneipen und Restaurants einkehren kann.

Wir verlassen hier den Pilgerweg und zweigen vor der Ilmenau links auf das Sträßchen Am Fischmarkt ab. So passieren wir die **Lüner Mühle**, wo einst Korn für das Amt und Kloster Lüne gemahlen wurde. Dahinter zweigen wir rechts ab und kommen über die Brausebrücke zum Hotel Bergström, bekannt durch die Fernsehserie »Rote Rosen«. Vorbei an der historischen Abtsmühle laufen wir dann auf der Straße Bei der Abtspferdetränke weiter in die Innenstadt. Kurz berühren wir die Straße Am Berge, dann weiter auf der Rosenstraße, bereits Teil der Fußgängerzone, direkt zum **Marktplatz** ❹, dem Zentrum von **Lüneburg**, mit mehreren sehenswerten Gebäuden, wie dem Rathaus, dessen älteste Teile auf das 13. Jh. zurückgehen, und auf der Nordseite das ehemalige Stadtschloss, heute Sitz des Landgerichts.

Vom Marktplatz geht es südwärts auf der Großen Bäckerstraße weiter, der Hauptgeschäftsstraße der Stadt. An ihr liegt auch die Alte Raths-Apotheke, die 1437 gegründet wurde und später in dieses 1598 errichtete Gebäude umzog. Am Südende der Straße erreichen wir den Platz Am Sande. Während linker Hand der Blick zur **St.-Johannis-Kirche** geht, fällt rechts ein Doppelgiebelhaus auf, 1548 erbaut und auch als Schütting bekannt. Geradeaus entlang der Roten Straße, nun wieder mit der Pilgerweg-Markierung. Gleich an der nächsten Ecke geht es links ab und auf der Kalandstraße bis kurz vor den **Wasserturm** von 1906/7, dort vor der Oberschule rechts, durch den Clamart-Park und weiter auf der Johannisstraße. An ihrem Ende links, per Ampel über die Stresemannstraße (K 37), dann etwas nach rechts versetzt in bisheriger Richtung auf den Wischenbrucher Weg, vorbei an Campus Rotes Feld. Wenig später zweigt in einer Rechtskurve ein Fuß- und Radweg mit unserer Markierung nach links ab. Bis zur Willy-Brandt-Straße (K 7), davor rechts bzw. südwärts weiter zu einem Querweg und links per Unterführung auf die andere Straßenseite. Auf dem Asphaltweg am Rand der Ilmenauniederung parallel zur Autostraße weiter bis zum Amselweg. Geradeaus weiter, dann unter einer Eisenbahnbrücke hindurch zu einer Weggabelung. Dort wandern wir auf dem links abzweigenden Sandweg direkt zur Ilmenau. Bald kommen wir an einem **Gedenkstein** für den Oberförster Busse vorbei, der 1887 den Lüneburger Verschönerungsverein gründete.

Nach dem Denkmal entfernt sich die Ilmenau etwas nach Osten und wir kreuzen wenig später den Düvelsbrooker Weg. In bisheriger Richtung weiter im Wald zu Fischteichen. Dieses Gelände heißt Bockelsberg, einst eine Sandkuhle mit vereinzelten Kiefern. Der erwähnte Verschönerungsverein ließ dieses Gebiet aufforsten und parkähnlich gestalten. Vom Park sieht man heute nichts mehr, aber 14 der ursprünglich 21 Fischteiche sind noch erhalten. Nach den Teichen erreichen wir eine Kreuzung und geradeaus weiter am Waldrand entlang die sogenannte **Handwerkerbrücke**. Diese Brücke wurde 2018 im Zuge eines internationalen Handwerkertreffens in reiner Handarbeit mit traditionellen Werkzeugen erbaut und überspannt

*Die Handwerkerbrücke am Hasenburger Mühlenbach (Lüneburger Landwehr).*

die **Lüneburger Landwehr** (hier: Hasenburger Mühlenbach) im Süden. Die Landwehr bestand einst aus unpassierbaren, durch Wassergräben getrennte Erdwälle und Durchlässen mit Wachtürmen. Dieser Abschnitt wurde um 1400 erbaut. Die Landwehr sollte das sogenannte Stapelrecht durchsetzen, das durchziehende Händler zum Stapeln und Anbieten ihrer Waren innerhalb der Stadt verpflichtete. Heute sind die Reste der Alten und auch der Neuen Landwehr rund um Lüneburg als Grünanlage erhalten.

Nach Überquerung des Mühlenbachs geht es links weiter. Wir folgen nun wieder der Ilmenau und kommen bald zur Abzweigung des rechts gelegenen beliebten **Ausflugslokals Rote Schleuse**, letzte Einkehrmöglichkeit vor Bienenbüttel. Geradeaus weiter erreichen wir in Kürze die Autostraße **Rote Schleuse** ❺ und die dortige **Ilmenaubrücke**. Wir überqueren die Ilmenau nach links und zweigen kurz nach der Brücke rechts gegenüber auf einen Sandweg ab, der uns bis vor die Südumfahrung (B 4/209) bringt. Auf einem Fußweg unter der Straße hindurch zur Straße Am Petersberg in **Deutsch Evern**. Nun folgen wir auf längerer Strecke dieser Straße, die zunächst ansteigt und dann wieder abfällt. Wir passieren mehrere Bushaltestellen, und nach einiger Zeit ändert sich der Straßenname in An der Ilmenau. Am südlichen Ortsende kreuzen wir die **Melbecker Straße (K 7)** ❻.

Gegenüber beginnt ein Sandweg, der zunächst außen am Waldrand entlangführt. Wo der breite Fahrweg komplett in den Wald zieht, zweigt rechts ein Pfad ab, der oberhalb der Ilmenau verläuft. Schließlich treffen

wir auf einen Querweg vor einem Zaun und kommen auf diesem, links abzweigend, wieder auf den breiten Waldweg zurück. Diesem folgen wir jetzt nach rechts bzw. südwärts. Bei der nachfolgenden Weggabelung wandern wir rechts zur Ilmenau hinunter (Rastplatz). Im Tal weiter südwärts, am Waldrand entlang. Dann biegt der Weg immer mehr nach links um und führt in das Tal des **Dieksbachs**, wobei das NSG Dieksbeck heißt und den Bruchwald beiderseits des Bachs umfasst. Wir kommen so vollständig von der Ilmenau weg und laufen nördlich des Nebenbachs in östlicher Richtung durch den Wald. Einen links abzweigenden Weg ignorieren wir, wenig später macht unser Wanderweg eine Linkskurve und führt kurz nordwärts. Gleich danach erreichen wir eine Gabelung, hier rechts. So kommen wir zum Waldrand direkt vor der Bahnstrecke Hamburg–Hannover, parallel dazu verläuft hier der Ilmenau-Radweg. Diesem folgen wir rechts, über den Dieksbach und am Waldrand entlang, bevor der Weg eine Rechts-, dann eine Linkskurve macht. Weiter geht es südwärts parallel zur Bahn. Dann endet der Wald auf der rechten Seite unseres Weges und wir entfernen uns von der Bahnlinie. Wir erreichen eine Weggabelung mit Ruhebank. Der Radweg geht hier links weiter, wir folgen jedoch dem rechts abzweigenden Weg am Waldrand entlang, geradeaus weiter, bis wir wieder oberhalb der Ilmenau stehen. Wir sind hier am Beginn des **Skulpturenpfads** ❼. Hier finden sich Werke unterschiedlicher Künstler aus unterschiedlichen Materialien (Holz, Metall und Stein), die aber großteils nicht gut erhalten sind.
Vom Fahrweg zur Ilmenau hinunter, wo sich gleich eine kunstvoll gestaltete Bank befindet. Der Pfad führt zunächst am Ufer entlang, später von diesem weg zu einer Gabelung, ebenfalls mit Skulptur. Dort müssen wir rechts abzweigen, um wieder direkt zur Ilmenau zu kommen. Vor ihr rechts, dann links per Holzbrücke auf die andere Seite, direkt unterhalb der Lüneburger Straße (B 4). Der Jakobsweg folgt links dem Lauf der Ilmenau, zunächst auch der B 4, dann geht es nach links von der viel befahrenen Straße weg. Noch ein Stück an der Ilmenau entlang, dann verlässt der Weg im Wald den Fluss und macht wenig später erst eine Rechts-, dann eine Linkskurve. Am Waldrand vor einem Tennisplatz links weiter. Wir nähern uns mit einigen Schlenkern wieder der Ilmenau und erreichen vor einer Bahnbrücke eine Gabelung. Hier zweigen wir links ab, unter der Bahnstrecke hindurch, und überqueren nach links per Holzbrücke nochmals die Ilmenau.
Gleich danach geht unser Pilgerweg rechts ab. Wir folgen nun immer dem Fluss, vorbei an weiteren Skulpturen. Gegenüber sehen wir bereits die Häuser von Bienenbüttel. Nach einer Linkskurve endet der Skulpturenpfad vor der Niendorfer Straße (K 10; Infotafel). Zur Straße hinauf und rechts weiter. Wir überqueren gleich die Ilmenau und erreichen Bienenbüttel. Wenig später rechts auf dem Kirchplatz ab und an der St.-Michaelis-Kirche vorbei zur Bahnhofstraße. Hier verlassen wir den Pilgerweg und laufen nach rechts zu einem Verkehrskreisel, dort halb rechts weiter auf der Bahnhofstraße durch das kleine Zentrum von **Bienenbüttel** bis zum **Bahnhof** ❽.

↗ 90 m | ↘ 80 m | 17.4 km
**4.15 h**

## 40 Von Bienenbüttel nach Bad Bevensen

### Genusswandern im idyllischen Ilmenautal

*Diese abwechslungsreiche Route im Süden von Lüneburg erschließt das reizvolle Tal der Ilmenau. Über Nebenstraßen und Feldwege wandern wir zunächst über Wichmannsburg nach Bruchtorf. Dort beginnt ein äußerst schöner Wegabschnitt entlang der romantischen Ilmenau. Beim Kloster Medingen wird der Jakobsweg Via Scandinavia verlassen. Auf Waldwegen geht es dann zunächst zum beliebten Rastplatz Sängershöh an der Ilmenau und von dort weiter nach Bad Bevensen.*

**Ausgangspunkt:** Bhf. Bienenbüttel an der Bahnstrecke Hamburg–Uelzen.
**Endpunkt:** Bhf. Bad Bevensen an der gleichen Strecke. Häufige Verbindungen nach Bienenbüttel und Hamburg.

**Anforderungen:** Wanderung auf Feldwegen, Nebenstraßen und romantischen Fußwegen.
**Einkehr:** In Bienenbüttel und Bad Bevensen, unterwegs keine.

Vom **Bahnhofsvorplatz** in **Bienenbüttel** ❶ gehen wir nach rechts durch die Bahnhofstraße bis vor die St.-Michaelis-Kirche. Kurz davor zweigt unser Weg rechts ab, und zwar nach dem Verkehrskreisel und der Überquerung des dortigen kleinen Bachs. Hier finden wir auch erstmals die Markierung des Pilgerweges Via Scandinavia, die uns bis zum Kloster Medingen begleitet. Der Fußweg führt über das Gelände der Grundschule, vor Spielgeräten dann rechts per Holzbrücke nochmals über den Bach und weiter zum Mühlenweg. Bei der Bushaltestelle links zum nahen Mühlenteich und an ihm entlang. Links erinnert eine Infotafel an die alte Wassermühle. Dann zweigen wir auf einen Sandweg auf der Ostseite des Teichs ab. Noch vor der Bahnlinie wenden wir bei einer Gabelung nach links und kommen an der Rückseite eines Kindergartens zur Uelzener Straße (K 10). Auf dieser rechts weiter bis zur Bushaltestelle Sandweg. Dort zweigen wir links auf diese Wohnstraße ab und erreichen das Ortsende von Bienenbüttel.
Dort beginnt ein schmaler Sandweg, der in bisheriger Richtung zur Billungstraße (K 1) in **Wichmannsburg** führt; auf dieser durch das Dorf nach rechts. Nach der Feuerwehr liegt links die hübsche **St.-Georgs-Kirche** ❷. Sie geht auf das Jahr 950 zurück, aber 1659 stürzte das Kirchengebäude ein und wurde 1683 neu aufgebaut. Um 1750 wurde der ursprüngliche Feld-

steinturm abgerissen und ein Turm in Fachwerkbauweise errichtet; in späteren Jahren erfolgen weitere Veränderungen. Die innen schlichte Landkirche ist einen Besuch wert.
Von der Kirche folgen wir zunächst weiter der Billungstraße. Wo diese links umbiegt, vor der Brücke über die Ilmenau, zweigen wir rechts auf die Burgstraße ab. Auf ihr laufen wir aus Wichmannsburg heraus und bei einer Straßengabelung Richtung Bargdorf weiter. Bald macht die Straße eine kleine Rechtskurve und verläuft dann geradeaus, bevor es in einem langen Rechtsbogen zu einer Brücke über die Bahnlinie geht. Dort verlassen wir im Wald die Autostraße und folgen links einem Asphaltweg. Dieser führt bald von der Bahn weg, aus dem Wald heraus, und setzt sich als Plattenweg fort. Bald geht es an einem rechts liegenden Wald entlang und schließlich in ihn hinein. Dort treffen wir auf den Klosterweg und folgen diesem meist am Waldrand, Abzweigungen ignorierend.
Der Weg biegt dann nach links um und kreuzt am Waldrand einen Asphalt-Querweg. In bisheriger Richtung durch die Flur weiter zu einem links liegenden Waldstück. An diesem außen entlang, bis der zuletzt asphaltierte Feldweg in die Bruchstorfer Straße einmündet. Auf dieser am nördlichen Waldrand entlang und per Brücke wieder über die Bahn. Danach führt die

*Ilmenaubrücke nordöstlich des Klosters Medingen.*

Straße per Rechtskurve in den Ort **Bruchtorf** und ändert ab der Einmündung einer Nebenstraße den Namen in Dorfstraße. Diese erreicht dann eine Kreuzung in der Ortsmitte, wo wir auf die **Ilmenaustraße** ❸ treffen. Auf der Ilmenaustraße links und per Brücke über die Ilmenau. Kurz danach zweigt rechts ein Asphaltweg Richtung Secklendorf ab. In einer Linkskurve am Beginn des Waldes folgen wir rechts dem markierten Sandweg, bald am Waldrand entlang, dann in den Wald hinein. Der Weg macht mehrere Schlenker im Wald und erreicht eine Ruhebank oberhalb der Ilmenau, wo der bisherige Hauptweg nach links in einer Schneise vom Steilufer wegführt. Nun folgen wir geradeaus mal bergauf, mal bergab, dem schmalen Fußweg am Rand des Steilabfalls zur Ilmenau. Später entfernt sich der Weg links vom Fluss und führt in ein kleines Seitental. Dort müssen wir aufpassen, denn der markierte Weg zweigt hier – leicht übersehbar – vom breiteren Weg rechts ab, führt hinab zu einem Bachlauf, dann wieder hinauf zu einem breiten Querweg (auf einem Stein Hinweis auf den Rastplatz Sängershöh). Auf diesem erreichen wir rechts den Waldrand, biegen dort links um und wandern in bisheriger Richtung im Wald weiter. Wieder an der Ilmenau, bringt uns eine Holzbrücke rechter Hand Richtung Medingen. Nach ihrer Überquerung wandern wir zunächst an der Ilmenau entlang, dann per Linkskurve von ihr weg. Geradeaus am Waldrand entlang, bei der folgenden Gabelung links, vorbei an einem Forsthaus. Danach macht der breite Sandweg eine Rechtskurve und verläuft im Wald unweit der Ilmenau weiter.

Schließlich erreichen wir die Außenmauer des Klostergeländes und kurze Zeit später den Parkplatz und Zugang zum **Kloster Medingen** ❹. Das ursprünglich katholische Kloster geht auf das Jahr 1228 zurück, seit 1559 ist es ein evangelisches Damenstift. Nach einem Brand wurde es 1787 im spätbarocken, teils frühklassizistischen Stil wieder aufgebaut. Dominierend ist der 40 m hohe Kirchturm, während im Kapitelsaal die Bildnisse aller Äbtissinnen seit dem 17. Jh. sehenswert sind. Auf dem Gelände befindet sich auch eine Fortbildungsstätte und Tagungszentrum, die das ehemalige Amtsgericht von 1541 mitbenutzt.

Vom Parkplatz vor dem Kloster kurz geradeaus, dann hinter dem sogenannten Richterhaus ab auf einen Fußweg, per Links-rechts-Kurve über das Gelände des Tagungszentrums zur Mühlenstraße. Auf ihr nach links zur alten Wassermühle, die noch heute Strom für das Dorf erzeugt. Über den Ilmenauarm, dann per Linkskurve auf dem Pflasterweg aus Medingen heraus und schließlich per Rechtskurve über den zweiten Ilmenauarm. Weiter auf dem Alten Mühlenweg bis zur Kläranlage. Dort in den Wald und bei der Gabelung bei einem Teich links weiter. Etwa 10 Min. später kommen wir zu einer Kreuzung im Wald. Hier folgen wir links dem breiteren Weg Richtung Sängershöh mit mehreren Schlenkern durch den Wald. Durch eine Senke, den sogenannten Nixengrund, dann links auf Holztreppen hinauf zum Plateau mit dem **Rastplatz Sängershöh** ❺ oberhalb der Ilmenau.

Vom Rastplatz rechts herunter zu einem breiten Waldweg, der unterhalb des Plateaus verläuft. Auf ihm rechts in südlicher Richtung durch den Wald. Dieser breitere Weg macht bald einen Rechtsbogen, Abzweigungen ignorieren wir. So kommen wir zu einer Kreuzung, die nur wenig östlich von unserem Hinweg liegt. Wenig später geht es per Linkskurve über eine große Kreuzung, ein Stein dient als Wegweiser Richtung Bad Bevensen. Wir wandern nun immer im Wald geradeaus. Dann treffen wir vor der Dahlenburger Straße (L 232) auf einen Querweg. Diesem folgen wir nach rechts zu einer Kreuzung beim **Hotel Fährhaus**. Dort laufen wir geradeaus auf dem Sandweg weiter und stoßen auf eine Straße, auf ihr in gleicher Richtung weiter. In einer Linkskurve steigen wir mittels Treppe hinab zu einer Holzbrücke über die Ilmenau.

Nach ihrer Überquerung noch kurz geradeaus, dann links ab und nochmals per Brücke über die Ilmenau. Gleich danach zweigen wir rechts ab und laufen parallel zum Fluss durch den Kurpark. Bei einer Gabelung halten wir uns dann rechts, kommen per Brücke über das Nordende eines Teiches und laufen an diesem entlang, vorbei an einer Fontäne. Weiterhin am Fluss entlang, treffen wir bei einer Brücke auf einen Querweg. Dort verlassen wir den Kurpark, überqueren nach rechts die Brücke und kommen auf der Brückenstraße nach Bad Bevensen hinein. Über eine Kreuzung und etwas bergan zur Kirchenstraße, auf dieser rechts zur Dreikönigskirche im **Zentrum**. Dort biegen wir links um und folgen der Lüneburger Straße, Teil der Fußgängerzone. Bei der Sparkasse dann halb links in die Bahnhofstraße, über die Medinger Straße und zum Wilhelmsgarten. Dort halb links von der Straße ab und durch die Grünanlage zum **Bahnhof** von **Bad Bevensen** ❻.

↗ 100 m | ↘ 90 m | 21.2 km

## 41 Kanalerlebnis zwischen Bad Bevensen und Uelzen

5.15 h

### Auf vielen Kilometern entlang des Elbe-Seitenkanals

*Die Wanderung startet in Bad Bevensen, dem größten Mineral-Heilbad in Norddeutschland. Von dort geht es zur hübschen Klein Bünstorfer Heide und weiter zum Elbe-Seitenkanal. Dieser 115 km lange Kanal verbindet die Elbe mit dem Mittellandkanal bei Wolfsburg. Er gibt die weitere Richtung vor, denn mal laufen wir an seinem Rand, mal unterhalb von ihm, zwischendurch auch zum Jastorfer See. In Ripdorf verlassen wir den Kanal und umrunden bald danach den Oldenstädter See. In Oldenstadt erwarten uns die Klosterkirche und das Amtshaus, bevor wir ins Zentrum der Hansestadt Uelzen kommen. Endpunkt ist schließlich der von Friedensreich Hundertwasser anlässlich der Expo 2000 in Hannover gestaltete Bahnhof von Uelzen.*

*Markt in Bad Bevensen.*

**Ausgangspunkt:** Bhf. Bad Bevensen an der Strecke Hamburg–Uelzen–Hannover.
**Endpunkt:** Bhf. Uelzen, ein regionaler Bahnknotenpunkt an der Strecke Hannover–Uelzen–Hamburg.
**Anforderungen:** Meist breite Feld- und Asphaltwege, einige Abschnitte kleine Fußwege.
**Einkehr:** In Bad Bevensen und Uelzen, unterwegs in Oldenstadt.

Gegenüber dem **Bahnhof** ❶ durchqueren wir in östlicher Richtung die Grünanlage Wilhelmsgarten. Dann stoßen wir auf die Bahnhofstraße, überqueren die Medinger Straße und erreichen bei der Sparkasse die Fußgängerzone. Hier rechts auf der Lüneburger Straße zur Dreikönigskirche. Dort rechts ganz kurz in die Kirchenstraße, dann links leicht abwärts auf der Brückenstraße über eine weitere Kreuzung zur Ilmenaubrücke an der Südwestecke des Kurparks. Nach der Brücke laufen wir geradeaus weiter; links der **Kurpark**, rechts ein großer Parkplatz. Wir kommen zum Neptunbrunnen, danach liegt auch links

ein Parkplatz, und wir treffen wir auf die Göhrdestraße (L 252). Per Ampel rechts über die viel befahrene Straße. Rechts der Apotheke beginnt ein Weg, der gleich auf die Heidestraße trifft. Diese macht dann eine lange Linkskurve, in der wir bei einer Gabelung rechts auf den Sand-Fahrweg Schöne Aussicht wechseln.

Vorbei an etlichen Häusern verlassen wir Bad Bevensen und treffen dann auf den Querweg An den Teichen. Auf ihm rechts, dann per Linkskurve in bisheriger Richtung im Wald vorbei an Teichen und Einzelhäusern. Hinter einem Zaun bei einem Reitverbotsschild zweigen wir links Richtung Waldrand ab und erreichen bald die **Klein Bünstorfer Heide**. Unter der 15 ha großen Heidefläche liegen Hügelgräber, in ihrer Mitte ein Rastplatz mit einem **Hermann-Löns-Gedenkstein** ❷. Zu Letzterem kommen wir, indem wir am Waldrand links abzweigen und in gerader Linie durch das Heidegebiet laufen.

Vom Rastplatz zu einer Wegverzweigung an der Südostecke der Heide. Dort rechts/südwärts in den Wald vorbei an einer Lichtung zu einer Rechtskurve. Dort zweigt links ein schnurgerader Weg ab, dem wir zu einem Querweg vor dem Elbe-Seitenkanal folgen. Hier kurz rechts weiter, dann auf Höhe des südlichen Waldrands links kurz steil hinauf zum Serviceweg entlang des Kanals. Wir folgen dem breiten Weg südwärts und kommen bald per Brücke über zwei Straßen und die Ilmenau. Weiter geht es entlang des Kanals, der später per Brücke die K 61 überquert. Kurz davor steigen wir rechts auf Treppen hinab zu einem Weg

unterhalb des Kanals, dann nochmals auf Treppen abwärts zur Kreisstraße. Auf ihr links unter dem Kanal hindurch nach Jastorf hinein. Wir kommen per Brücke über die Ilmenau und erreichen kurz danach im Zentrum bei einem Fachwerkhaus links eine Straßengabelung. Dort rechts zum kleinen Dorfplatz von **Jastorf** ❸ mit Gedenkstein und Bushäuschen.

Vom Dorfplatz folgen wir dem Schmiedeweg. Vorbei an der Feuerwehr, wo links die Schmiedestraße abgeht, kommen wir rechts haltend aus Jastorf wieder heraus. Wir erreichen einen Teich und zweigen bei einer Rechtskurve der Straße links auf einen Weg am Teich entlang ab. Am Teichende kurz rechts neben einem Graben, dann links auf einem schmalen Weg zu einem Holzturm am Nordufer des Jastorfer Sees. Dieser entstand 1976 durch Bodenabbau als Ausgleichsfläche für den Elbe-Seitenkanal und ist heute das wichtigste Vogelschutzgebiet im Landkreis Uelzen.

Zurück am Hauptweg, geht es auf dem Sträßchen links weiter. Vor dem Kanal kommen wir zu einer Gabelung, dort geradeaus. Dann folgt eine Linkskurve und wir laufen parallel zum Kanal südwärts. Vor einer Linkskurve der Straße führen rechts ein Treppenweg und ein langsam ansteigender Weg zum Kanal hinauf. Wir folgen Letzterem, laufen oben neben dem Kanal auf dem Schotterweg südwärts und kommen bald unter der Heitbracker Brücke und – weiterhin immer am Kanal entlang – unter einer Brücke südlich von Emmendorf hindurch. Etwa 10 Min. später beginnt auf der gegenüberliegenden Kanalseite der Hafen von Uelzen. Auf dem Schotterweg unterqueren wir stillgelegte Gleise, kurz danach eine Straßenbrücke der K 3. Dann liegt links von uns, durch Bäume verdeckt, die Ortschaft Ripdorf. Wir laufen nach der Brücke noch kurz südwärts und erreichen eine Weggabelung. Hier links vom Kanalweg ab und nach **Ripdorf** hinein.

Dort treffen wir auf einen Asphalt-Fahrweg und folgen diesem nach rechts an der Südseite der kleinen Siedlung zu einer Gabelung. Bei dieser rechts, bis nach einer Rechtskurve vor dem Seckenberg links der Haspelweg abzweigt. Hier laufen wir geradeaus entlang der Straße bis zu einem Parkplatz bei einer Linkskurve. Auf einem nach links abgehenden Fußweg kommen wir in Kürze zum Oldenstädter See. Wir folgen seinem Ufer auf einem schmalen Fußweg zunächst in nördlicher, dann nordöstlicher Richtung, erreichen an der Nordseite des Sees eine Grillhütte und einen Kiosk und ein Stück weiter östlich am See entlang das historische **Rauchhaus** ❹, das ursprünglich 1736 in Hanstedt erbaut und 1986 hierhin versetzt wurde.

Jetzt folgen wir dem Seerundweg in südöstlicher Richtung, zweigen an der folgenden Gabelung rechts ab und halten uns zunächst weiterhin in Seenähe. Im südlichen Seebereich stoßen wir auf einen breiten Querweg, dem wir kurz links folgen, um ihn gleich wieder rechts zu verlassen. Bei einer Kreuzung am Waldrand zweigen wir rechts ab und kommen zu einer Linkskurve, wo rechts ein Weg zum See zurück abgeht. Hier links bzw. südwärts zum Beginn der Molzener Straße. Auf dieser in bisheriger Richtung weiter bis »Am Platz«. Von dort entlang der Klosterstraße, über die Wipper-

*Hermann-Löns-Gedenkstein in der Klein Bünstorfer Heide.*

au, wenig später rechts auf dem Pflasterweg Am Alten Kreishaus zur schon sichtbaren alten **Klosterkirche Oldenstadt** ❺. Das Kloster bestand nur von 966 bis ins 12. Jh., die Kirche wurde zwischen 1150 und 1200 erbaut.
Der Weiterweg führt am Alten Amtshaus vorbei, einem schönen Fachwerkhaus, das 1625 als Jagdschloss errichtet wurde. Hier geht es eine Treppe hinab und wir kommen über einen Bach. Dann folgen wir dem Amtsweg nach rechts nochmals über die Wipperau. Gleich danach links auf der Domänenstraße weiter und vor der Schule auf einem Fuß- und Radweg zum Meyerholzweg. Nach links am Schulgebäude entlang, dann mittels Tunnel unter dem Elbe-Seitenkanal und dem Uhlenring hindurch. Danach rechts, zunächst entlang der Wipperau. Der Meyerholzweg macht einen Linksbogen und erreicht dann den Ostrand von **Uelzen**. Dort folgen wir immer geradeaus der Lindenstraße. Schließlich geht es durch den Friedhof, dann kurz links auf der Ripdorfer Straße weiter und gleich rechts auf dem Sträßchen Ilmenaufer zum Rand der Grünanlage. Dort in bisheriger Richtung über die Brücke und geradeaus auf der Brückenstraße zum Schnellenmarkt. Von dort auf der Doktorenstraße weiter, an ihrem Ende links auf der Lüneburger Straße südwärts. Nun sind wir im Herzen der **Innenstadt** ❻ und zweigen rechts auf die Hannemannsche Twiete ab, die uns über den Hof einer früheren Brauerei bringt. Dann treffen wir auf die Achterstraße mit beachtenswerten Fachwerkhäusern. Auf ihr links bis zur Kreuzung mit der Bahnhofstraße. Von hier aus sind Abstecher zur Kirche St. Marien oder zum Alten Rathaus möglich. Rechts führt uns die Bahnhofstraße wieder aus dem Zentrum heraus. Schließlich erreichen wir eine Bahnunterführung und dahinter die rechts abzweigende Zufahrt zum **Bahnhof Uelzen** ❼.

↗ 100 m | ↘ 90 m | 14.9 km

# 42 In den Wierener Bergen

3.30 h

### Wald, Heide und eine Bergbesteigung

*Von Wieren führt die Wanderung westwärts zum Elbe-Seitenkanal und in die hügeligen Wierener Berge. Hier besteigt man nicht nur den höchsten Punkt, sondern kommt auch an verschiedenen größeren Heideflächen vorbei, bevor man schließlich das Kneippbad Bodenteich erreicht.*

**Ausgangspunkt:** Bhf. Wieren an der Strecke Uelzen–Stendal/Braunschweig.
**Endpunkt:** Bhf. Bad Bodenteich an der Strecke Uelzen–Braunschweig.
**Anforderungen:** Überwiegend breite Wege durch Wald und Heide sowie auf Nebenstraßen durch teilweise hügeliges Gelände. Orientierungssinn im Wald notwendig!
**Einkehr:** In Wieren und Bad Bodenteich, unterwegs keine.
**Tipp:** Besuch der Alten Mühle und der Feldsteinkirche in Wieren sowie der Burg in Bad Bodenteich.

Den **Bahnhof** von **Wieren** ❶ verlassen wir auf seiner Südseite. Ein Fußweg führt zur Straße An der Bahn, dort auch eine Bushaltestelle. Auf der Straße kurz nach rechts, wo wir auf die Hauptstraße stoßen. Auf dieser orientieren wir uns Richtung Süden bis auf Höhe der neuen Kirche. Geradeaus weiter ginge es zum Gasthof Alt Wieren, wir biegen jedoch rechts in die Straße Zur alten Mühle ab (Orientierungstafel und Beginn einer gelben Markierung), überqueren die Aue und sehen dann rechts die **Alte Mühle**. Mit der Wassermühle wurde einst nicht nur Korn gemahlen, son-

*Alte Mühle in Wieren.*

*Der Elbe-Seitenkanal.*

dern auch ein Sägewerk betrieben und später Strom für den gesamten Ort erzeugt. 1964 wurde der Betrieb komplett eingestellt. Gegenüber der Mühle zweigt der Fußweg Zur Alten Kirche ab und führt in Kürze zur **Feldsteinkirche** ❷. Das Kirchenschiff besteht aus grob gehauenen Findlingen aus der Zeit des 12. Jh., der Chorraum aus Backsteinmauerwerk von 1433. Der Fachwerkturm ist dagegen mit einer Holzverschalung versehen.

Unser Weg verläuft in gleicher Richtung weiter durch eine Sackgasse zur Wiesenstraße und auf dieser zur Dorfstraße. Hier wandern wir rechts weiter, über eine Straßenkreuzung am Ortsrand und erreichen auf einem Asphaltweg die Brücke über den Elbe-Seitenkanal mit Aussicht Richtung Norden. Unterhalb liegt rechter Hand ein Rastplatz direkt am Kanal (mit kurzem Abstecher erreichbar). Nach der Brücke kommen wir auf einem Sandweg geradeaus in den Wald bzw. in das Landschaftsschutzgebiet **Wierener Berge**, Teil eines Endmoränenwalls aus der Saale-Eiszeit mit flechten- und moosreichen Kiefernwäldern; bis ca. 1900 gab es hier große Heideflächen. Der Weg steigt leicht an, macht dann einen Linksbogen und erreicht kurz vor dem höchsten Wegpunkt zwei kleine Findlinge. Dort zweigt links vom Hauptweg der Zugang zum Hohen Berg ab. Kurvenreich geht es nun durch lichten Wald noch etwas aufwärts. Der **Hohe Berg** ❸, 136 m, ist eine kleine Waldlichtung mit den Fundamenten eines alten Feuerlöschturms. Er bietet insofern auch nur eine beschränkte Aussicht durch die Bäume.

Vom Hohen Berg kommen wir in 2 Min. nach rechts hinab zu einem Querweg, auf dem wir rechts wieder auf unseren Hauptweg treffen. Dort gehen wir nach links (südwestwärts) im Wald weiter. In der Folge zweigen immer wieder Wege ab, wir bleiben jedoch auf dem Hauptweg mit gelber bzw.

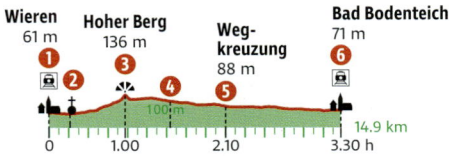

blauer Markierung und erreichen so eine Wegabzweigung mit Infotafel zu den früher großen Heideflächen; heute sind hier nur noch kleinere erhalten. Bei der nachfolgenden zweiten Wegkreuzung finden wir eine **Infotafel zum »Alten Wegenetz«** ❹.

Anschließend kreuzen wir den Bodenteicher Amtsweg und setzen die Wanderung in bisheriger Richtung (nach Nienwohlde gemäß Inschrift auf einem Stein) fort. Bei den folgenden Nebenweg-Kreuzungen halten wir uns immer halb rechts und kommen etwas bergab. Dann stoßen wir im dichten

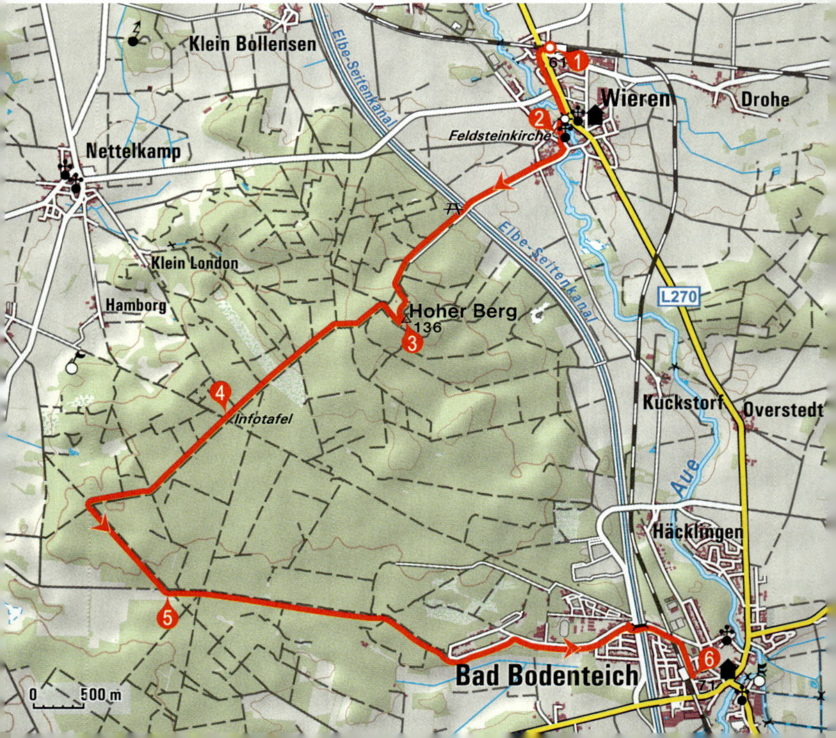

*Auf dem Hohen Berg.*

Wald vor einer Kurve auf eine weitere Kreuzung. Hier nicht geradeaus Richtung Nienwohlde, sondern links im spitzen Winkel auf einen breiten Waldweg ab. So erreichen wir in rund 15 Min. eine **Wegkreuzung** am **Waldrand** ❺. Geradeaus würde der Weg nach Reinstorf führen.

Wir wandern jedoch links wieder in den Wald Richtung Bad Bodenteich. Wir können anfangs zwischen dem breiten Sandweg und einem kleinen Fußsteig wählen, passieren im lichten Wald bald einen Hinweisstein und finden kleinere und größere Wald-Heide-Flächen. Zwischendurch zweigen verschiedene Wege ab, und nach 30 Min. ist eine kleine Anhöhe erreicht, wo links ein breiterer Weg abgeht. Unser Hauptweg biegt nun nach rechts ab und verläuft erst bergauf, dann bergab, bis von einer Abzweigung geradeaus das Ortsschild von Bad Bodenteich erkennbar ist. Hier nicht links, sondern geradeaus zum Ortsschild und zur Siedlung **Waldheide**.

Vom ersten Haus (Nr. 25) gehen wir geradeaus auf der Straße Auf der Großen Heide durch die Siedlung, dann wieder ein Stück durch Wald, bevor wir auf die nächsten Häuser und eine Querstraße treffen. Hier rechts für etwa 20 Min. an der Industriestraße entlang. Nach Abzweigung der Hubertusstraße geht wenig später, ebenfalls rechts, ein Asphaltweg zur Kanalbrücke ab. Nach Überquerung des Elbe-Seitenkanals geradeaus auf der Straße Am Waldbad entlang, an der links liegenden Badeanstalt mit Café vorbei, und wenig später über die Bahngleise der Strecke Uelzen–Braunschweig. Gleich danach rechts in die Lindenstraße, die uns neben der Bahnstrecke in Kürze zum **Bahnhof** von **Bodenteich** ❻ bringt, wo es gegenüber eine Einkehrmöglichkeit gibt.

↗ 130 m | ↘ 130 m | 21.5 km

## 43　Im Hardautal

5.15 h

### Abwechslungsreiche Runde zwischen Suderburg und Hösseringen

*Wald, Heide, Fischteiche und die Hardau selbst prägen diese Wanderung. Weitere Höhepunkte sind das Museumsdorf Hösseringen und die St.-Remigius-Kirche in Suderburg.*

**Ausgangspunkt:** Bahnhof Suderburg an der Strecke Hamburg–Uelzen–Hannover.
**Anforderungen:** Leichte Tour auf abwechslungsreichen Wegen, meist ausgeschildert oder markiert.
**Einkehr:** In Suderburg und Hösseringen, beim Museumsdorf, Kiosk am Hardausee.

Wir verlassen den **Bahnhof** von **Suderburg** ❶ vorbei an Guschi's Eck auf der Bahnhofstraße und treffen dann auf eine Querstraße. Auch diese heißt Bahnhofstraße (K 9) und ist die neuere Variante der beiden Bahnhofstraßen. Rechts auf ihr nach Suderburg hinein. Nach dem Passieren von Einkaufsmärkten mündet von links die Straße In den Twieten ein, die wir für den Rückweg benutzen. Auf der Bahnhofstraße beginnt nun die rote Markierung Welle, die uns auf der Wanderung begleitet. In einer Linkskurve zweigen wir von der Bahnhofstraße rechts ab und folgen der Straße Tannrähmsweg. So kommen wir bald aus Suderburg heraus, überqueren einen kleinen Bach und folgen dem Asphaltsträßchen bis zur links liegenden Heidefläche **Tannrähm** ❷. Dort finden wir auch einen Rastplatz.

Noch kurz in bisheriger Richtung weiter, dann zweigen wir im Wald links ab und kommen an einem Fußballfeld vorbei, danach ist unser Weg teilweise mit Kopfsteinpflaster versehen. Per Rechtskurve kurz an einem Fischteich entlang, dann mittels S-Kurve an einem weiteren

*Blick über den Großen Mühlenteich in Räber.*

Teich vorbei. Aus dem Wald wieder heraus laufen wir schnurgerade bis zur K 37 und folgen dieser nach rechts. Bald kommen wir nach **Räber**, einem kleinen Heidedorf mit alten bäuerlichen Anwesen. Auf der Alten Dorfstraße (K 37) laufen wir zunächst im Bogen durch den Ort. Dann biegen wir rechts auf den Räberspringweg ab und kommen an der Feuerwehr vorbei. Ein links abzweigender Bohlenweg bringt uns über die Räberspring, einen Nebenfluss der Hardau. Am Ende des Bohlenwegs treffen wir auf einen Gras-Querweg und folgen diesem links. Vorbei an links liegenden Fischteichen kommen wir dann zum **Großen Mühlenteich** ❸.

Am Teich treffen wir wieder auf die Alte Dorfstraße (K 37) und halten uns auf ihr rechts. Nach etwa 5 Min. Gehzeit zweigt rechts von der Autostraße ein Betonweg ab, dem wir folgen. Am Waldrand kommen wir dann zu einer Gabelung und zweigen dort links auf den Feldweg ab, der uns zum schon sichtbaren **Aussichtsturm Hösseringen** ❹ bringt. Er steht am Rand eines Waldes, hat eine Höhe von 41 m und ist aus rotem Klinker erbaut. Die

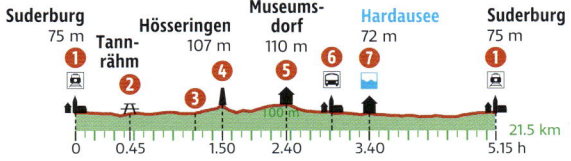

Aussichtsplattform befindet sich 10 m tiefer. Der Turm ist auch Träger von Mobilfunksendeanlagen.

Vom Aussichtsturm in bisheriger Richtung weiter nach **Hösseringen**. Dort kommen wir auf dem Weg Lerchenberg zu einer Kreuzung, zweigen rechts auf die Meyerstraße ab und wenig später links auf den Postweg. Dieser führt am Ortsrand etwas bergab und endet an einer Querstraße, dem Siekweg. Hier links, bis der Siekweg in die Bauernstraße einmündet. Dort folgen wir rechts und damit südwärts gemäß Ausschilderung der Bauernstraße, kommen bald aus Hösseringen heraus und wandern dann im Wald bis zum Freilichtmuseum, das auf der linken Seite unseres Weges liegt. Zunächst außen am Museumsgelände zur Südseite, wo links der Weg Am Landtagsplatz beim Parkplatz und der Bushaltestelle abzweigt. Dann kommen wir zum Eingang des **Museumsdorfs Hösseringen** ❺. Hier können wir hautnah die Lebens- und Arbeitsweise der Heidebevölkerung in den früheren Jahrhunderten erleben.

Vom Eingang links haltend, sind wir gleich beim Café-Restaurant, zweigen davor rechts ab und betreten dann den alten Landtagsplatz, einen Versammlungsort des früheren Fürstentums Lüneburg, der mit zahlreichen Sitzsteinen versehen ist. Auf der Ostseite des Landtagsplatzes verläuft ein Querweg, dem wir nach links folgen. Er führt zunächst am Zaun des Museumsdorfs entlang, bevor sich der Weg an der Nordostecke des Freigeländes gabelt. Dort halten wir uns halb rechts und überqueren nach der Einmündung eines anderen Weges die junge Hardau. Geradeaus im Wald weiter, kommen wir dann an einer kleinen Heidefläche vorbei. Bei der folgenden Gabelung zweigen wir links ab, kommen erneut über die Hardau und wandern danach wieder nach Hösseringen hinein. Auf dem Weg Im Spring treffen wir auf die Bauernstraße und folgen ihr rechts. Im Zentrum von **Hösseringen** können wir ebenfalls einkehren; wir zweigen dort links auf den Räberweg ab. An dieser Straße liegt dann die **Bushaltestelle Haus des Gastes** ❻.

Bei der Bushaltestelle zweigt rechts ein Weg ab, der zum Mühlenteich führt. Dort geht es links weiter, dann an der Hardau entlang, schließlich per Linksbogen von ihr weg. Auf einer Asphaltstraße, dem Hellbergsweg, geht es dann rechts weiter. Wir kommen an einem links liegenden Fußballplatz und einem Waldparkplatz rechter Hand vorbei. Dort liegt dann links der große Campingplatz am Hardausee. Kurz nach dem Parkplatz zweigen wir rechts auf den asphaltierten Heiddamm ab, verlassen diesen aber gleich wieder auf einem Fuß- und Radweg, der zum Südende des **Hardausees** führt, der nördlichsten Talsperre in Deutschland. Dort links über eine Holzbrücke und am linken bzw. westlichen Seeufer entlang. Im mittleren Teil des Sees wandern wir dann an einer **Badewiese** mit **Kiosk** ❼ vorbei.

Weiter nordwärts zu einer Gabelung am Nordende des Sees. Dort zweigen wir rechts ab und kommen auf einem Sand-Fahrweg über das dortige Wehr. Nach dem Wehr links im Wald weiter. Nach rund 10 Min. Gehzeit macht der Weg einen Rechtsbogen, die zwei hintereinander links abzweigenden Wege werden ignoriert. Wir kommen schließlich zu einer weiteren Gabelung, zweigen dort links ab, überqueren mittels einer Holzbrücke die Hardau und laufen dann ein kurzes Stück auf einem Bohlenweg durch ein Feuchtbiotop.

An seinem Ende geradeaus bis zu einem Querweg, dem wir links folgen. Bei der Bushaltestelle Rieselwiese treffen wir auf die K 37, verlassen diese aber sofort wieder nach rechts im Wald auf den Elmensteg. Dann passieren wir die Rieselwiese mit einer Informationstafel dazu. Bei einer Ruhebank geht es erneut über die Hardau, danach per Linksbogen auf einem breiteren Waldweg weiter. Später mündet von rechts noch ein Gras-Waldweg ein, dann endet unser Weg an der Hösseringer Straße (K 24). Auf ihr nach links weiter, über die Hardau und nach **Suderburg** hinein.

Dort, wo von links die Räber Straße einmündet, laufen wir rechts auf der Hauptstraße weiter, aber nur kurz, denn dann zweigen wir rechts auf ein Pflastersträßchen, die Wiesenstraße, ab. Diese mündet in den Mühlensteig, dem wir rechts durch die Wiesen und über die Hardau folgen. Dann zweigt links der Kirchsteig ab, an seinem Ende steht links die alte Feldsteinkirche. **Die St.-Remigius-Kirche** stammt aus dem 18. Jh., der Rundturm aus der Zeit um 1000 n. Chr. Bei der Gabelung nördlich der Kirche links entlang der Burgstraße, bis diese bei einem Restaurant auf die Hauptstraße trifft. Auf dieser links am Restaurant vor, dann rechts in den Beginn der Holxer Straße und gleich wieder links in den Gänsekamp. Diese Wohnstraße macht einen Rechtsbogen, dann zweigt links die Straße Am Kindergarten ab, die sich nach einer Kreuzung unter den Namen In den Twieten fortsetzt und an der Ostfalia-Hochschule für angewandte Wissenschaften vorbeiführt. Das Thema »Wasser« und der sinnvolle Umgang mit den Ressourcen der Erde sind hier Studieninhalte. Nach dem Campus treffen wir bald auf die Bahnhofstraße und damit auf unseren Hinweg. Rechts kommen wir auf bekanntem Weg zurück zum **Bahnhof** ❶.

*Die Feldsteinkirche in Suderburg.*

↗ 100 m | ↘ 90 m | 20.3 km

## 44 Von Radbruch nach Lüneburg

**5.00 h**

### Auf dem Alten Postweg in die sehenswerte Hansestadt

*Die Wandertour verläuft anfangs im Süden von Radbruch durch ausgedehnte Waldgebiete, wo einsam im Wald der Einemhof liegt. Von dort geht es ostwärts auf dem Alten Postweg nach Reppenstedt, einem Wohnvorort von Lüneburg. Auf dem Weg nach Lüneburg liegen dann das alte Gut Schnellenberg und der Kalkberg westlich des Stadtzentrums.*

**Ausgangspunkt:** Bhf. Radbruch an der Strecke Hamburg–Lüneburg.
**Endpunkt:** Bhf. Lüneburg mit vielen direkten Verbindungen ab Hamburg Hbf.
**Anforderungen:** Leichte Wanderung auf meist breiten Feld- und Wanderwegen sowie Nebenstraßen.
**Einkehr:** In Radbruch, Reppenstedt und Lüneburg.
**Tipp:** Unbedingt Zeit für die Altstadt von Lüneburg mit ihren zahlreichen Sehenswürdigkeiten einplanen!

Am **Bahnhof Radbruch** ❶ starten wir unsere Wandertour auf der Südseite nach rechts auf einem Sandweg, der entlang der Lärmschutzwand der Eisenbahnstrecke westwärts führt. Schon nach wenigen Minuten geht es links in die Siedlung hinein, dort folgen wir geradeaus dem Wacholderweg in südlicher Richtung. Bei einer Kreuzung wenden wir uns nach rechts auf einen breiten Sandweg. Dieser macht gleich eine Linkskurve und führt dann in bisheriger Richtung am Rand von Radbruch entlang. Der Fahrweg Am Rüdel wird später zum Asphaltweg und trifft auf die Luhdorfer Straße (K 42). Auf ihr rechts weiter, an der Abzweigung der Rottorfer Straße vorbei, kurz danach auf der gegenüberliegenden Straßenseite am Waldrand links ab auf einen Sand-Gras-Fahrweg entlang eines Grabens. Wir ignorieren in der Folge alle Abzweigungen und halten uns am Waldrand südwärts.

Kurz vor Überland-Stromleitungen erreichen wir eine Kreuzung und folgen dem breiten Sand-Fahrweg nach links. So kommen wir auf dem Forstweg zu einer kleinen Siedlung und treffen dort auf die Einemhofer Straße. Auf dieser rechts aus der Siedlung heraus und unter der Überland-Stromleitung hindurch. Wir laufen immer geradeaus Richtung Wald, Abzweigungen beachten wir nicht. Im Wald erreichen wir eine Weggabelung, wo das Sträßchen rechts umbiegt in Richtung Ökologiezentrum, wir aber halb links weiterwandern, nunmehr auf einem breiten Sand-Fahrweg. Im Wald geradeaus über eine Kreuzung, bald folgen eine Linkskurve und eine Wiesenlichtung mit einer Baumallee. Wieder im Wald, liegt rechts ein wunderschöner **Grill- und Rastplatz** mit Schutzhütte. Danach folgt eine Rechtskurve, wo von links ein anderer Weg einmündet, dann ist die Weggabelung beim **Einemhof** ❷ erreicht. Das einstige Forsthaus brannte nieder, aber die Revierförsterei nutzt noch einen Teil des Geländes mit einer Halle und einem Holzlagerplatz.

Vor dem Einemhof links weiter bis zu einer nahen Weggabelung, hier geradeaus (nicht rechts Richtung Kirchgellersen). Der Alte Postweg bringt uns weiter Richtung Dachtmissen. Wir kommen im Wald an etlichen Abzweigungen und Kreuzungen vorbei, folgen aber immer geradeaus dem Alten Postweg. Schließlich lassen wir den Wald hinter uns und kreuzen wenig später am nördlichen Ortsrand von **Dachtmissen** einen Asphaltweg, den **Mechterser Berg** ❸.

Von der Kreuzung laufen wir geradeaus weiter, überqueren bald die Dorfstraße (K 50), die linker Hand nach Vögelsen führt, und erreichen weiterhin geradeaus auf einem Feldweg ein Waldstück am Rand von Reppenstedt. Dort am Waldrand weiter und auf der Wohnstraße Einemhofer Weg nach Reppenstedt hinein. Wir treffen dann auf die Dachtmisser Straße, folgen ihr nach links und erreichen vorbei am gegenüberliegenden Rathaus im Zentrum von **Reppenstedt** den **Landwehrplatz** ❹, mit Bushaltestelle. Der Name des Platzes erinnert an

*Turm der St.-Johannis-Kirche in Lüneburg.*

die Lüneburger Landwehr (siehe Tour 39), die hier noch als grüner Waldgürtel existiert und auf einem links abzweigenden Weg Richtung Vögelsen erwandert werden kann.
Unser Weiterweg folgt der Lüneburger Landstraße (L 216) nach links. Wir überqueren einen Kreisverkehr und bei der folgenden Ampelkreuzung die Lüneburger Landstraße nach rechts. Dort zweigen wir auf den Wiesenweg südwärts ab. Die Wohnstraße wird bald zu einer asphaltierten Fahrradstraße, führt aus Reppenstedt heraus, überquert einen Wassergraben und gabelt sich schließlich. Dort links weiter, wenig später vor einem Waldstück per Linkskurve, dann durch ein Feld zum nächsten Waldstück. Hier treffen wir auf die Zufahrt zum **Gut Schnellenberg** ❺. Dieses geht auf das Jahr 1360 zurück, die heutige Hofanlage entstand ab dem 16. Jh. Schon seit dem 14. Jh. ist es im Besitz des Adelsgeschlechts von Meding.
Vor dem Gut zur Autostraße Schnellenberger Weg und ab Einmündung

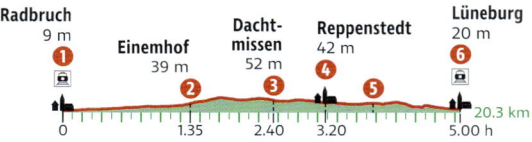

des Asphaltwegs rechts neben der Straße am nördlichen Rand des Gutes auf einem Rad- und Fußweg weiter. Nach einer Rechtskurve zweigt kurz vor einer Anhöhe links ein Feldweg ab. Die Schnellenberger Allee verläuft halb rechts auf die lange vorher sichtbaren Häuser am **Stadtrand** von **Lüneburg** zu, durchquert eine Gartenkolonie und erreicht dann die Jägerstraße. Nun gehen wir schräg gegenüber auf dem Schnellenberger Weg weiter, dann vor dem Festplatz Sülzwiese links auf dem Stadtring entlang, der offiziell hier weiterhin Schnellenberger Weg heißt. Schließlich geht es rechts gemäß gelber Pfeilmarkierung von der Straße ab und südlich des Gebäudes der Matthäus-Gemeinde ostwärts in den **Kalkberggrund** (Teil des NSG Kalkberg), den wir mittels Treppen auf seiner Nordostseite wieder verlassen.

Wir kommen an der Abzweigung zu einem Aussichtspunkt vorbei, steigen aber nach rechts weiter aufwärts, oben am Rand des Berges links und hinab zum Nordostfuß des Kalkbergs. Vom dortigen Brunnen führt rechts ein Fußweg zu einer nahen Kreuzung. Hier geradeaus durch die Görgesstraße zum Johann-Sebastian-Bach-Platz (links liegt dort die St.-Michaelis-Kirche). Wir folgen dann der Straße Auf der Altstadt und der Grapengießerstraße zum Platz **Am Sande**. An dessen Ende kommen wir rechts an der St.-Johannis-Kirche vorbei und verlassen auf der Altenbrückertorstraße die Altstadt, überqueren die Ilmenau, den Altstadtring und den Lösegraben, gehen unter der Bahnstrecke Lüneburg–Dannenberg hindurch und anschließend nach links auf der Bahnhofstraße zum ZOB und **Bahnhof** von **Lüneburg** ❻.

Mit rund 1400 mittelalterlichen Baudenkmälern ist Lüneburg wahrlich eine Schatztruhe, die am Ende der Tour entdeckt werden möchte. Lohnend ist unter anderem eine Besichtigung des Rathauses oder des Deutschen Salzmuseums, eine schöne Aussicht bietet der Wasserturm. Auch das kulinarische Angebot kommt in der Universitäts- und Hansestadt nicht zu kurz.

↗ 20 m | ↘ 60 m | 20.4 km

# 45 Von Salzhausen nach Winsen (Luhe)

5.00 h

### Eindrucksvolle Tour auf dem romantischen Luhe-Wanderweg

*Die Luhe gibt die Richtung dieser Wanderung vor. Sie entspringt im Herzen der Lüneburger Heide und mündet in die Ilmenau, allerdings erst kurz vor deren Einmündung in die Elbe. Unter Anglern ist sie bekannt für ihren reichen Bestand an Lachs- und Meerforellen. Die Tour führt zunächst ostwärts zum Reiterdorf Luhmühlen und anschließend in nördlicher Richtung parallel zur Luhe auf sehr schönen, abwechslungsreichen Wegabschnitten nach Luhdorf und endet in der Kreisstadt Winsen (Luhe).*

**Ausgangspunkt:** Salzhausen ZOB beim Bhf., heute noch Station für Oldtimer-Züge. Busse verbinden Salzhausen mit den Bahnhöfen von Winsen (Luhe), Buchholz und Lüneburg.
**Endpunkt:** Bhf. Winsen (Luhe).

**Anforderungen:** Überwiegend Nebenstraßen, breite Wald- und Feldwege, durch Sand teilweise etwas mühsam.
**Einkehr:** In Salzhausen und Winsen (Luhe), unterwegs zeitweise in Bahlburg im Dörphus.

*Gemütliche Einkehr in Rüter's Restaurant in Salzhausen.*

*Die Fischteiche von Gut Schnede.*

Ausgehend vom **ZOB** in **Salzhausen** ❶ beginnen wir unsere Tour auf der Bahnhofstraße ortseinwärts zur Ampelkreuzung im Zentrum. Hier gehen wir geradeaus auf der Hauptstraße Richtung Eyendorf weiter und kommen dabei direkt an der linker Hand liegenden sehenswerten romanischen St.-Johannis-Kirche vorbei. Hinter ihr liegt an der Straße Am Lindenberg die Dörpschun, 1778 erbaut und heute für Veranstaltungen genutzt.

Nach verschiedenen Einkaufsmärkten zweigt von der Lüneburger Straße (L 216) als Fortsetzung der Hauptstraße links die Straße Am Waldbad ab. Hinter dem Freibad verlassen wir Salzhausen, und vorbei an einem Pferdehof gelangen wir in östlicher Richtung auf einer wenig befahrenen Asphaltstraße zu den Häusern von **Luhmühlen** ❷, einem Ortsteil von Salzhausen. Das Reiterdorf ist bekannt durch sein Ausbildungszentrum für Vielseitigkeitsreiterei.

In der Rechtskurve des Asphaltwegs, direkt am Ortsbeginn, biegen wir nun links ab und wandern auf dem Sandweg (mühsam) Richtung Norden. Mit

*Begrüßungsschild in Bahlburg.*

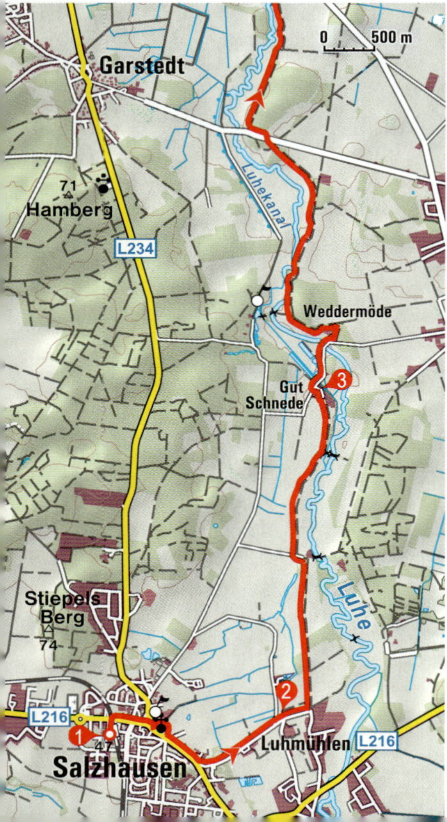

Wald erst auf der linken, dann auf der rechten Seite geht es bis zu einem Querweg beim Hof Lobke, auf den wir links einbiegen, um gleich anschließend wieder rechts in bisheriger Richtung weiterzuwandern (gelbe Pfeilmarkierung) bis zum **Gut Schnede** ❸, wo wir auf den Fahrweg rechts abzweigen und dann die beliebten Angelteiche erreichen.

Von dort zunächst auf dem Fahrweg weiter, über die Luhe, und beim folgenden Hof Weddermöde dahinter links auf einen Sandweg ab. Bei der nächsten Weggabelung halten wir uns halb rechts. Der markierte Luheweg verläuft später auch ein kurzes Stück als Pfad oberhalb der Luhe, kehrt aber bald zum Fahrweg zurück. Um die Verbindungsstraße Vierhöfen–Garstedt zu erreichen, gehen wir bei einer Weggabelung nach links und folgen der Straße nach links durch eine S-Kurve bis vor die dortige Luhebrücke. Hier biegen wir rechts auf einen Sandweg in den Wald ab und wandern immer nordwärts weiter. Nach dem Waldende folgen zwei S-Kurven, dann kommen wir auf dem Weg Neues Land an Häusern im Wald vorbei sowie an einem Rastplatz an der Luhe, ein Start- bzw. Endpunkt für Kanufahrten. Schließlich treffen wir auf die Burgstraße (K 37). Hier verläuft unser Weg links weiter, neben der Straße auf dem Rad- und Fußweg. So erreichen wir **Bahlburg**, schon zur Kreisstadt Winsen (Luhe) gehörig, und die dortige **Bushaltestelle** ❹.

Danach orientieren wir uns nach rechts und kommen am Zollweg, vorbei am **Dörphus**, in den Wald, später wandern wir entlang der kanalisierten Luhe. Nach dem Waldende macht der Weg einen leichten Linksbogen, unterquert nacheinander zwei Stromleitungen und erreicht den Ortsrand von Luhdorf, einem Ortsteil von Winsen (Luhe). Auf Höhe der dortigen Luhebrücke gehen wir auf der Straße An der Luhe weiter, überqueren die Museumseisenbahnstrecke und gelangen zur Bushaltestelle an der Abzweigung der **Radbrucher Straße** (K 78) in **Luhdorf** ❺.
Zu Fuß zunächst nordwärts auf der Winsener Landstraße (L 234) weiter, nach der Bushaltestelle Dorfeck gegenüber bzw. links auf den Luhe-Wanderweg ab, am Rand einer Siedlung entlang. Vor der A 39 links, dann unter ihr hindurch, kurz rechts weiter, dann links auf die Straße In'n lütten Busch nach **Roydorf**. An der dortigen Kreuzung laufen wir links weiter, wandern auf der Straße In'n Dörp durch den Ort und rechts auf der Straße An'n Blekerhof wieder aus Roydorf hinaus.

Nun nordwärts auf dem Luhe-Wanderweg parallel zur Luhe weiter. Jenseits liegt dann der Komplex des Krankenhauses von Winsen. Unser Weg zweigt bald rechts zu einer Brücke ab, auf der wir die Luhe überqueren. Danach halten wir uns links und kommen entlang eines Wasserbeckens in die Siedlung hinein. Wir überqueren den Europaring und folgen gegenüber weiter dem Fußweg geradeaus bzw. mittels Rechts-links-Kurve durch die Siedlung, bis wir erneut auf den Europaring treffen. Auf diesem kurz nach links, dann rechts in eine Sackgasse. Am Wendehammer beginnt ein Rad- und Fußweg, der südlich der Eisenbahnstrecke die Luhdorfer Straße (L 234) überbrückt und danach per Rechts-links-Kurve unter der Bahnstrecke hindurch zum Bahnhofsplatz führt. Dort kurz rechts zum **Bahnhof** von **Winsen (Luhe)** ❻.

↗ 140 m | ↘ 140 m | 15.8 km

## 46 Von Undeloh zum Wilseder Berg

**4.00 h**

### Einmaliges Heideerlebnis mit Ausblick

*Die Rundwanderung im Süden von Undeloh führt anfangs auf dem weithin bekannten Heidschnuckenweg durch das Tal des Radenbachs. Nach seiner Überquerung erfolgt ein erster Anstieg zum Heidedorf Wilsede, danach geht es hinauf zum Wilseder Berg. Im Bereich des Radenbachtals und am Wilseder Berg erleben wir schöne Heideflächen, teils mit Wacholderbeständen. Nicht zuletzt die Aussicht vom höchsten Punkt im Norddeutschen Tiefland macht diese Tour zu einem besonderen Erlebnis.*

**Ausgangspunkt:** Bhst. Undeloh Osterdieksfeld, zu erreichen nur von Mitte Juli bis Mitte Oktober mit den Heide-Shuttle-Ringlinien 2 oder 3 von den Bahnhöfer Buchholz in der Nordheide, Tostedt (beide an der Strecke Hamburg–Bremen) oder Handeloh (an der Heidebahn Buchholz–Hannover). Autofahrer finden gegenüber dem Heide-Erlebniszentrum einen großen Parkplatz.
**Anforderungen:** Tour durch Wald und Heide im hügeligen Gelände mit leichten An- und Abstiegen.
**Einkehr:** In Undeloh sowie unterwegs in Wilsede.
**Tipps:** Die Kirche St. Magdalenen in Undeloh, eine der typischsten und ältesten Kirchen dieser Gegend, und in Wilsede das Heidemuseum Dat ole Huus. Am Wilseder Berg findet man die größten zusammenhängenden Heideflächen Europas.

*Alter Schafstall östlich von Wilsede am Pastor-Bode-Weg.*

Von der **Bushaltestelle Osterdieksfeld** ❶ in **Undeloh** starten wir unsere Tour in der Ortsmitte, indem wir uns auf der Straße Zur Dorfeiche (K 27) westwärts wenden, bis linker Hand ein Abkürzungsweg zur Wilseder Straße abzweigt. Auf dieser links weiter, u.a. an einem kleinen Teich vorbei, bis zum **Heide-Erlebniszentrum** ❷ mit einer modernen Ausstellung zur Kulturlandschaft Heide sowie einem Shop und einem Café.

Gleich hinter dem Haus zweigen wir auf den bekannten Heidschnuckenweg mit der Markierung H links von der Wilseder Straße ab. Der Sandweg trifft gleich auf einen Querweg. Dort geht es rechts hügelig durch das weite, von einzelnen Wacholdersträuchern durchsetzte Heidegelände. Unterwegs kreuzen wir einen Kutschenweg und wandern immer etwas oberhalb des Radenbachs, sodass wir teilweise weite Sicht haben. Das Tal des Radenbachs gilt als eines der schönsten Heidetäler. Immer gut markiert geht es dann langsam abwärts zu einer Gabelung unweit des **Radenbachs** ❸.

Hier rechts auf einem breiten Fahrweg Richtung Wilsede, per Holzbrücke über den Radenbach, danach auf dem Querweg links weiter. Nach rund 400 m treffen wir bei einer Wegkreuzung auf den Pastor-Bode-Weg. Dieser

*Gasthaus Heidemuseum in Wilsede.*

Heidepastor ist Begründer des Vereins Naturschutzpark Lüneburger Heide und ist vor mehr als 100 Jahren fast täglich von seiner Gemeinde Egestorf nach Wilsede gegangen.

Wir zweigen rechts ab und folgen dem Pastor-Bode-Weg, gleichzeitig auch der Heidschnuckenweg. Richtung Wilsede müssen wir nun ansteigen, es geht über Heideflächen und durch Wald. Unterwegs passieren wir einen alten Schafstall. Schließlich treffen wir auf einen Pflasterweg, der von Sellhorn kommt. Neben ihm halb rechts Richtung Wilsede weiter. Nach dem Ortsschild von **Wilsede** folgt eine Linkskurve, dann geht es immer geradeaus ins Zentrum des autofreien Heidedorfes, das trotz vieler internationaler Besucher mit seinen reetgedeckten Bauernhöfen unter hohen Eichen Nostalgie ausstrahlt. Wir erreichen das rechts liegende Gasthaus Heidemuseum, dem das **Heidemuseum** ❹ gegenüberliegt. Das alte Bauernhaus vermittelt einen Eindruck vom früheren Leben auf einem Heidehof.

Beim Gasthaus Heidemuseum auf einen Fußweg rechts ab, am Museum vorbei, dann geradeaus über einen Fahrweg. Rechter Hand liegen die Gebäude von **Emhoff**, die ebenfalls einen Besuch wert sind. Zunächst folgen wir dem Pflasterweg aus Wilsede heraus. Wir befinden uns noch immer auf dem Heidschnuckenweg. Rechts zweigt ein Fußweg mit unserer Markierung H ab, führt vom Wald weg und steigt langsam an. Dann mündet von rechts zurück ein Grasweg mit dem X des Fernwanderwegs E1 ein, der uns vom Wilseder Berg zurück nach Undeloh bringen wird.

Doch zunächst kurz stärker bergan, dann durch ein Waldstück und bei der folgenden Gabelung geradeaus auf den **Wilseder Berg** ❺, mit 169 m der höchste Punkt in ganz Norddeutschland und entsprechend weiter Rundsicht. An klaren Tagen reicht der Blick bis nach Lüneburg oder sogar Hamburg. Zu seinen Füßen erstrecken sich große Heideflächen, die besonders zur Blütezeit einmalig sind!

Den Gipfel verlassen wir rechter Hand und steigen auf der E1-Markierung X gleich deutlich bergab durch die Heideflächen. Mit mehreren Schlenkern treffen wir auf einen Querweg und folgen ihm rechts zu einer Kreuzung am Waldrand. Dort geradeaus, anfangs innen am Waldrand entlang. An der Ecke des Waldes treffen wir dann auf einen Querweg, der auch von Kutschen genutzt wird. Auf diesem nach links und erneut etwas bergab. Vor dem nächsten Waldstück verlässt unsere Markierung nach rechts den Kutschenweg und führt als Fußweg zunächst am Waldrand entlang, dann immer mehr nach links in den Wald hinein. Dort stoßen wir nochmals auf den Kutschenweg, überqueren ihn geradeaus und kommen wenig später zum rechts liegenden Parkplatz beim **Heide-Erlebniszentrum** ❷.

Weiter nach rechts über den Parkplatz zur Wilseder Straße und auf ihr links auf bekanntem Weg zurück. Wir nehmen dann jedoch nicht den Abkürzungsweg Richtung Bushaltestelle, sondern laufen geradeaus weiter. So treffen wir auf die Straße Zur Dorfeiche (K 27). Links von uns erreichen wir mit ein paar Metern Abstecher die kleine Heidekirche St. Magdalenen, bereits 1189 erbaut mit einem frei stehenden Glockenturm. Von der Kirche rechts auf der Straße Zur Dorfeiche zurück zur **Bushaltestelle** im Zentrum von **Undeloh** ❶.

*Auf dem Wilseder Berg.*

**↗ 60 m | ↘ 80 m | 15.8 km**

# 47 Von Klecken nach Holm-Seppensen

**3.45 h**

## Unterwegs auf dem Freudenthalweg

*Der Freudenthalweg verbindet Hamburg-Marmstorf mit Verden und ist insgesamt 151 km lang. Er wurde nach den Brüdern Friedrich und August Freudenthal benannt, beides Heimatschriftsteller. Der hier beschriebene Abschnitt beginnt in der Ortschaft Klecken, Teil der Gemeinde Rosengarten im gleichnamigen Regionalpark, und führt nach Holm-Seppensen, einem ländlichen Stadtteil von Buchholz in der Nordheide. Die Route folgt fast auf der gesamten Strecke dem mit F markierten Weg und führt an etlichen Sehenswürdigkeiten vorbei, darunter das Hünengrab im Kleckerwald, Dat ole Fösterhuus oder das Dorf Itzenbüttel mit seinen alten Hofanlagen. Zum Schluss erwartet den Wanderer noch der idyllische Seppensener Mühlenteich.*

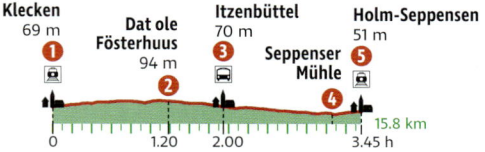

**Ausgangspunkt:** Bhf. Klecken an der Bahnstrecke Hamburg–Bremen.
**Endpunkt:** Bhf. Holm-Seppensen an der Heidebahn Buchholz–Soltau–Hannover, von hier Rückfahrt mit Umstieg in Buchholz/Nordheide oder Hamburg-Harburg.

**Anforderungen:** Leicht begehbare Feld- und Waldwege sowie Nebenstraßen durch Feld und Wald.
**Einkehr:** In Klecken, unterwegs in Itzenbüttel und in Holm-Seppensen (Öffnungszeiten vorher abklären!).

Von der Westseite des **Bahnhofs Klecken** ❶ wandern wir in nördlicher Richtung auf der Bahnhofstraße und überqueren auf Höhe der Brücke die Bürgermeister-Glade-Straße (K 12). Gegenüber folgen wir in bisheriger Richtung einem breiten Fahrweg parallel zur Bahn. Nach rund 10 Min. erreichen wir eine Kreuzung, wo wir auf die Markierung F des Freudenthalwegs treffen. Hier rechts per Brücke über die tiefer verlaufende Bahnstrecke und auf der Brückenstraße nach Klecken hinein. An einer Straßengabelung biegt die Brückenstraße rechts um. An der nächsten Gabelung zweigen wir rechts auf die Wohnstraße Langer Garten ab (in der Brückenstraße Einkehrmöglichkeit am Zugang zur Tennishalle). Die kleine Straße Langer Garten macht einen Bogen und führt zu einer Kreuzung im **Zentrum** von **Klecken**. Dort überqueren wir die K 39; gegenüber liegt der Hans-Eidig-Platz, dessen Name an den Wildschützen und Volkshelden Hans Eidig erinnert.
In bisheriger Richtung auf der Poststraße entlang. Vor einer Straßenverzweigung liegt links der hübsche kleine Dorfteich, wo ein Rastplatz lockt.

Wir laufen geradeaus weiter und kommen per Linksbogen auf der Helmstorfer Straße aus Klecken heraus. Etwas ansteigend geht es bis vor die Waldsiedlung **Tekenbarg**. Dort verlassen wir in einer Linkskurve die Autostraße auf einen Feldweg, der rechts bzw. südwärts Richtung Wald führt. Bei einer Biogasanlage, mit der u.a. ein Gewächshaus für Erdbeeren beheizt wird, treffen wir auf einen Querweg. Hier kurz links bis vor einen Zaun und rechts auf einem Trampelpfad zum nahen Waldrand. Dort folgen wir einem Fahrweg nach rechts. Wenig später geht es per Linksbogen in den Kleckerwald. Dann kommen wir über eine große Kreuzung und wandern geradeaus weiter. Der Weg wird schlechter, bleibt aber gut markiert und führt zu einer Senke, wo wir auf einen Querweg treffen. Auf diesem breiten Waldweg gelangen wir bald rechter Hand zur Bendesdorfer Straße (K 12), folgen ihr ganz kurz nach links, um sie dann auf Höhe des über 5000 Jahre alten **Hünengrabes** zu

*Das Hünengrab im Kleckerwald.*

überqueren. An dessen Nordende führt ein Grasweg durch den Wald wieder von der Straße weg. Schon bald treffen wir auf einen Beton-Fahrweg; hier links. Geradeaus über eine Kreuzung erreichen wir dann das mitten im Kleckerwald gelegene alte Forsthaus, bekannt als **Dat ole Fösterhuus** ❷. Das Gebäude aus dem Jahr 1852 mit großer Diele, Herdfeuerstelle, Poststube und Jagdzimmer ist Ausgangspunkt von Postkutschenfahrten und beliebter Veranstaltungsort, auch für Trauungen.

Gegenüber dem alten Forsthaus beginnt ein schnurgerader Forstweg, der südwärts durch den Kleckerwald führt. Ihm folgen wir und ignorieren dabei sämtliche Kreuzungen und Nebenwege. Zwischendurch kreuzen wir die Bendestorfer Straße (K 54) geradeaus. Erst wenn der Wald auf der rechten Seite lichter wird, macht unser markierter Weg am Waldrand einen Linksbogen. Dort mündet von rechts zurück ein Weg ein. Gleich nach dem Linksbogen treffen wir auf eine Kreuzung im Wald. Dort folgen wir rechts der Asphaltstraße, dem Itzenbütteler Waldweg, kommen aus dem Wald heraus und vorbei am **Grünen Jäger** (Event-Gastronomie nur für Gruppen). Nach der Abzweigung des Fahrwegs Eichhof geht es noch ein Stück geradeaus, dann per Linkskurve weiter nach **Itzenbüttel** hinein, wobei die Straße nun Itzenbütteler Brumhof heißt. Wir erreichen eine Querstraße namens Itzenbütteler Sod, wenden uns hier nach nach links und kommen an einer Bushaltestelle und anschließend am Minkenhof vorbei, wo wir Bio-Produkte kaufen können. Gegenüber liegt ein sanierter alter Bauernhof, der auf das 16. Jh. zurückgeht. Im dortigen **Hof & Gut** ❸ kann man im **Restaurant Stub'n** einkehren.

Gleich hinter dem Gebäudekomplex Hof & Gut zweigt in der Straßen-Linkskurve rechts ein Feldweg ab und führt aus dem kleinen Ort wieder heraus. Kurze Zeit später biegt unser Hauptweg rechts um, weg vom Waldrand. Bei der nächsten Gabelung auf dem Asphaltweg weiter bis zu dem aus Itzenbüttel kommenden Seppenser Mühlenweg. Wir folgen dieser Autostraße geradeaus, bis die Hauptstraße rechts umbiegt. Dort bleiben wir geradeaus auf der Wohnstraße – immer noch der Seppenser Mühlenweg –, die uns durch die zu Jesteburg gehörende Siedlung Osterberg führt. Bei einer Bushaltestelle kreuzen wir eine Querstraße. Wenig später beginnt linker Hand der Wald, und die Straße biegt nach rechts um.

Am südlichen Ortsende von **Osterberg** geht es dann links per Brücke über eine Eisenbahnstrecke, die hauptsächlich von Güterzügen genutzt wird. Nach der Brücke rechts weiter und auf dem Wald-Fahrweg bis zur Reindorfer Landstraße (K 83). Nach ihrer Überquerung folgt unsere Markierung F einem breiten Sand-Fahrweg im Wald. Aus dem Wald wieder heraus, wandern wir noch ein Stück am Waldrand entlang, dann bei der Gabelung nicht rechts, sondern durch das offene Feld entlang einer Baumreihe zum nächsten Waldstück. Der Reindorfer Wiesenweg, dem wir hier folgen, verläuft immer weiter südwärts durch den Wald, schließlich unweit des Seppenser Bachs. Wir ignorieren Abzweigungen und wandern geradeaus durch den Wald bis zu einem breiten Fahrweg. Diesem folgen wir nach rechts und sehen rechter Hand durch den Wald schon den idyllischen **Mühlenteich**. Dann treffen wir auf die kleine Asphaltstraße Seppenser Mühle und folgen dieser nach rechts. Schließlich sind wir am Südende des Mühlenteichs, der bei Anglern aufgrund seines Fischreichtums beliebt ist, und der verfallenen **Seppenser Mühle** ❹, die auf das 17. Jh. zurückgeht.

Von der alten Wassermühle noch kurz auf der Straße bis zu einer Rechtskurve. Dort führt der markierte Weg links über den Seppenser Bach und weiter durch den Wald auf einem Sandweg, der nach 3 Min. Gehzeit in einer Linkskurve auf eine Pflasterstraße trifft. Dieser folgen wir geradeaus und kommen auf der Wohnstraße Weg zur Mühle nach Holm-Seppensen hinein. Im **Zentrum** überqueren wir bei einer Ampel die Buchholzer Landstraße (K 28), wo rechts bald eine Einkehrmöglichkeit liegt. Wir gehen jedoch gegenüber auf dem Lohbergenweg bis zur Bahntrasse und direkt davor links auf dem Bahnhofsweg zum nahen **Bahnhof** von **Holm-Seppensen** ❺.

*»Hof & Gut« in Itzenbüttel.*

↗ 90 m | ↘ 110 m | 20.4 km

## 48 Von Wintermoor nach Hanstedt

**5.00 h**

### Heideflächen wie an der Perlenkette

*Diese Wanderung führt vom Bahnhof Wintermoor in West-Ost-Richtung durch den Naturpark Lüneburger Heide. Dabei werden mehrere größere Heideflächen berührt: nördlich von Wehlen, östlich von Wesel und im Bereich der Hochfläche Auf dem Töps. Auf halber Strecke liegt das hübsche Heidedorf Wesel, idealer Ausgangspunkt für das Erlebnis »Heide«.*

**Ausgangspunkt:** Bhf. Wintermoor an der Heidebahn Buchholz in der Nordheide–Soltau–Hannover, Umstieg in HH-Harburg oder Buchholz.
**Endpunkt:** Bhst. Hanstedt Kirche mit Verbindungen nach Buchholz Bahnhof, Linie 4207; Mitte Juli bis Mitte Oktober auch mit dem kostenlosen Heide-Shuttle Linie 3, weiter mit Zug zurück nach Hamburg.
**Anforderungen:** Meist gute Wege durch typische Wald- und Heidelandschaft in teilweise hügeligem Gelände.
**Einkehr:** In Wesel und in Hanstedt.

Vom **Bahnhof Wintermoor** ❶ nordwärts auf der Poststraße parallel zur Bahnstrecke zu einem Bahnübergang, davor rechts durch die Schulstraße zur B 3. Wir bleiben für 2 Min. rechts auf dem Fußweg neben der Straße, dann links Richtung Waldrand, bis von rechts der Wehlener Weg einmündet. Hier links auf einem breiten Fahrweg in den Wald und immer geradeaus bis zu einer Lichtung mit Feld mitten im Wald. Hier macht der Weg eine Rechtskurve, führt zunächst am Waldrand entlang, dann wieder in den Wald, bis von links der FWW E1 einmündet. Danach überqueren wir den Oberlauf der jungen Seeve, die südlich von Wehlen ihre Quelle hat. Wenig später erreichen wir die im Wald versteckte Häusergruppe von **Wehlen** ❷. Von der großen Kreuzung in Wehlen geht es links bzw. nordwärts Richtung Inzmühlen aus der Siedlung heraus und wieder in den Wald. Immer geradeaus kommen wir zu einer Kreuzung, wo von links der Heidschnuckenweg einmündet. Wir folgen ihm in unserer bisherigen Richtung bis zur nächsten Weggabelung. Dort zweigt Weg H wieder rechts ab, wir wandern aber geradeaus weiter zum Rand der **Wehlener Heide**. Dort treffen wir auf den Freudenthalweg mit der Markierung F und laufen in gleicher Richtung am Rand der Heidefläche weiter. Dann erreichen wir eine Abzweigung mit Ruhebänken und Tisch sowie dem Hinweis auf den Fritz-Jöde-Rundwanderweg.

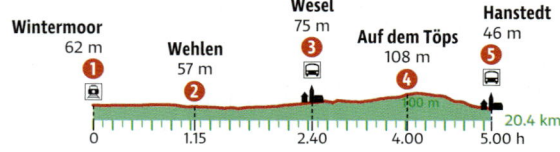

*Fachwerkhaus in Wesel.*

Hier zweigen wir rechts ab und finden manchmal einen gelben Pfeil. Bald folgt ein Waldsteifen, wo wir per Holzbrücke einen Heidebach überqueren. Dann geht es durch die Wehlener Heide weiter nordostwärts zu einer Kreuzung am Waldrand, von dort außen am Waldrand rechts weiter. Linker Hand begleitet uns nun Wald, rechts Heide. An der nächsten Waldecke zweigen wir auf den Nebenweg links ab. Bald danach biegt der Weg rechts um. Schließlich treffen wir auf einen Querweg und folgen diesem kurz nach rechts. 3 Min. später erreichen wir neuerlich einen Querweg.

Hier verlassen wir die Heidefläche und laufen links im Wald weiter. Wir ignorieren Abzweigungen und folgen bald geradeaus dem Waldrand. Dann biegt der Weg nach links um, einen kurz danach rechts abzweigenden Grasweg ignorieren wir ebenfalls. Entlang einer Baumreihe nähern wir uns Wesel. Bei einem Bolzplatz folgt ein weiterer Linksbogen. In Wesel, ebenfalls Teil der Gemeinde Undeloh, treffen wir auf die Weseler Dorfstraße (K 27), hier rechts. In bisheriger Richtung weiter zur Bushaltestelle Am Höllenhoff im Zentrum von **Wesel** ❸. Unweit davon können wir auch einkehren. Bei der Haltestelle biegen wir links in die Wohnstraße Am Höllenhoff ab, an deren Beginn das Weseler Hexenhaus, ein altes Backhaus, steht. Heute wird es gern für Trauungen genutzt.

Die Wohnstraße geht in einen Feldweg über und führt geradeaus durch das Feld zum nahen Waldrand. Dort halb links in den Wald hinein zu einer Kreuzung bei den Pastorenteichen, die an den Heidepastor Bode erinnern. Nach der Kreuzung geht es im Linksbogen durch die **Weseler Heide** leicht bergan. Bei einer Gabelung zweigt rechts der markierte Weg und halb links ein Grasweg ab. Auf Letzterem erreichen wir in Kürze einen Querweg an ei-

ner Waldecke, auf diesem links weiter. Immer außen am Waldrand entlang, mal bergauf, mal bergab; links begleitet uns die Weseler Heide. Schließlich erreichen wir die 2010 erbaute **Jakobi-Hütte** (hier verläuft auch einer der Heide-Jakobswege), die zur Rast einlädt. Wenig nördlich folgen wir bei einer Kreuzung einem breiten Sand-Fahrweg nach rechts und steigen in der breiten Waldschneise immer etwas an, Abzweigungen ignorierend. Dann wird der Weg ebener und wir erreichen einen Rastplatz an einer großen Kreuzung. Hier beginnt links die große Heidefläche **Auf dem Töps** ❹.

Geradeaus über die Kreuzung, passieren wir bald eine Hütte der IG Hanstedt und kurz danach den Hermann-Löns-Schafstall am Rand der Heidefläche. Dann zweigt links ein Weg Richtung Dierkshausen ab, wir bleiben hier aber geradeaus, ebenso bei einer Kreuzung, wo es rechts nach Undeloh geht. Bei der folgenden Gabelung am Rand der Heidefläche wandern wir auf dem Fahrweg Richtung Parkplatz. In einer Fahrweg-Linkskurve zweigen dann rechts drei Wege ab. Wir nehmen den mittleren Richtung Hanstedt und erreichen auf dem romantischen Gras-Waldweg bald den **Hexentanzplatz**. Der Name hat nichts mit Hexen zu tun, auch wenn dort im Baum jetzt eine hängt. Vielmehr gingen hier Zugezogene ihren Turn- und Freiluftübungen nach, was manchem Einheimischen früher etwas fremd vorkam.

Dort halten wir uns links und kommen dann zu einer Waldsiedlung. Hier auf dem Fahrweg links weiter, vorbei am Gästehaus Augustenhöh (kein Café mehr!) bis zum Henry-Gundlach-Weg. Diesem Fahrweg folgen wir nach rechts hinein nach Hanstedt. In gleicher Richtung auf der Straße Am Steinberg ins Zentrum. Geradeaus über die Alte Schulstraße, dann links auf der Straße Bei der Kirche zur nahen **Bushaltestelle** in **Hanstedt** ❺. Gegenüber liegt die sehenswerte St.-Jakobi-Kirche.

*Der romantische Pastorenteich.*

↗ 30 m | ↘ 70 m | 22.4 km
**5.30 h**
🚌✕

## 49 Durch das Böhmetal

**Auf abwechslungsreichen Wegen von Schneverdingen nach Soltau**

*Schneverdingen ist ein beliebter Ausgangspunkt für Touren im Naturpark Lüneburger Heide, denn östlich der Stadt findet man die größten zusammenhängenden Heideflächen überhaupt. Im Pietzmoor südlich der Kleinstadt entspringt die Böhme, der längste Nebenfluss der Aller, der die Richtung nach Soltau vorgibt. An der Strecke liegen unter anderen der Hof Möhr und das Naturschutzgebiet Böhmetal. Die Kreisstadt Soltau lockt mit einem großen Spielzeugmuseum und einer beliebten Therme.*

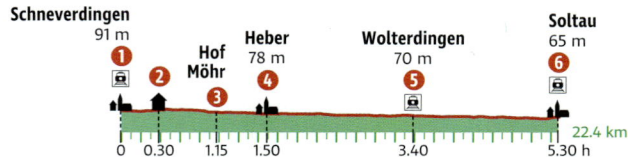

**Ausgangspunkt:** Bhf. Schneverdingen an der Heidebahnstrecke Buchholz–Soltau–Hannover, teils durchgehende Züge ab Hamburg-Harburg.
**Endpunkt:** Bhf. Soltau, zurück mit Umstieg in Buchholz oder HH-Harburg.
**Anforderungen:** Überwiegend gut ausgeschilderte und markierte Wege, auf weiter Strecke Teil des Freudenthal-Wanderwegs, Teilstrecken gehören auch zum Heidschnuckenweg oder zu einem der Heide-Jakobswege.
**Einkehr:** In Schneverdingen und Soltau, unterwegs bei Abstecher in Heber.

Wir verlassen den **Bahnhof** von **Schneverdingen** ❶ auf seiner Westseite und laufen auf der Straße Am Bahnhof in südliche Richtung. Dort, wo die Straße endet, folgen wir einem Asphaltweg durch angelegte Heideflächen. 600 m südlich des Bahnhofs erreichen wir einen Bahnübergang und überqueren die Bahngleise nach links. Dann folgen wir immer der Wohnstraße Alt-Benninghöfener Weg. Am Stadtrand endet die Straße und setzt sich am Rand eines Waldes als Fußweg fort. Wir kommen an einer Trafostation vorbei und treffen auf eine Querstraße. An ihr befinden sich ein Parkplatz, ein Erholungsheim mit Ferienhäusern und das Hotel-Café-Restaurant **Schäferhof** ❷. Wir biegen auf der Querstraße links ab und erreichen in Kürze die Heberer Straße (L 170). An ihrer Nordseite liegt der Parkplatz Osterheide und eine Abfahrstelle für Kutschen.

Vom Parkplatz laufen wir in östlicher Richtung durch die Osterheide, eine riesige Heidefläche im Osten von Schneverdingen. Unser Weg ist nun mit den Symbolen F (Freudenthalweg) und H (eine der Varianten des Heidschnuckenwegs) gut markiert. Der Sandweg macht schließlich zwei Linkskurven und erreicht eine Gabelung. Dort geht es rechts weiter, immer ostwärts und am Südrand der großen Heidefläche vorbei an Bienenstöcken und über einen Buckel. Schließlich erreichen wir ein lichtes Waldgebiet. Dort zweigt der Uhlenstieg ab. Wir biegen rechts um und folgen der bekannten Markierung auf einem Holzbohlenweg durch das kleine Möhrer Moor. Kurz nach dem Ende des Bohlenwegs treffen wir auf das andere Ende des erwähnten Uhlenstiegs. Geradeaus weiter, dann einer Eschenallee folgend durch ein Wiesengelände. Wieder im Wald treffen wir auf ein Quersträßchen, das uns nach links zum **Hof Möhr** ❸ bringt. Der wunderschöne alte Hof ist Sitz der Alfred-Toepfer-Akademie für Naturschutz.

Vom Hof Möhr weiter auf dem Asphaltweg zu einer Linkskurve. Bei der dortigen Gabelung verlässt die Variante des Heidschnuckenwegs wieder unseren Wanderweg. Wir zweigen dort nämlich rechts ab und folgen weiterhin dem Freudenthalweg mit der Markierung F. Schon bald treffen wir auf einen Querweg und folgen diesem nach rechts. Im Waldgürtel der jungen Böhme biegt der Wanderweg immer mehr links um und führt südwärts weiter. Die Böhme hat ihre Quelle im nahen Pietzmoor und ist für uns nun richtungsgebend. Vorbei an der Abzweigung zum Pietzhof sowie einem Einzelhaus und Teichen kommen wir auf dem Hambosteler Weg hinein nach Heber, einem kleinen Ort, der noch zu Schneverdingen gehört. Dort biegt die Straße rechts um und führt uns zu einer Straßenkreuzung im Zentrum von **Heber** ❹.

Nach Überquerung der Schneverdinger Straße (L 170) geht es gegenüber auf der Lindenstraße aus Heber wieder heraus. Anfangs an etlichen Ein-

*Alte Granitwalze beim Hof Möhr.*

zelhöfen vorbei, kommen wir immer mehr in die weite Flur hinaus und erreichen dann die Siedlung **Surbostel**. Am Ortsbeginn folgen wir der Surbosteler Straße kurz nach rechts, dann biegt diese scharf nach links um und führt südwärts als Asphalt-Fahrweg aus dem kleinen Ort heraus. Dann erreichen wir eine Kreuzung und zweigen links Richtung Hillern ab. Schon bald überqueren wir die Böhme und kommen zum rechts liegenden Hof Böhmetal. Dahinter zweigt rechts ein Fahrweg ab und führt südwärts durch das **NSG Böhmetal**, ein urwüchsiges Waldgebiet, wobei wir alle Abzweigungen ignorieren.

Nach einiger Zeit biegt der Weg am Waldrand nach rechts um und mündet wenig später nach einer Linkskurve in die Straße In der Heide, unweit einer Brücke über die Böhme. Wir folgen dem Sträßchen kurz nach links bzw. ostwärts Richtung Huckenrieth. Schon bald zweigen wir rechts auf den Fahrweg Hubenkamp ab. Dieser schnurgerade Asphaltweg führt u.a. an einer kleinen Erdgas-Förderanlage vorbei, folgt einem Waldstreifen und erreicht schließlich ein Gewerbeareal; linker Hand befindet sich ein Friedhof. Hier erreichen wir die Soltauer Straße (K 24), halten uns auf ihr kurz rechts und kommen dann über die Heidebahnstrecke. Dort liegt südlich der Kreisstraße der **Bahnhaltepunkt Wolterdingen** ❺.

Wir biegen auf die Wohnstraße Auf dem Meeck ab, folgen bei einer Gabelung dem Böhmeweg und kommen so aus der Wohnsiedlung wieder heraus. Dann haben wir einen

*Der Bauerngarten vom Hof Möhr.*

schönen Waldweg vor uns, überqueren geradeaus einen breiten Weg und gelangen zur K 1 nördlich von Ahlften. Nach ihrer Überquerung geht gleich rechts ein Fahrweg mit unserer Markierung F ab. Wir kommen zu Fischteichen und treffen wieder auf den Heidschnuckenweg. Bei dieser Weggabelung halten wir uns halb rechts Richtung Soltau, unterqueren bald eine Stromleitung, wenig später folgen wir unserem F nach rechts und nähern uns wieder der Böhme. Immer wieder zweigen nun Wege ab, wir bleiben aber stets am Fluss. Schließlich liegt linker Hand von uns die Therme. Wir folgen dem Lauf der Böhme noch bis zu einem Querweg.

Auf diesem nach links bis vor die **Therme**, dann rechts die Treppen weiter zum Mühlenweg. Nach dessen Überquerung gelangen wir in den Böhme-Park und folgen auch hier immer der Markierung F. An einer Brücke kommen wir wieder an die Böhme, laufen aber vor der Brücke auf der Ostseite des Flusses weiter. Dann überqueren wir die Böhme nach rechts und zweigen danach gleich links vor einem Teich ab. Per Linkskurve am Teich entlang, geradeaus über eine Kreuzung und nun immer auf der Westseite der Böhme südwärts treffen wir auf die Wilhelmstraße (B 71). Auf ihr kurz nach links, dann gegenüber auf der Marktstraße weiter. Wir durchqueren nun das **Zentrum** von Soltau und folgen der Marktstraße bis zum Georges-Lemoine-Platz. Dort geradeaus zur Walsroder Straße (L 163) und auf ihr nach links. Dann zweigt gegenüber rechts die Straße Am Bahnhof ab, auf der wir in Kürze den **Bahnhof** von **Soltau** ❻ erreichen.

# 50 Auf den Brunsberg

**TOP**

↗ 150 m | ↘ 130 m | 14.1 km
3.30 h

## Wald, Heide und ein aussichtsreicher Berg

*Die Wandertour ist ein Teilstück des FWW E1 Norwegen–Italien und durchgehend mit einem X gekennzeichnet. Höhepunkte der Tour sind die Heidefläche im oberen Büsenbachtal und der 129 m hohe Brunsberg. Auch er ist von Heideflächen umgeben, zählt zu den höheren Erhebungen in Norddeutschland und bietet eine entsprechend weite Rundsicht. Bei gutem Wetter kann man von hier bis Hamburg im Norden und zum Wilseder Berg im Süden sehen.*

**Ausgangspunkt:** Bhf. Handeloh an der Heidebahn Buchholz in der Nordheide–Soltau.
**Endpunkt:** Bhf. Buchholz in der Nordheide an der Strecke Hamburg–Bremen und Ausgangspunkt der Heidebahn.
**Anforderungen:** Überwiegend breite Wege durch Wald und Heide, leichter Anstieg zum Brunsberg, Nebenstraßen in Buchholz. Achtung: Auf etlichen Abschnitten ist der E1 identisch mit dem Heidschnuckenweg, aber nicht immer!
**Einkehr:** In Handeloh und Buchholz in der Nordheide, unterwegs keine.
**Tipp:** Naturkundliches Museum in der alten Schmiede in Handeloh. Themenschwerpunkte sind u.a. die Vogelwelt Norddeutschlands, eine Muschel- und Schneckensammlung sowie zahlreiche präparierte Tiere. Außerdem gibt es über 500 historische Wandrollkarten zu bewundern.

*Heide-Rondell beim Bahnhof in Handeloh.*

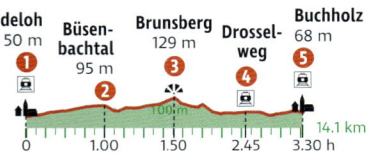

Vom **Bahnhof** in **Handeloh** ❶ führt unser Weg zunächst auf der Bahnhofstraße bzw. durch das Heide-Rondell kurz nordwärts zur Hauptstraße (K 27), die wir unweit des Bahnübergangs erreichen. Auf ihr nach links, vorbei am Naturkundlichen Museum (Haus Nr. 42), bis in einer Linkskurve halb rechts die Alte Dorfstraße abzweigt. Auf dieser bzw. auf dem Fußweg geht es nun weiter, vor dessen Ende halb rechts durch eine kleine Grünanlage, dann über die Wörmer Straße und in bisheriger Richtung auf dem Höckeler Schulweg zum Feuerwehr-Gerätehaus.

Dort beginnt ein breiter Sandweg. Dieser Lohbergenweg führt Richtung Norden schon bald in den Wald und kreuzt dort gleich den Höckeler Weg. Dann geht es längere Zeit geradeaus und leicht bergan. Bei einer Wegkreuzung im Wald halten wir uns gemäß der Markierung rechts und erreichen nach 5 Min. einen schönen Rastplatz an einer ausgedehnten Heidefläche am oberen Rand des **Büsenbachtals** ❷.

Wir gehen in bisheriger Richtung weiter, anfangs noch am Rand des Heidegebiets, später im Wald, und überqueren per Holzsteg den kleinen Büsenbach. Danach zweigt rechts ein Weg mit den Markierungen F und H ab, wir wandern aber geradeaus am Rand einer Waldsiedlung mit Wochenendhäusern ent-

*Heideflächen um den Brunsberg.*

lang. Am Siedlungsende gabelt sich der Weg, unsere Markierung X folgt einem breiten Waldweg links, während der Heidschnuckenweg geradeaus verläuft. Schon wenig später treffen wir bei einer weiteren Weggabelung auf einen Asphaltweg, dem wir in bisheriger Richtung zu einer Autostraße folgen. Nach Überquerung der Straße Lohbergen (K 72) wandern wir auf einem breiten Grasweg leicht bergan, wobei wir die Richtung beibehalten. Geradeaus über eine Kreuzung, mal bergauf, mal bergab zur nächsten Wegverzweigung, wo von rechts wieder der Heidschnuckenweg einmündet. Hier wandern wir nun halb links bergan gemäß den Markierungen X und H. Bei der nächsten Wegkreuzung führt unser Weg rechts weiter und aus dem Wald heraus zu den Heideflächen um den aussichtsreichen **Brunsberg** ❸, 129 m. Die Flächen werden auch von Heidschnucken beweidet.

Vom Brunsberg verläuft der Weg rechts über die Heideflächen hinunter, wieder in den Wald, über mehrere Wegkreuzungen zu einem Hohlweg, in den wir ein Stück hineinlaufen bis zu einer Gabelung. Dort steigen wir nach links kurz steil aus ihm heraus und wandern dann auf angenehmem Pfad im Wald weiter. Wenig später kreuzen wir den lokalen Rundwanderweg 1 und wandern geradeaus auf dem gemeinsamen Weg X und H bergab. Weiter unten treffen wir auf einen breiten Sand-Fahrweg, den Ahornweg. Geradeaus erreichen wir 5 Min. später die Heidebahnstrecke. Vor dieser folgen wir dem nun breiten Fahrweg nordwärts, bis wir nach 15 Min. rechts einen

Bahnübergang sehen. Hier geht es weiter geradeaus entlang der Westseite der Bahn. Wir können teilweise auf einen kleinen Waldweg parallel zum breiten Schotterweg ausweichen. So erreichen wir den **Drosselweg** ❹ bei der Bahnstation **Suerhop** und benutzen den dortigen Bahnübergang nach rechts.

Danach zweigen wir gleich wieder links auf einen Fuß- und Radweg ab, der nun auf der Ostseite der Bahngleise am Siedlungsrand verläuft. Mittels eines langen Rechtsbogens erreichen wir den Mühlenbergtunnel. Dort führt der Weg normalerweise geradeaus weiter. Derzeit und voraussichtlich bis 2024 müssen wir hier jedoch eine Umleitung nehmen. Diese bringt uns nach rechts auf dem Seppenser Mühlenweg zu einer nahen Ampelkreuzung, wo wir links kurz dem Heidekamp folgen. Wir sind hier am Südende des **Stadtteichs** und zweigen links auf einen Fußweg ab, der am Ostufer wieder Richtung Bahngelände führt.

Am Nordende des Teichs sind wir wieder auf der Originalstrecke und laufen rechts zum Beginn der Breslauer Straße. An ihr geradeaus entlang, an ihrem Ende links kaum merkbar ein kurzes Stück auf der Wiesenstraße, dann rechts wieder in östlicher Richtung auf der Rütgersstraße weiter, oberhalb der Bahnanlagen. Etwa 5 Min. später erreichen wir dann linker Hand den Aufgang zu einer Brücke, die das Bahngelände überspannt und einen Zugang zum **Bahnhof Buchholz** ❺ bietet. Das **Stadtzentrum** mit zahlreichen Einkehrmöglichkeiten liegt nördlich des Bahnhofs.

# 51 Rundwanderung in den Harburger Bergen

↗ 200 m | ↘ 200 m | 14.3 km
3.45 h

## Abwechslungsreiche Tour in Hamburgs grüner Lunge

*Der ansonsten wenig attraktive Hochhaus-Stadtteil Neuwiedenthal ist ein idealer Ausgangspunkt für die Harburger Berge. Dieses etwa 50 km² große Gebiet im Süden der Hansestadt steht teilweise unter Naturschutz, gehört zum Regionalpark Rosengarten und erreicht mit etlichen Erhebungen Höhen zwischen 100 und 155 Metern. Die Rundwanderung erfolgt auf guten, größtenteils markierten Waldwegen und bietet die Möglichkeit, das sehenswerte Freiluftmuseum Kiekeberg zu besuchen oder auch den Wildpark Schwarze Berge, beides beliebte Ausflugsziele der Hamburger.*

**Ausgangspunkt:** S-Bahn-Station HH-Neuwiedenthal (S 3 ab Hamburg Hbf.). Alternativ kann die Wanderung auch am Museum Kiekeberg begonnen bzw. beendet werden, erreichbar mit den Buslinien 340 oder 4210 ab ZOB/Bahnhof HH-Harburg.
**Anforderungen:** Leichte Waldwanderung im teils hügeligen Gelände. Markierungen wechselnd, gelbe Pfeile und die Rundwanderwege W1 oder W2.
**Einkehr:** In Neuwiedenthal sowie unterwegs im Landhaus Jägerhof, in Ehestorf, im Kiekeberg-Museum, im Gh. Zum Kiekeberg und im Restaurant des Wildparks Schwarze Berge.
**Tipps:** Freilichtmuseum Kiekeberg, Wildpark Schwarze Berge sowie Einkehr in Stoof Mudders Kroog (Kiekeberg-Museum) mit typisch regionaler Küche in rustikalem Ambiente.

Von der **S-Bahn-Station Hamburg-Neuwiedenthal** ❶ führt ein Fußweg südwärts zur Cuxhavener Straße (B 73), die wir überqueren. Dann laufen wir links weiter bis zum rechts abzweigenden Talweg. An dessen Beginn führt ein Fußweg rechts in den Wald. Dort stoßen wir auf die gelbe Pfeilmarkierung mit dem Richtungshinweis Ki für Kiekeberg. Der Weg macht eine Rechtskurve und trifft auf einen Querweg, dort rechts und gleich wieder links an einem Stein-Fußweg entlang, der am Ehestorfer Heuweg endet. Dort liegt rechter

Hand bei der Bushaltestelle das **Landhaus Jäger** ❷.
Bei der gegenüberliegenden Bushaltestelle zweigen wir links in den Wald ab und steigen nach 2 Min. rechts leicht bergan. Wir folgen immer geradeaus der Pfeilmarkierung Ki auf der sogenannten Wiedenthaler Trift bis zu einer Wegkreuzung. Dort weiterhin geradeaus, jetzt zusätzlich mit der Markierung W1, bei der nächsten Kreuzung dann rechts. Der Wald-Fahrweg macht etliche Schlenker und ist als Schäferstieg ausgeschildert. Schließlich erreichen wir eine Wegverzeigung mit einem Rastplatz. Von dort geht es geradeaus weiter, nun auf dem Fahrweg mit dem Namen Stadtscheide und weiterhin mit gelber Pfeilmarkierung und W1.
Nach 5 Min. macht der Weg eine Rechtskurve, einige Minuten später

*Gasthof Zum Kiekeberg.*

zweigt links der Stadtweg ab, wir wandern aber geradeaus weiter. Wir ignorieren mehrere Abzweigungen und folgen immer den Markierungen Ki und W1 geradeaus. Dann zweigt rechts der Sennhüttenweg mit der Markierung W1 ab, während wir geradeaus der gelben Pfeilmarkierung Ki folgen. Über einen Höhenrücken, die Stadtscheide, wandern wir für längere Zeit an der Landesgrenze Hamburg/Niedersachsen entlang und passieren einen Rastplatz, bis wir unweit des Ehestorfer Weges (K 74) den **Waldparkplatz Stadtscheide** ❸ erreichen.
Nach rechts führt ein Waldweg steiler hinab zu einem Asphalt-Querweg, dem Harburger Stadtweg, der rechter Hand bald einen Waldweg kreuzt und dann zum Dorfplatz von **Ehestorf**, Teil der Gemeinde Rosengarten, an der Straße Emmetal (K 20) führt. Per Ampel über die Kreisstraße, dann kurz rechts und sofort links in die Ehestorfer Dorfstraße. Bei der dortigen

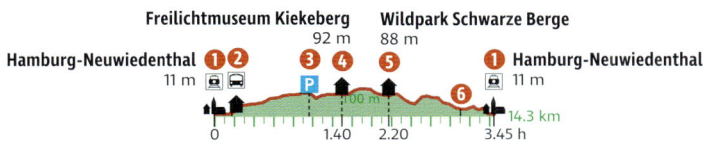

*Der Wanderweg in der Neugrabener Heide.*

Bushaltestelle wenden wir uns aber gleich nach links auf einen Fußweg südwärts, der zwischen Grundstücken aus dem Ort heraus und zum weithin bekannten **Freilichtmuseum Kiekeberg** führt. Am Geländerand treffen wir auf den Fahrweg Am Kiekeberg und erreichen linker Hand den **Museumseingang** ❹ und den Zugang zum Restaurant. Auf einem Gelände von 12 ha zeigen 30 historische Gebäude mit authentischer Inneneinrichtung, wie die Menschen in der Lüneburger Heide und der Winsener Marsch von 1600 bis in die 1950er-Jahre lebten und arbeiteten. Sehenswert sind insbesondere auch die Schaubetriebe der Brennerei, Bäckerei, Schmiede und Weberei sowie der Museumsladen. Neueren Datums sind das Agrarium mit den Themen Moderne Landwirtschaft und Ernährung sowie die Königsberger Straße mit einer Ausstellung zu den 1950/60er-Jahren.

Ohne Museumsbesuch können wir noch vor dem Museum auf den Weg Am Kiekeberg nach rechts abbiegen. Dann gehen wir links hinauf, vorbei am Parkplatz und einem Holz-Aussichtsturm zum erhöht liegenden Gasthof Zum Kiekeberg. Der Weiterweg führt in den Wald und links zu einem Kletterpark, dann per Rechtskurve in südlicher Richtung zu einem Rastplatz vor einer Pferdekoppel; linker Hand liegt eine Friedhofskapelle.

Wir wandern dort rechts am Waldrand oberhalb von Vahrendorf weiter, bis wir nach erneuter Durchquerung eines Waldstücks auf die Straße Am Sandberg stoßen. Auf ihr kurz nach links, dann in einer Kurve rechts ab auf den mit gelbem Pfeil markierten Weg WFR. Durch Wald erreichen wir **Alvesen** beim Alvesener Schulweg. Auf ihm nach rechts weiter. Nach einer Linkskurve auf der dortigen Querstraße kurz nach rechts, dann links in den Heinrich-Wendt-Weg, bis die Steinkuhle abzweigt. Diesem Weg folgen wir nach rechts bzw. nordwärts aus Alvesen heraus. Durch Wald erreichen wir auf dem Fuß- und Radweg die Straße Am Wildpark, wo linker Hand die Parkplätze und der Zugang zum **Wildpark Schwarze Berge** ❺ mit Restaurant liegen. Der 50 ha große Park beherbergt über 1000 Tiere in großzügigen und artgerechten Gehegen. Faszinierend sind auch die Greifvogel-Flugshow und die Aussicht vom 45 m hohen Elbblickturm.

Von der Zufahrt wandern wir für 3 Min. in bisheriger Richtung auf der Autostraße weiter, bis wir in einer Rechtskurve auf den Ehestorfer Heideweg stoßen. Hier geht es links auf dem mit gelbem Pfeil markierten Weg N und W2 weiter, der uns geradeaus in den Wald leitet. Nach wenigen Minuten erst rechts, dann links weiter. In der Folge macht der Weg im Wald viele Schlenker und trifft nach einem Anstieg auf einen Querweg, den **Neugrabener Heideweg**. Hier zweigt unsere Markierung rechts ab. Wir wandern nun nordwärts auf dem Neugrabener Heideweg bis zu einem Quer-Fahrweg, dem Wulmsberggrund, wo wir auch wieder auf die Markierung W1 treffen; hier links, vorbei an einem Einzelhaus. Wenig später zweigt der Neugrabener Heideweg mit unseren Markierungen N und W1 als Fußweg rechts ab und führt nordwärts durch den Wald. Wir überqueren den Bredenbergsweg, danach folgt unser Wanderweg einem kleinen Kamm, benutzt einen Querweg nach links und kreuzt nach einer Rechtskurve einen weiteren Querweg, wobei wir stets den Markierungen W1 und N auf dem Neugrabener Heideweg folgen. Nach weiteren 5 Min. führt uns die Markierung nach rechts vom Hauptweg ab und kreuzt den Talweg, einen breiten Sand-Fahrweg am Beginn einer rechts liegenden **Neugrabener Heide** ❻.

Wir folgen zunächst immer dem linken Rand der Heidefläche. Dann führt der Weg links bergab in den Wald. Dort erreichen wir eine Kreuzung, linker Hand sieht man einen Waldparkplatz. Nun rechts gemäß Markierung unweit eines Rastplatzes zu einer kleinen Anhöhe. Hier verlässt unser Wanderweg W1 bzw. gelber Pfeil mit NW für Neuwiedenthal den breiten Fahrweg (den Scharpenbargsweg) halb links. Im Wald nordwärts, nach einer Rechtskurve bergab zu einem Querweg am Waldrand. Auf diesem nach rechts oberhalb des Sportplatzes Opferberg entlang. Auf einer Lichtung gabelt sich dann der Weg. Die Markierung W1 zweigt rechts ab, wir folgen links dem gelben NW-Pfeil und steigen am Sportplatz entlang abwärts. Am Ende des Fußwegs treffen wir auf die Cuxhavener Straße (B 73). Hier gehen wir kurz nach rechts bis zur Bushaltestelle Opferberg, dort hinüber auf die andere Straßenseite und zum **Bahnhof** von **Neuwiedenthal** ❶.

↗ 180 m | ↘ 250 m | 17.4 km

# 52 Durch den Regionalpark Rosengarten

**4.30 h**

## Von Nenndorf zur Fischbeker Heide auf dem Heidschnuckenweg

*Der Regionalpark Rosengarten umfasst Teile von Hamburg-Harburg und angrenzende niedersächsische Gebiete, die der Naherholung dienen. Das Gebiet der Harburger oder Schwarzen Berge ist wald- und hügelreich. Am Weg liegen u.a. die alte Stellmacherei in Langenrehm und der Karlstein. Im letzten Drittel der Wanderung erwartet uns als Höhepunkt das Naturschutzgebiet Fischbeker Heide, ein weitläufiges Heidegebiet und beliebtes Ausflugsziel der Hamburger in den Harburger Bergen.*

**Ausgangspunkt:** Nenndorf, Bhst. Schulstraße der Linie 4210 Bahnhof/ZOB Hamburg–Harburg–Nenndorf–Bahnhof Klecken.
**Endpunkt:** S-Bahn-Station Fischbek an der S 3 Stade–Hamburg–Pinneberg.
**Anforderungen:** Größtenteils eine Waldwanderung auf breiten Fahrwegen wie auch schmalen Fußwegen, teils hügeliges Gelände mit Auf- und Abstiegen, für das gute Kondition erforderlich ist.

Durchgängig mit dem H des Heidschnuckenwegs markiert!
**Einkehr:** Im Zentrum von Nenndorf, im Museumscafé in Langenrehm (Öffnungszeiten beachten!); keine Einkehrmöglichkeit im Stadtteil HH-Fischbek!
**Tipp:** Der Karlstein in den Harburger Bergen, ein Granitblock, war vermutlich schon in prähistorischer Zeit eine Kultstätte. Einer Sage nach soll hier Karl der Große gelagert haben.

**Nenndorf** ist Sitz der Gemeinde Rosengarten, die im Südwesten an Hamburg angrenzt. Von der **Bushaltestelle Schulstraße** ❶ an der Emsener Straße folgen wir dem dort abzweigenden Langenrehmer Weg bis zum Ortsrand, wo linker Hand die Feuerwehr liegt. Dort stoßen wir auch auf die Markierung H des berühmten Heidschnuckenwegs, die uns bis zum Ziel begleitet. Der Fahrweg führt per Rechtskurve Richtung Autobahn. Nach Unterquerung der A 261 laufen wir zunächst geradeaus über eine Kreuzung. Bei der gleich folgenden Gabelung geht es rechts auf den Hainbuchenweg ab. Durch Wiesen und Felder kommen wir zu

*Der Findling Karlstein.*

*In der Fischbeker Heide.*

einer weiteren Gabelung. Hier zweigt die Markierung bei einer Ruhebank links ab und folgt dem Weg In den Hainbuchen. Dieser Fußweg führt durch Wald und Wiese, macht etliche Schlenker und trifft unweit des Fernmeldeturms **Gannaberg** auf einen breiten Sand-Fahrweg. Nach dessen Überquerung gleich rechts, dann links ab und per Rechtskurve aus dem Wald heraus. Bei der nächsten Gabelung ist links ein kurzer Abstecher zu einem Großsteingrab möglich. Unser Weg H verläuft jedoch geradeaus bis vor einen Hof; dort links ab auf einen Fußweg. Mit mehreren Richtungsänderungen geht es außen entlang eines eingezäunten Grundstücks bis zur Bushaltestelle Kabenweg an der Langenrehmer Dorfstraße in **Langenrehm**. Dort über die Autostraße, kurz links, dann rechts auf dem Kabenweg zur alten **Stellmacherei** ❷. Diese historische Werkstatt in einem Reetdachhaus wird als Außenstelle des Kiekeberg-Museums geführt und ist an bestimmten Sonntagen geöffnet.

Auf dem Kabenweg um das Museum herum, dann westwärts aus Langenrehm heraus. Auf einem breiten Grasweg wandern wir durch Wiesen und Felder bis zum nahen Waldrand. Dort treffen wir auf einen asphaltierten Querweg und folgen diesem nach rechts in den Wald. Wenige Minuten später erreichen wir einen Waldparkplatz, wo der Asphaltweg rechts abbiegt. Hier folgen wir geradeaus einem markierten Waldweg, der uns zu einem weiteren Asphalt-Querweg bringt. Auf diesem kurz nach links, dann wieder

rechts vom Asphaltweg ab. Bei der folgenden Verzweigung neuerlich rechts weiter und geradeaus bis zur Rosengartenstraße (K 52). Auf dem Asphaltweg neben der Autostraße laufen wir nun für 2 Min. nach rechts und überqueren dann die Autostraße nach links. Auf einem Waldweg geht es nordwärts meist etwas bergan zu einer Kreuzung mit Ruhebank. Dort biegen wir links ab. Nach 2 Min. teilt sich der Weg erneut, hier neuerlich links weiter. Mit etlichen Schlenkern, mal bergauf, mal bergab, führt uns der Waldweg nun direkt zum **Karlstein** ❸. Diesen eiszeitlichen Findling aus Granit bringt man mit dem Frankenkönig Karl dem Großen in Verbindung.

Vom Karlstein erreichen wir nach 200 m eine Weggabelung, wo von links der FWW E1 zu uns stößt. Wir wandern hier geradeaus weiter. In der Folge geht es im Wechsel auf und ab und wir kreuzen – immer gut markiert – etliche Querwege. Nach etwa 2,5 km liegt rechts vom Weg eine Lichtung, die sogenannte

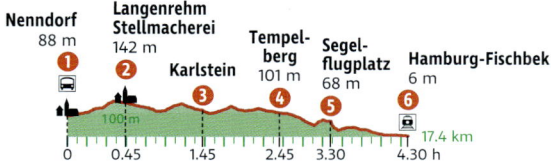

Doppelheide. Wieder im Wald, geht es zunächst geradeaus weiter, dann überqueren wir einen Sand-Fahrweg, halten uns danach kurz ostwärts, dann per Linkskurve wieder nordwärts, und kommen so zur kleinen Siedlung **Tempelberg** ❹, die zu Neu Wulmstorf gehört. Dort treffen wir auf eine Asphaltstraße und folgen dieser nach rechts bis zur Rufbus-Haltestelle an der Straßengabelung.

Bei der Gabelung links auf dem Sandweg durch die Siedlung weiter. Am Siedlungsende macht der Fahrweg eine Linkskurve. Dort zweigen wir mit dem Heidschnuckenweg, immer auch noch der FWW E1, links ab. Wenig später sehen wir linker Hand weitere Häuser auf einer Waldlichtung. Dann kreuzen wir den Jungfrauenweg, der als Radroute ausgeschildert ist. Nun beginnt ein länger anhaltender Abstieg, wobei wir immer geradeaus der unsichtbaren Landesgrenze zwischen Niedersachsen und Hamburg folgen und Abzweigungen ignorieren. Schließlich erreichen wir eine Wegkreuzung am Rand der **Fischbeker Heide**. Hier folgen wir der Markierung halb rechts. Der Weg verläuft etwas südöstlich des dortigen Segelfluggeländes. Dann erreichen wir die Südostecke des **Segelflugplatzes** ❺. Von hier aus haben wir eine sehr gute Sicht auf die startenden und landenden Segelflieger und können weit Richtung Norden blicken.

Per Rechtskurve vom Segelflugplatz in den Wald. Vor uns liegt nun ein rund 2 km langer Streckenabschnitt, der kurvenreich auf der Westseite des Fischbeker Tals zwischen ausgedehnten Heideflächen und Wald abwärts verläuft. Der Weg ist ausgesprochen gut markiert, und wir ignorieren alle querenden Wege. Nach einer letzten Kreuzung erreichen wir am Waldrand schließlich einen rechts liegenden Parkplatz und treffen dort auf die Wohnstraße Scharlberg. Auf dem breiten Fußweg neben der Straße weiterhin markiert zur Cuxhavener Straße (B 73), die wir mittels Ampel überqueren. Gegenüber in bisheriger Richtung auf dem Fischbeker Heuweg weiter. Diese Wohnstraße kreuzt den Fischbeker Weg, dem wir nach rechts folgen. Nach einer Linkskurve erreichen wir bei der **Kirche** von **Fischbek** eine Straßengabelung. Dort folgen wir nordwärts dem Pflasterweg Dritte Meile und kommen wenig später zur Bahnstrecke Hamburg–Harburg–Stade–Cuxhaven. Nach ihrer Überquerung gabelt sich der Weg. Der FWW E1 führt geradeaus Richtung Elbe weiter, während uns die Markierung H nach links und damit parallel zur Bahnstrecke bis zur S-Bahn-Station von **Hamburg-Fischbek** ❻ bringt.

↗ 50 m | ↘ 50 m | 21.4 km

## 53 Von Rotenburg (Wümme) zu den Bullenseen

**5.15 h**

### Durch das Wasserreich im Süden Rotenburgs

*Die Wanderung verläuft durch die Rotenburger Innenstadt und führt dann in den Süden. Flussniederungen, Wälder, Wiesen, Moore und die beiden Bullenseen sorgen für Abwechslung. Der Erlebnisgarten des Hartmannshofs zieht Kinder wie Erwachsene an. Die gut ausgeschilderte Strecke ist einer von mehreren »Nordpfaden« (einem lokalen Wanderwege-Netz) und durchgehend zusätzlich mit »Wasserreich« markiert. Auch die Kreisstadt Rotenburg (Wümme) will im Rahmen der Tour entdeckt werden, sie verfügt über etliche sehenswerte Bauten, darunter die neugotische Stadtkirche. Idyllisch ist zudem das Speicherviertel am Stadtstreek.*

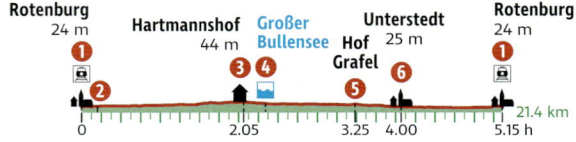

**Ausgangspunkt:** Bhf. Rotenburg (Wümme) an der Strecke Hamburg–Bremen.
**Anforderungen:** Unterschiedliche Wege oder Nebenstraßen, immer ausreichend markiert durch abwechslungsreiche Landschaft, keine besonderen Schwierigkeiten. Allerdings erfordert die Weglänge eine gewisse Kondition.
**Einkehr:** In Rotenburg, unterwegs Hofcafé im Hartmannshof und in Unterstedt.

*Naturidylle am Kleinen Bullensee.*

Vom **Bahnhof** ❶ folgen wir südwärts der Bahnhofstraße, treffen dann auf die B 215 und überqueren auf der Amtsbrücke die Wümme. Bei der nun folgenden Straßenverzweigung geht es an der Ampel nach links, dann immer noch auf der Bahnhofstraße per Linksbogen in die Innenstadt. Dort liegt linker Hand das moderne Rathaus am Nordende des Platzes **Am Pferdemarkt** ❷. Geradeaus auf der Großen Straße zum Speicherviertel am Stadtstreek und vorbei am Postamt. Gleich danach zweigt rechts die Kirchstraße ab und führt zur Goethestraße mit dem links liegenden Jüdischen Museum. Nach ihrer Überquerung kommen wir an der 1862 erbauten Stadtkirche vorbei, einer bedeutenden neugotischen Hallenkirche. Von der Kirche laufen wir am Kantor-Helmke-Haus vorbei und kommen ins Grüne hinaus; zuerst rechts, dann per Linkskurve weiter. Bei einem Spielplatz machen wir eine weitere Linkskurve und überqueren dann rechts die **Wiedau**.

Danach wandern wir neben der Wiedau bis vor eine weitere Brücke, wo wir auf einen Querweg treffen. Auf diesem rechts weiter, bei der nächsten Gabelung aber schon wieder links. Der Wanderweg macht zunächst einen Rechts-, dann einen Linksbogen und führt in einen Wald hinein. Dort

*Teilansicht der Stadtkirche mit Gefallenen-Denkmal.*

kommen wir zu einer Kreuzung, bei der wir rechts abzweigen. Wir überqueren die **Rodau** und biegen vor einer Siedlung links vom Hauptweg ab. Auf einem Gras-Fußweg geht es zwischen Grundstücken weiter. Nach einer Rechtskurve treffen wir auf den Quer-Fahrweg An der Rodau, der uns an einem Pferdehof vorbeiführt. Dann zweigt rechts die Asphaltstraße Nobelsteder Weg ab, während wir geradeaus eine Tennishalle passieren. Bald danach geht es wieder in den Wald. Dort treffen wir auf einen Querweg und folgen diesem nach rechts bis zur Visselhöveder Straße (B 440).

Nach Überquerung der Bundesstraße folgen wir gegenüber, etwas weiter südlich, einer kleinen Asphaltstraße. Von dieser zweigt links ein Waldweg ab, auf dem wir für etwa 8 Min. bis zu einer Kreuzung wandern. Dort links ab und auf einem Grasweg wieder Richtung Süden. Wir kommen über mehrere Nebenwege, bis bei einem Hochsitz ein Querweg unseren Weg schräg kreuzt. Hier rechts ab und gleich danach auf dem Schotter-Querweg nochmals rechts. Auf diesem treffen wir nach einer Forstweg-Schranke auf einen breiten Quer-Fahrweg, dem wir südwärts folgen. Wir wandern geradeaus über eine Kreuzung und erreichen wenig später einen quer verlaufenden Grasweg. Diesem folgen wir nach links am Waldrand. Linker Hand liegt bereits der Hartmannshof der Rotenburger Werke, einer bekannten Einrichtung für Menschen mit Behinderungen.

Immer dem Grasweg folgend, erreichen wir einen Quer-Fahrweg mit Parkplatz. Hier befindet sich auch ein Zugang zum Mitmach-Erlebnisgarten des **Hartmannshofs** ❸. Das Hofcafé liegt 300 m nördlich und ist entweder durch den Garten oder auf dem Fahrweg erreichbar. Im Erlebnisgarten gibt es nicht nur Beete, Büsche und Bäume zu entdecken, sondern auch Spieleinrichtungen, beispielsweise eine Schlangenschaukel.

Wir folgen nun rechts dem gesperrten Fahrweg, überqueren geradeaus einen Schotterweg und erreichen dann die Kreuzung mit der Asphaltstraße

Am Großen Bullensee. Linker Hand liegt hier ein großer Parkplatz. Geradeaus kommen wir dagegen zu einem Waldspielplatz und zur Badestelle am **Großen Bullensee** ❹, der als Naherholungsziel sehr beliebt ist.

Von der Badestelle laufen wir rechts am Nordufer entlang und kommen zum DLRG-Badeturm. Dort halten wir uns rechts und treffen hinter dem DLRG-Haus auf einen Asphaltweg, dem wir ganz kurz folgen. In einer Linkskurve geht dann rechts ein Fußweg ab, der in das Moorgebiet um den Kleinen Bullensee führt. Vor dem idyllischen **Kleinen Bullensee**, der zum NSG Großes und Weißes Moor gehört, treffen wir auf einen Querweg, dem wir nach links folgen. So stoßen wir am Rand einer Wochenendsiedlung auf den Quer-Fahrweg Am Kleinen Bullensee. Auf ihm geht es nach rechts weiter. Bald erreichen wir ein Heidegebiet und kommen dort an einem halb überdachten Bienenstock vorbei.

Wir passieren eine **Rasthütte** und treten bei einer deutlichen Linkskurve wieder in den Wald ein. Vorbei an einer Lichtung folgen wir nun immer dem Fahrweg. Bei einer Ruhebank verlassen wir ihn und folgen in bisheriger Richtung einem Gras-Waldweg. Bei der ersten Kreuzung zweigen wir rechts ab und kommen im Grafeler Wald bald über eine weitere Kreuzung. Dann erreichen wir eine Wegverzweigung, wo es nach Kreuzung des Querwegs gegenüber halb links weitergeht. Es folgt eine Rechtskurve, bei der nächsten Gabelung biegt der Hauptweg links um und führt am Seerosenteich vorbei. Danach erreichen wir den **Hof Grafel** ❺.

Hinter dem Hof Grafel geht es zunächst am Waldrand entlang, dann durch den Wald, bis wir bei einer Schranke eine Kreuzung erreichen. Dort zweigen wir links auf den breiten Sand-Fahrweg Richtung Unterstedt ab. Er wird zu einer asphaltierten Allee. Dann zweigen wir rechts auf einem Schotter-Fahrweg ab, der schon bald links umbiegt und zum Ortsrand von Unterstedt führt. Dort in bisheriger Richtung auf dem Reithenweg bis zur Hauptstraße (B 215) in **Unterstedt** ❻. Gegenüber liegt ein chinesisches Restaurant, eine weitere Einkehrmöglichkeit noch ein Stück weiter südwärts. Nach Straßenüberquerung benutzen wir den Fuß- und Radweg neben der Straße nach rechts und kommen nordwärts wieder zum Ortsrand. Dort zweigt links der Asphaltweg Am Vieh ab. Auf diesem immer geradeaus, vorbei an der Abzweigung der Straße Zum Doinsbrook, bei der folgenden Kreuzung dann rechts ab auf einen Fußweg. Dann überqueren wir geradeaus die Straße Zur Kumpwisch und folgen dem Sand-Fahrweg, der uns an den Stadtrand von **Rotenburg** bringt. Dort verläuft der Weg an der Rückseite von Grundstücken und führt als Sternenweg zu einer Kreuzung. Hier links ab, vom Stadtrand weg und bald über die Wümme. Am Nordrand der Wümmeniederung zweigen wir rechts ab und kommen am links liegenden Schützenhaus vorbei. Nach einer Linkskurve geht es geradeaus über eine Kreuzung. Schließlich folgen wir der Straße In der Ahe nach rechts, bis sie knapp nördlich der Wümmebrücke auf die B 215 trifft. Dort links auf bekanntem Weg zurück zum nahen **Bahnhof** ❶.

↗ 20 m | ↘ 20 m | 10.8 km

# 54 Zwischen Fintau und Wümme

**2.30 h**

🚌 👣

### Gemütliche Halbtagswanderung mit der Vareler Heide als Höhepunkt

*Die Tour beginnt gleich idyllisch und führt nach Überquerung der Fintau an zwei kleinen Seen vorbei, denen man es nicht ansieht, dass sie einst künstlich angelegt wurden. Nach Verlassen von Lauenbrück genießen wir eine abwechslungsreiche Landschaft. Höhepunkt ist zweifellos die Durchquerung der Vareler Heide, die den Heideflächen der Lüneburger Heide in nichts nachsteht. Dort gibt es sogar eine Heidschnuckenherde, die ihr Zuhause in einem alten Schafstall hat. Durch den kleinen Ort Varel kommen wir dann an die Wümme; durch die schöne Auenlandschaft entlang des Flusses erreichen wir schließlich Scheeßel, wo das Heimatmuseum eine Besichtigung wert ist.*

**Ausgangspunkt:** Bhf. Lauenbrück an der Strecke Hamburg–Bremen.
**Endpunkt:** Bhf. Scheeßel an der gleichen Bahnstrecke.
**Anforderungen:** Leichte Halbtagstour. Ein größerer Teil der Strecke folgt einem der Nordpfade, einem Wanderwege-Netz im Kreis Rotenburg (Wümme) und ist entsprechend markiert.

**Einkehr:** In Lauenbrück und Scheeßel, unterwegs keine.
**Tipp:** Besuch des Heimatmuseums in Scheeßel, bestehend aus zwei Hofanlagen mit etlichen historischen Fachwerkbauten. Nur von April/Mai–September/Oktober samstags und sonntags geöffnet, außerhalb dieser Zeiten nur für Gruppen.

*In der Vareler Heide.*

Vom **Bahnhof** in **Lauenbrück** ❶ kurz links, dann folgen wir der nordwestwärts verlaufenden Bahnhofstraße. Beim Lauenbrücker Hof mündet von rechts die Berliner Straße (K 212) ein. Dort geradeaus auf der Bahnhofstraße weiter, jetzt

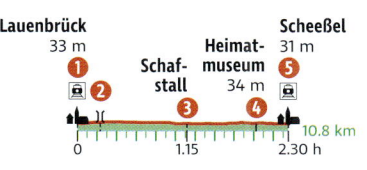

die K 212. 3 Min. später zweigt links der Fintauweg ab, anfangs eine Pflasterstraße, dann ein Sandweg. Auf diesem kommen wir in den Grüngürtel entlang der **Fintau**, eines Nebenflusses der Wümme. Per **Holzbrücke** ❷ über den Fluss, danach links weiter. Auf der rechten Seite des Weges liegt nun der 1,5 ha große, 1967 angelegte Fintausee. Linker Hand taucht kurz danach der rund 2 ha große **Wiesensee** auf. Beide Seen sind aufgrund ihres Fischreichtums beliebte Angelgewässer.

Wir wandern zunächst noch am Wiesensee entlang, bevor es per Rechtskurve vom See weggeht. Dann passieren wir den Wendehammer des links beginnenden Mühlenwegs. Wir folgen hier aber geradeaus dem Fuß- und Radweg, der bei der Kindertagesstätte Löwenburg auf den Richterkamp trifft; auf dieser Straße für 2 Min. nach rechts. Dann zweigt links ein unmarkierter Fahrweg ab. Dieser Baumallee folgen wir nun westwärts bis zu einer Gabelung. Dort zweigen wir rechts ab, ausgeschildert als Erlebnispfad rund um Lauenbrück. In nun nordwestlicher Richtung laufen wir auf ein Haus zu und biegen davor rechts ab. Dann erreichen wir die Straße Alter Kirchweg. Auf ihr nach links und am Klärwerk vorbei. Kurz danach erreichen wir die

*An der idyllischen Wümme.*

B 75. Nach ihrer Überquerung zweigt halb links ein breiter Waldweg ab, der als Nordpfad markiert ist. Er wird im Wald immer schmaler und führt mittels einer Holzbrücke über den Steinbecker Moorgraben.
Kurz danach erreichen wir den Waldrand und den Beginn der lang gestreckten, etwa 50 ha großen **Vareler Heide**. Mittels Linksbogen steuern wir eine Weggabelung mit einem Baum und umrundender Ruhebank an. Wir wandern nun im hügeligen Gelände auf einem schmalen Fußweg mitten durch die Heideflächen. Der Weg macht etliche Schlenker und führt schließlich wieder in den Wald. Schon bald treffen wir auf einen breiteren Weg und folgen diesem nach links. Am Beginn einer Waldwiese halten wir uns links, wenig später liegt rechts der alte **Schafstall** ❸ für die hier ansässige Heidschnuckenherde.
Nach dem Stall macht unser Weg eine Rechtskurve, dann folgen wir einer Baumallee und kommen auch an Wacholder vorbei. Es folgt eine Kreuzung mit Infotafel, die wir geradeaus überqueren. Am Waldrand entlang, dann beginnt die Waldsiedlung **Varel**. Auf altem Kopfsteinpflaster laufen wir weiter. Am Siedlungsende gabelt sich das Sträßchen, hier rechts. Zunächst durch Wald, dann durch Felder passieren wir eine linker Hand liegende Siedlung, die bereits zu Scheeßel gehört. Geradeaus auf dem breiten Sandweg geht es am Waldrand weiter und nach einem Waldstück zur L 130 bei der Wümmebrücke. Nach Überquerung der Landesstraße beginnt gegenüber ein 1,6 km langer Streckenabschnitt durch die idyllische Auenlandschaft entlang der Wümme.
Nach einer Rechts-, dann einer Linkskurve am Beginn des Weges erreichen wir wenig später einen Rastplatz am Hohen Wümmeufer. Bald stoßen wir

auf einen Querweg, hier rechts. Linker Hand liegt zuerst ein großer Sportplatz, danach folgt das Freibadgelände. Immer in der Nähe der Wümme erreichen wir dann die Abzweigung des Weges Am Tennisplatz. Dort halten wir uns im Wald rechts und kommen am Schießstand des Schützenvereins vorbei. Dann verläuft der Weg an der Rückseite von Grundstücken am Waldrand weiter und folgt dem Sträßchen Am Kreuzberg bis zur Zevener Straße (L 131), die wir überqueren. Etwas nach links versetzt, wandern wir dann gegenüber auf der kleinen Straße Wischhoff weiter. Diese geht in einen Waldweg über und wir kommen per Holzbrücke über die Beeke, einen Nebenfluss der Wümme. Der Weg biegt dann links um, und wir erreichen den zum **Heimatmuseum** ❹ gehörenden **Meyerhof**.

Am Ende des Museumsgeländes links zu einem Verkehrskreisel. Dort überqueren wir erneut die Zevener Straße, halten uns kurz rechts, um dann links eine Grünanlage zu durchwandern. An ihrem Ende geht es rechts auf dem Beekstieg am Rathaus vorbei zum Untervogtsplatz. Dort finden wir einen großen Parkplatz, zweigen rechts ab und erreichen wieder die Zevener Straße. Ihr folgen wir nach links bzw. nach ihrem Ende in gleicher Richtung der Großen Straße (B 75). Am Ende der Innenstadt zweigen wir beim dortigen Verkehrskreisel rechts ab und folgen per Linkskurve der Bahnhofstraße. Diese bringt uns bis vor die Bahnstrecke Bremen–Hamburg. Dort halten wir uns links und erreichen so den **Bahnhof** von **Scheeßel** ❺.

*Der Meyerhof, Teil des Heimatmuseums in Scheeßel.*

# TOP 55 — Von Kakenstorf nach Moisburg

↗ 70 m | ↘ 100 m | 20.0 km
5.00 h
🚌 ✕

### Lange Streckenwanderung im idyllischen Tal der Este

*Die Wanderung, meist im Westen des Regionalparks Rosengarten, umrundet zunächst im Süden auf wenig bekannten Wegen Kakenstorf. Dann folgt die Wanderung dem landschaftlich sehr reizvollen Estetal über Bötersheim, Hollenstedt und Appelbeck bis Moisburg, wo uns das Mühlenmuseum erwartet. Im Estetal ist der Weg meist ausgeschildert bzw. markiert.*

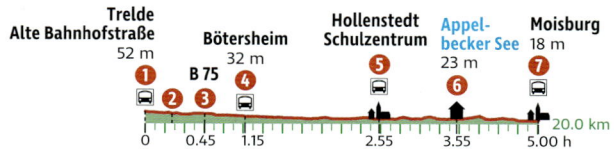

**Ausgangspunkt:** Bhst. Trelde Alte Bahnhofstraße der Linie 4037 ab Buchholz Bhf. (Lindenstraße) oder Sprötze Bhf., beide an der Strecke Hamburg–Bremen.
**Endpunkt:** Moisburg, Bhst. Dorfstraße mit Buslinie 4039 nach Neu Wulmstorf bzw. Bhst. Moisburg Kreuzung der Linie 2038 zum Bhf. Buxtehude, Weiterfahrt nach Hamburg per S-Bahn, ab Buxtehude auch mit dem Regionalzug.

**Anforderungen:** Lange Wandertour überwiegend auf Wald- und Feldwegen, teils auch Pfade.
**Einkehr:** In Hollenstedt (etwas abseits der Route), Appelbeck und Moisburg.
**Variante:** Die Wanderung kann auch auf zwei Etappen aufgeteilt werden, da Hollenstedt auch von der Buslinie 4037 bedient wird, zeitweise auch durch den kostenlosen Regionalpark-Shuttle.

Die Wanderung beginnt an der **Bushaltestelle Alte Bahnhofstraße** ❶ etwas südlich der Ortschaft **Trelde**. Wir folgen von dort westwärts der Langen Straße (K 45), wobei wir den Rad- und Fußweg benutzen können. Nach einer Rechtskurve kommen wir über den Sprötzer Bach. Wenig später zweigt links von der Autostraße der unmarkierte Moorweg ab, dem wir nun folgen. Schon 2 Min. später geht vom Moorweg rechts ein schmaler Fußweg ab, der uns im Wald unweit seines Nordrandes in den Süden von Kakenstorf bringt. Wir ignorieren links abzweigende Wege und treffen auf einen breiten, rechts von der Siedlung kommenden Weg. Dort halten wir uns halb links und erreichen dann eine Waldkreuzung. Hier zweigen wir links ab und erreichen eine **Bogensportanlage** ❷ mit Rastmöglichkeit. Nach dem Bogensportgelände geht es erneut über den Sprötzer Bach und romantisch durch den Wald. Wir folgen schließlich dem zweiten rechts abzweigenden Weg unweit einer Pferdekoppel, kreuzen dann einen anderen Weg und wandern immer geradeaus, bis wir auf einen Querweg treffen. Auf diesem rechts weiter zum Ortsrand von **Kakenstorf**, wo wir eine Linkskurve machen und der Waldweg auf den Lohberger Weg trifft. Auf dieser Asphaltstraße nach rechts, bis wir 2 Min. später auf eine Querstraße stoßen, den Kiefernweg. Erneut rechts weiter und wieder über den Sprotzer Bach. Gleich dahinter zweigen wir auf die Straße Am Wiesengrund ab. An ihrem Ende laufen wir geradeaus auf einem Pflasterweg an der Rudolf-Steiner-Schule entlang und erreichen dann, vorbei an der Schulbushaltestelle, die Lange Straße an ihrer Einmündung in die **B 75** ❸.

Nach links per Ampel über die B 75, dann gegenüber auf der Straße Estetal Richtung Schullandheim. Wir kommen unter einer Stromleitung hindurch und zweigen in der folgenden Linkskurve auf einen schlecht erkennbaren Weg links ab. Achtung! Bei Hochwasser kann der Weg unpassierbar sein! In diesem Fall müsste man auf die K 64 nach Bötersheim ausweichen.

Vor der Este halten wir uns rechts und folgen zunächst dem Pfad am Ufer entlang. Per Holzbrücke über den Fluss, dann laufen wir mithilfe mehrerer Stege durch ein Feuchtgebiet neben der Este weiter. Schließlich biegt unser Pfad nach links um und trifft auf einen Querweg. Diesem nun besseren Weg folgen wir im Wald mit etlichen Schlenkern nordwärts, Abzweigungen und Kreuzungen werden ignoriert. So erreichen wir nach einer Holzschranke den Rand von **Bötersheim**, einer kleinen Siedlung, die auch zu Kakenstorf gehört. Auf dem Sand-Fahrweg Zum Tannhof treffen wir dann auf die Dorfstraße, wo links eine **Bushaltestelle** ❹ liegt. Nach links lohnt hier ein kurzer Abstecher zum Gasthof Dorfkrug, das heute zwar geschlossen ist, das Haus selbst ist aber immer noch sehenswert.

*Die Kirche von Moisburg innen ...*  *... und außen.*

Unser Wanderweg führt jedoch nach rechts auf der Dorfstraße weiter. Wir laufen bis zur Este, wo eine malerische **Wassermühle** liegt, die schon 1386 erwähnt wurde. Bereits unmittelbar davor zweigt links der Esteweg ab, dem wir jetzt folgen. Bis Moisburg ist der Weg nun ausreichend markiert oder ausgeschildert. Gleich am Beginn des Estewegs liegt rechter Hand ein Kriegerdenkmal mit einer 1000-jährigen Eiche. Wenig dahinter folgt auf der linken Seite ein Metallatelier, das auf eine über 350 Jahre alte Schmiede zurückgeht. Ein Besuch lohnt!

Am Ortsende geht es in bisheriger Richtung wieder in den Wald. Bei einer Weggabelung halten wir uns rechts, kurz danach geht es per Steg über einen manchmal ausgetrockneten Bach und anschließend über eine Lichtung mit der NEL-Gasleitung, deren Verlauf und Bau seinerzeit sehr umstritten war. Geradeaus über eine Waldkreuzung erreichen wir dann mitten im Wald eine Holzbrücke über die Este. Diese **Butterbarg Brügg** wurde 2003 erbaut. Nach ihrer Überquerung zweigt rechts ein Weg nach Drestedt ab,

*An der Este bei Moisburg.*

wir folgen dem Esteweg jedoch links. Der nun schmale Waldweg macht etliche Schlenker, mal bergauf, mal bergab, und führt in einem Rechtsbogen zu einer Stelle hoch über der Este. Tendenziell immer nordwärts, kreuzen wir geradeaus bei einer Waldwiese einen Querweg, der nach Drestedt führt. Der nun breitere Weg verläuft weiterhin hoch über der Este, am Weg liegen Infotafeln zu Bäumen und auch Ruhebänke. Erneut geradeaus über einen Querweg, dann zweigt der Esteweg bei einer Bank links vom Hauptweg ab und führt erneut als schmaler Weg weiter. Immer der guten Markierung folgend erreichen wir schließlich eine Lichtung, wo wir auf einen Querweg treffen. Hier geht rechts ein weiterer Querweg nach Dierstorf ab, selbst wandern wir links Richtung **Hollenstedt** weiter.

Nur kurze Zeit später gabelt sich der Esteweg erneut, wir folgen hier der Ausschilderung Richtung Moisburg (nicht Richtung Ringwall). Der östliche Esteweg verläuft zunächt weiter im Wald, macht dann eine Rechtskurve und führt unter einem alten Eisenbahnviadukt hindurch. Weiter geradeaus, vor der Autobahn dann rechts. Nach einer Rechtskurve, die von der Autobahn wieder wegführt, zweigt gleich links ein Fußweg zur tiefer liegenden Dierstorfer Straße (K 40) ab. Auf dieser dann unter der A 1 hindurch. Wir kommen erneut über die Este und gleich danach zur **Bushaltestelle Schulzentrum** ❺. Hier könnten wir die Tour unterbrechen.

Danach folgen wir per Rechtskurve der Autostraße, weiterhin die K 40, die nun Am Stinnberg heißt. In einer Linkskurve zweigen wir geradeaus auf die

Nebenstraße Am Markt ab und folgen ihr geradeaus über eine Kreuzung, bis wir eine Gabelung bei der St. Andreas-Kirche erreichen. Dort zweigen wir auf einen Fußweg rechts ab und laufen zwischen Kirche und Bücherei hindurch. Der Fußweg macht erst eine Rechts-, dann eine Linkskurve und wird zum Pflastersträßchen, dem Karkenstieg. An seinem Ende rechts an der Estetalstraße (K 31) entlang, bis gegenüber bzw. links die Wohnstraße Auf der Loge abzweigt. Auf ihr durch ein Wohngebiet, dann biegt die Straße links um, führt an einem Fischteich vorbei und endet an der Moisburger Straße (L 141). Dieser folgen wir nun kurz rechts aus Hollenstedt heraus.
Bald zweigt rechts ein Weg ab, der dem Waldrand folgt. Auf ihm an rechts liegenden Fischteichen vorbei, dann durch ein Waldstück, in dem wir über den Bach **Bumbeck** kommen. Dahinter führt der Weg rechts weiter, macht im Wald eine Linkskurve und bringt uns geradeaus über einen Querweg. Fast weglos geht es im Wald weiter, dann durch Wiesengelände und per Linkskogen um ein Klärwerk herum. An dessen Nordseite entlang zu einer Gabelung, unweit von einem Funkmast. Dort geht es rechts auf einem Feldweg durch das offene Gelände weiter, wenig später per Rechtsbogen etwas bergab und links Richtung Waldrand. Wir wandern dann nordwärts durch den Wald bis zu einer Gabelung. Hier zweigen wir rechts ab, überqueren per Holzbrücke die Este und folgen dem schmalen Waldweg ostwärts. Vorbei an einer rechts liegenden Wiese immer geradeaus, bis wir bei einem Spielplatz die nächste Wegverzweigung erreichen. Wenngleich der Weg Richtung Moisburg hier links abgeht, laufen wir erst geradeaus zu einem Asphalt-Fahrweg. Auf diesem rechts nach Appelbeck und zum **Appelbecker See** ❻, der für seinen Fischreichtum bekannt ist. Gegenüber dem See können wir in idyllischer Umgebung auch einkehren.
Zurück zur erwähnten Wegverzweigung, dort jetzt rechts bzw. nordwärts im Wald weiter. Der Weg biegt dann rechts um und führt bald an einem rechts liegenden Wiesengelände entlang, bevor es wieder vollständig in den Wald geht. Der breite Weg endet am Waldrand, dem wir zunächst nach links folgen. Nach Durchquerung eines Waldstreifens biegt der Weg dann rechts ab. Wir folgen den Holzbohlen durch die feuchten Wiesen unweit der Este, unterqueren gleich zwei Stromleitungen und orientieren uns am Rand des Estetals. Am Ende des Holzbohlenwegs geht es links weiter, dann mit etlichen Schlenkern durch Wald, Feld und Wiese am Rand des Estetals Richtung Nordenwesten. Vorbei an einer Pferdekoppel erreichen wir schließlich den südlichen Ortsrand von Moisburg, wo rechts ein Treppenweg zu den Häusern abzweigt. Wir folgen dort geradeaus dem breiten Fahrweg An der Lieth, der an dem Asphaltsträßchen Alten Weden in **Moisburg** endet. Auf diesem nun links und nochmals über die Este. Nach der Brücke zweigt rechts ein Wald-Fußweg ab, der dem Lauf der Este folgt. Bei der gleich folgenden Abzweigung wenden wir uns nach rechts auf einen Holzbohlenweg, der erneut über die Este zur nahen **Feldsteinkirche** führt. Die Kirche wurde um 1242 erstmals erwähnt und ab dem Jahr 1603 auf

den Fundamenten neu aufgebaut. Auch das Innere ist sehenswert, u.a. das spätgotische Altarbild, die Messingleuchter, der Abendmahlskelch und das Taufbecken, alles aus dem 17. Jh.

Wieder zurück an der Abzweigung nach der Estebrücke, laufen wir noch kurz rechts entlang der Este weiter. Dann biegt der Kirchweg links um und führt vom Ufer weg. Vor einem Parkplatz geht es rechts weiter, an Tennisplätzen vorbei zu einem großen Sportplatz. Dort links abbiegend könnte man am Sportplatz entlang das allgemein zugängliche Restaurant als Einkehrmöglichkeit am Ende der Wanderung erreichen. Geradeaus folgt der Kirchweg dagegen dem lang gestreckten Sportgelände, biegt dann am anderen Ende links um, dann gleich noch einmal rechts zur Rückseite des Alten Amtshauses. Davor links weiter und per Brücke über den Wassergraben. Dahinter dann beim Parkplatz rechts weiter bis zur Hollenstedter Straße (L 141), wo ein Wegweiser steht. Nach rechts auf der Straße weiter; linker Hand steht das **Mühlenmuseum**. Die Mühle wurde 1379 erstmals erwähnt, wobei das Gebäude von 1723 stammt. Noch immer kann man hier das Mahlen erleben, nämlich an den Sonntagen von April bis Oktober.

Wir kommen erneut über die Este und laufen bis zur Straßengabelung. An der links abzweigenden Buxtehuder Straße befindet sich gleich die **Bushaltestelle Moisburg Kreuzung** ❼; 80 m weiter östlich die Bushaltestelle **Dorfstraße** an der gleichnamigen Straße.

*Das Mühlenmuseum in Moisburg mit Wasserrad.*

↗ 90 m | ↘ 90 m | 23.2 km

## 56 Rund um Zeven

5.45 h

### Entlang von Mehde, Oste und Bade durch die Zevener Geest

*Die Kleinstadt Zeven auf halbem Weg zwischen Hamburg und Bremen ist Ausgangspunkt einer langen Rundwanderung durch ein abwechslungsreiches Gebiet. Viel Natur, aber auch historische Sehenswürdigkeiten wie das frühere Kloster in Zeven oder die Wassermühle in Bademühlen sorgen für Abwechslung. Die Rundwanderung ist durchgehend als Nordpfad Zevener Geest gekennzeichnet und ausgeschildert. Zu den Nordpfaden gehören insgesamt 24 Wanderstrecken im Landkreis Rotenburg (Wümme).*

*Blick zum Turm der ehemaligen Klosterkirche Sankt Viti.*

**Ausgangspunkt:** Zeven Busbahnhof, zu erreichen mit der Buslinie 3860 von Tostedt Bhf. an der Bahnstrecke Hamburg–Bremen.
**Anforderungen:** Feld- und Waldwege, aber auch Pfade und Straßen, ausreichend markiert bzw. ausgeschildert; aufgrund der Länge ist gute Kondition erforderlich.
**Einkehr:** In Zeven, unterwegs in Brauel bzw. kurz danach beim Campingplatz.
**Tipp:** Besuch des Museums Kloster Zeven.

Vom **Busbahnhof** in **Zeven** ❶ am Südende des Stadtparks an der Straße Am Markt laufen wir ostwärts, vorbei an einem Gefallenen-Denkmal, und biegen danach links in den Klostergang ab. Das Kloster bestand von Mitte des 12. bis Mitte des 17. Jh. Dazu gehörte auch die St.-Viti-Kirche, an der unsere Wanderung vorbeiführt. Von ihrem Turm nahm der Astronom und Mathematiker Carl Friedrich Gauß einst trigonometrische Messungen vor. Der Durchgang links von der Kirche führt an den alten Klostergemäuern und dem Museum Kloster Zeven vorbei. Am Nordrand des Klostergeländes treffen wir vor einer Brücke über die Mehde auf einen Querweg. Diesem

243

folgen wir nach rechts, zunächst an der Rückseite der Grundschule vorbei, dann im Wald. Im Stadtwald Ahe erreichen wir, immer dem Lauf der Mehde folgend, eine Kreuzung unweit der Schützenhalle, wo links eine weitere Brücke über die Mehde führt. Hier geradeaus und bald am Waldrand entlang. Der schmale Fuß- und Radweg führt dann am eingezäunten Naturbad-Gelände entlang und endet am Eingang bzw. am rechts liegenden Parkplatz. Hinter dem Bad verläuft der asphaltierte Sonnenkamp, dem wir nun nach links Richtung Norden folgen. Schon bald kommen wir über die Bahnstrecke Zeven–Tostedt, heute nur noch von Güterzügen benutzt. Am folgenden Waldrand biegt die Straße links ab, wir wandern aber geradeaus auf einem breiten Waldweg durch idyllisches Mischwaldgebiet. Bei der nächsten Kreuzung geht es für uns links vom breiten Hauptweg ab. Der schöne Weg macht einige Schlenker. Bei einer Gabelung unweit des Waldrands folgen wir rechts einem schnurgeraden Weg. Dieser trifft nach einigen Gehminuten im Wald auf einen Querweg, auf den wir links abzweigen. Wenig später erreichen wir neuerlich einen Querweg. Diesem folgen wir nach links, kommen aus dem Wald heraus und erreichen durch Felder die Mehde. Gleich nach der Brücke erwartet uns ein überdachter **Rastplatz** ❷. Nunmehr auf der hier beginnenden asphaltierten Allee immer westwärts zur Ortschaft **Brauel**. Bei der ersten Straßengabel im Ort halten wir uns halb rechts und folgen der Straße Am Brink. Diese trifft auf eine Querstraße, auf ihr rechts und gleich per Linkskurve weiter. Wir kommen an einem Kriegsgefallenen-Denkmal und einem Glockenturm vorbei, der einst zu einem Militärheim gehörte. Weiter geradeaus, immer noch auf der Straße Am Brink, bis zu ihrem Ende an der Bremervörder Straße, der **B 71** ❸. Rechter Hand liegt der Gasthof Zur Linde.
Nach Überquerung der Bundesstraße per Ampel laufen wir gegenüber auf dem Wallweg weiter. Die kleine Asphaltstraße führt aus Brauel heraus und durch Felder weiter. Dann kommen wir am Campingplatz Ostetal vorbei, wo ein Café von Fr–So eine Einkehrmöglichkeit bietet. Nun in bisheriger Richtung auf einem Feldweg weiter. Bald geht es am Waldrand entlang, dann durchwandern wir Wiesengelände. Wieder im Wald, halten wir uns zunächst immer geradeaus. Nach Unterquerung einer Stromleitung biegen wir mit dem Hauptweg links bzw. südwärts ab. Nun begleitet uns das **Nullmoor**, heute durch viele Gräben entwässert und landwirtschaftlich genutzt. Bald nach einem rechts liegenden Waldstreifen erreichen wir eine Gabelung. Hier führt uns der nun asphaltierte Fahrweg rechts zur K 143. Nach ihrer Überquerung folgen wir rechts bzw. nordwestwärts für 1,6 km dem parallel zur Straße verlaufenden Fuß- und Radweg. Dabei kommen wir über die Güterzugstrecke Rotenburg–Bremervörde und an einem Waldteich vorbei. Noch vor der Brücke über die **Bade**, am Beginn des Waldstreifens, zweigt links ein **Feldweg** ❹ ab, den wir benutzen müssen.
Im Tal der Bade, eines Nebenflusses der Oste, folgen wir zunächst auf längerer Strecke in einsamer Natur dem Waldranc, wobei der Weg einige

Kurven macht. Nach etwa 20 Min. Gehzeit ab der Autostraße beschreibt der Weg eine Rechtskurve, passiert einen Angelteich und überquert per Brücke die Bade. Gleich danach gabelt sich der Weg am Waldrand, hier zweigen wir links ab. Der anfangs etwas mühsame Grasweg folgt zunächst noch dem Lauf der Bade, führt dann aber rechts von ihr weg. Am Rand des Godenstedter Holzes treffen wir auf einen Querweg, dem wir nach links folgen, durch eine Rechtskurve bis zu einer Waldkreuzung. Dort zweigen wir links auf den breiten Sand-Fahrweg ab, kommen bald aus dem Wald heraus, durchqueren ein Feld, dann geht es wieder durch Wald. Dort macht der Weg eine Rechtskurve und trifft am westlichen Waldrand auf einen Querweg. Auf diesem nun asphaltierten Weg links ab, bis wir nach 5 Min. den Ortsrand von **Bademühlen** erreichen. Dort nehmen wir den Querweg Zum Badetal und sind gleich bei der historischen **Wassermühle Bademühlen** ❺. Sie stammt aus dem 16. Jh. und ist noch immer funktionsfähig. Die malerische Lage am Mühlenteich lädt zu einer weiteren Rast ein.

Wir wandern von der Mühle weiter durch den Ort und kreuzen schließlich die L 122. Nach ihrer Überquerung folgen wir gegenüber der Övelgönner Straße, die uns zu einem rechts liegenden Waldstück bringt. Wir zweigen dann vor dem Reiterhof Oak Ranch links auf den zweiten Weg am Wald-Wiesen-Rand ab. Wo der Fahrweg bei einem Rund-Pavillon rechts umbiegt, zweigen wir links auf einen Grasweg ab und machen in einer Waldzunge eine Linkskurve. Dann erreichen wir am Waldrand einen Querweg. Diesem folgen wir links durch den Wald zur nahen **Jugendherberge Bademühlen**.

An ihr vorbei und auf einem Asphalt-Fahrweg südwärts durch das Große Holz. Dann zweigt links ein Waldweg ab, dem wir kurz folgen. Bei der ersten Kreuzung geht es schon wieder rechts ab und gleich danach per Linkskurve weiter. Nun mit Schlenkern immer geradeaus bis zu einem Querweg im Wald. Auf diesem kurz rechts zur Tarmstedter Straße (L 133). Nach Überquerung der Landesstraße gegenüber am Parkplatz entlang, dann rechts ab und bei der folgenden Kreuzung

*Die Wassermühle in Bademühlen.*

*Das Innere der Wassermühle Bademühlen.*

links weiter. Kurz danach erreichen wir den großen Abenteuerspielplatz im Großen Holz mit vielen Spielgeräten und einem **Insektenhotel** ❻. An der Südostecke des Spielplatzes zweigen wir bei der Kreuzung rechts ab und laufen am Südende des Platzes entlang. Am Ende des Spielplatzes kommen wir zur nächsten Kreuzung und biegen dort links bzw. südwärts. Dann erreichen wir einen Querweg, auf dem wir uns links halten. Wir kommen in nordöstlicher Richtung über eine Kreuzung mit Rasthütte, einige Minuten danach über einen großen Querweg, und erreichen dann mitten im Wald einen Grillplatz mit Hütte und Bänken. Bei der Gabelung kurz danach biegen wir links ab und wandern bis zu einer Kreuzung bei einem Indianerdorf. Dort geht es für uns rechts weiter. Immer geradeaus kommen wir noch über eine Kreuzung und zweigen erst am Waldrand links ab.

An der Nordostecke des Großen Holzes erreichen wir erneut die L 122 bzw. die Bremer Straße. Neben ihr für 2 Min. nach rechts, dann zweigt auf der gegenüberliegenden Seite ein Feldweg ab und führt durch die Felder zu einem Waldstück. Dort erreichen wir einen Querweg und folgen diesem zunächst immer geradeaus, alle Abzweigungen ignorierend. Am Ende eines Waldstücks treffen wir dann auf eine Querstraße und folgen dieser nach rechts zum nahen Nord-West-Ring. Nach seiner Überquerung links neben ihm weiter, über eine Bahnlinie bis zur rechts abzweigenden Kanalstraße. Auf dieser laufen wir nun nach **Zeven** hinein, kommen gleich über einen Bahnübergang und dann durch ein Schulviertel. Nach der Gauß-Oberschule zweigen wir links auf die Straße Lünenfeld ab, dann rechts auf den Gaußweg. An seinem Ende treffen wir auf die Querstraße Hohe Luft und folgen ihr nach rechts bis zu einer Kreuzung, dahinter in bisheriger Richtung auf der Poststraße weiter. An ihrem abgesperrten Ende stoßen wir auf die Kivinanstraße (B 71). Auf der gegenüberliegenden Straßenseite überqueren wir einen Parkplatz und folgen an seinem Ende einem Fußweg, der gleich nach rechts die Mehde überbrückt. Danach links an der Mehde entlang, geradeaus über die Labesstraße und in den Stadtpark. Dort halten wir uns bei der Verzweigung rechts und kommen zurück zum **Busbahnhof** ❶.

↗ 90 m | ↘ 90 m | 14.8 km
**3.30 h**

# Rundwanderung Buxtehude – Neukloster   57

**Durch den Forst Neukloster und das Marschland bei Buxtehude**

*Die Hansestadt Buxtehude südwestlich von Hamburg lockt mit einer romantischen Altstadt, die von Fleeten der Este umgeben ist. Zahlreiche alte Fachwerkhäuser erinnern an frühere Zeiten, und viele Restaurants locken zur Einkehr. Buxtehude ist auch bekannt durch das Märchen vom Wettlauf zwischen Hase und Igel. Zwischen Buxtehude und Neukloster erstreckt sich der Neuklosterforst, ein ausgedehntes Waldgebiet mit einem großen Buchenbestand. Der Rückweg verläuft durch Moor- und Weidelandschaft am Südrand der Elbmarsch. Ein Großteil der Wanderung erfolgt auf Abschnitten der lokalen Wanderwege W3 und W4.*

*Wanderer am Weg westlich von Buxtehude.*

**Ausgangspunkt:** Bahnhof Buxtehude an der Strecke Hamburg–Stade–Cuxhaven, Haltepunkt der S 3 und von RE-Zügen.
**Anforderungen:** Leichte Rundwanderung auf guten Wegen.

**Einkehr:** In Buxtehude, unterwegs in Neukloster.
**Tipp:** Besichtigung der Altstadt von Buxtehude mit ihren zahlreichen alten sehenswerten Gebäuden.

Wir verlassen den **Bahnhof** von **Buxtehude** ❶ auf seiner Nordseite und laufen westwärts über den P+R-Parkplatz. Über dessen Ausfahrt kommen wir zur Giselbertstraße auf Höhe der dort einmündenden Hastedtstraße. Die Giselbertstraße führt parallel zur Bahnstrecke aus der Stadt heraus, wobei wir den Fußweg neben der Autostraße benutzen können. Vor dem Ortsschild von **Neukloster** leitet uns dann ein Asphaltweg links über die Bahnstrecke. Im Wald erreichen wir schon bald die viel befahrene Cuxhavener Straße (B 73). Wir zweigen dort links ab, überqueren die Gleise der Bahnstrecke Buxtehude–Bremervörde und danach die Bundesstraße. Auf deren Südseite beginnt ein breiter Sand-Fahrweg, der Wettloopsweg, dem wir geradeaus folgen. Wir erreichen eine Kreuzung beim Waldfriedhof und zweigen dort rechts ab.

Dann wandern wir etwas abwärts und kommen an einem kleinen Waldteich vorbei. Per Linksbogen führt uns der Weg erneut zur Bahnstrecke. Nach ihrer Überquerung am Waldrand entlang, in unveränderter Richtung in den Wald hinein, dann links ab und bergan zu einem Querweg, der vom nahen Waldrand kommt. Wir befinden uns nun auf dem Wilhelm-Cohrs-

Weg, der schnurgerade durch den Wald führt. Etliche Wege zweigen ab oder werden gekreuzt.

Der **Neuklosterforst** beherbergt den größten Buchenwaldbestand zwischen Elbe und Weser. Das Mischwaldgebiet fällt an seiner Nordseite mit bis zu 40 m hohen Geesthügeln zur Elbmarsch ab. Entlang des Wanderwegs liegen etliche Hügelgräber, aber vor allen Dingen auch Kreuzsteine. Das sind alte Grenzsteine, die die Grenze zwischen dem Forst des Klosters und dem Buxtehuder Wald kennzeichnen.

Auf dem letzten Abschnitt des Weges laufen wir durch einen **Friedwald**, also einen Bestattungswald, wo Urnengräber um Bäume gruppiert werden. Schließlich erreichen wir einen großen Parkplatz und eine **Schutzhütte** ❷ mitten im Wald. Am Ende des Parkplatzes treffen wir auf eine asphaltierte Querstraße, den Neukloster-Forst-Weg. Ihr folgen wir gemäß der Markierung W4 nach links, aber nur kurz. Auf einem Buckel zweigt rechts ein Waldweg ab, der bald eine Gabelung am Waldrand erreicht. Hier geradeaus weiter und wieder in den Wald hinein. Wir treffen dann auf einen Querweg und biegen rechts und gleich darauf links ab. Danach überqueren wir den kleinen Mühlenbach und wandern geradeaus bzw. westwärts bis zum Waldrand vor **Hedendorf**. Am Ende des dortigen Sportplatzes zweigt rechts ein Waldweg ab, der Kirchensteig. Auf ihm kommen wir gleich an einem Gefallenen-Denkmal vorbei, immer immer dem schmalen Weg folgend, der dann an der Südseite des Friedhofs Neukloster entlangführt und schließlich einen Querweg vor dem **Mühlenteich** ❸ erreicht. Dieser wurde schon zu Klosterzeiten zur Fischzucht genutzt, eine Mühle existiert heute aber nicht mehr. Linker Hand liegt ein Restaurant mit Seeterrasse.

Wir folgen nun dem Querweg im Wald nach rechts. Dieser macht schon bald einen Links-rechts-Schlenker. Kurz danach zweigen wir gemäß Markierung links ab, kommen über eine Holzbrücke und wandern auf dem Dammweg zwischen zwei kleinen Teichen. Bei der Gabelung dahinter dann links und in einem Rechtsbogen aus dem Wald heraus zum Pfingstmarktplatz

*Blick zum Mühlenteich, auch Neuklostersee genannt.*

*Das Innere der Sankt-Petri-Kirche.*

mit Parkplatz in **Neukloster**. An seinem Ende treffen wir auf die Cuxhavener Straße (B 73). Ihr folgen wir nach links, vorbei an einem Imbiss zu einer Ampelkreuzung. Dort überqueren wir die Straße nach rechts und folgen der hier abzweigenden Jorker Straße (K 26). Diese führt abwärts zum Ortsende, wo wir die Bahnstrecke Hamburg–Stade–Cuxhaven kreuzen. Rechter Hand liegt dort der S-Bahn-Haltepunkt Neukloster.

Wir folgen dem Fuß- und Radweg neben der Autostraße Richtung Nordosten mit den Markierungen W3 und W4. Vor einer Ruhebank überqueren wir dann die Autostraße nach rechts und folgen dem gegenüber abzweigenden unmarkierten Feldweg in südöstlicher Richtung. An seinem Ende trifft der Weg auf einen von Büschen und Bäumen gesäumten Querweg, dem wir dann nach links bzw. nordwärts folgen. Kurze Zeit später treffen wir auf eine Kreuzung mit Wegweiser am Rand des **Ilsmoors** ❹.

An der Kreuzung zweigen wir rechts ab und folgen nun wieder dem markierten Sandweg. Dieser führt schnurgerade durch die südliche Elbmarsch, durch Moor- und Weideland, das vom Waldstücken durchsetzt ist. Der Fuß- und Radweg verläuft in östlicher Richtung und trifft schließlich auf einen Querweg. Diesem folgen wir für 3 Min. nach links, dann geht es rechts auf einen schmalen markierten Fußweg ab. Per Holzbrücke überqueren wir die **Dubenbeke**, und schon kommen wir die ersten Häuser von **Buxtehude** in Sicht. Dann treffen wir auf einen breiten Sand-Querweg und laufen auf diesem rechts weiter. Bei der nächsten Gabelung zweigen wir links ab und wandern Richtung Stadtrand. Dort folgen wir dem Weg links und müssen nun aufpassen. Immer wieder zweigen links Wege in die Siedlung ab. Wir zweigen aber erst vor einem weißen Flachbau links ab und folgen dem Schwertlilienweg, wo wir auch wieder eine Markierung finden.

An Ende des Schwertlilienweges wandern wir in bisheriger Richtung die Sonnentaustraße entlang und an ihrem Ende halb links bis zu einer Kreuzung. Dort zweigen wir links bzw. nordwärts auf die Altländer Straße ab.

Nach nur zwei Gehminuten folgen wir rechts der Bechsteinstraße und an ihrem Ende beim Wendehammer dem Querweg nach links. Dieser Fußweg führt zunächst neben einem Minibach nordwärts. Dann geht es rechts per Brücke über den Bach und gleich wieder links ab. Zwischen dem Bachlauf (links) und der BBS Buxtehude (rechts) führt der Fußweg nordwärts zu einer Wohnstraße namens Sagekuhle. Auf dieser rechts weiter, über eine etwas versetzte Kreuzung, dann auf der Straße Denickeweg bis zum ersten Fleet.

Diesen überqueren wir per Brücke, dann laufen wir in bisheriger Richtung auf der kleinen Straße Liebfrauenkirchhof in die Altstadt hinein. An ihrem Ende liegt linker Hand der Marschtorzwinger, Teil der ursprünglichen Stadtbefestigung und heute für Ausstellungen genutzt. Wir folgen nun kurz der Straße Westfleth nach rechts,

*Historisches Rathaus in Buxtehude.*

überqueren bei der folgenden Brücke den Fleet nach links und kommen danach durch die malerische Fischerstraße mit etlichen historischen Fachwerkhäusern, darunter das Haus Nr. 3 aus der Zeit um 1600. An ihrem Ende geht es rechts auf der Liebfrauenstraße zur großen St.-Petri-Kirche inmitten der **Altstadt**. Die dreischiffige Backsteinbasilika geht auf das Ende des 13. Jh. zurück, und ihr Turm gilt als Wahrzeichen der Hansestadt.

Am Ende der Liebfrauenstraße kommen wir links haltend auf der Kirchenstraße in die Fußgängerzone. Am Südende des St.-Petri-Platzes zweigt rechts dann die Lange Straße ab, die Einkaufsmeile von Buxtehude. An ihr liegen auch zahlreiche Restaurants. Rechts der Langen Straße folgend, erblickt man an der Ecke Breite Straße das Historische Rathaus. Da der Ursprungsbau von 1418 bei einem Brand 1911 zerstört wurde, findet man im jetzigen Backstein-Neubau nur noch Reste des ursprünglichen Gebäudes.

Wir folgen weiter der Langen Straße, die am Hase-und-Igel-Brunnen endet. Dort in bisheriger Richtung auf der Straße Zwischen den Brücken zur Este und nach deren Überquerung auf der Bahnhofstraße zurück zum **Bahnhof** von **Buxtehude** ❶.

↗ 70 m | ↘ 70 m | 15.2 km

# 58 Im Westen von Horneburg

**3.45 h**

## Durch den Rüstjer Forst und das Auetal

*Die Umgebung von Horneburg zeichnet sich durch sehr unterschiedliche Landschaftsbilder aus, nämlich die Elbmarsch (mit dem Alten Land, einer der großen Obstanbauregionen im Südwesten Hamburgs), das Geestgebiet und das unter Naturschutz stehende Flusstal der Aue. Die Wanderung erfolgt durchweg auf guten Wegen, hin durch den Rüstjer Forst und zurück nördlich der Aue, wobei wir nach Issendorf an einem alten Gräberfeld vorbeikommen. Die Strecke ist meist ausgeschildert, ein Teil ist heute auch als Jakobsweg ausgewiesen.*

**Ausgangspunkt:** Bhf. Horneburg an der Strecke Hamburg–Stade–Cuxhaven, Haltepunkt der S 3 und der Regionalbahn.
**Anforderungen:** Leichte Wanderung auf meist guten Wegen, Orientierungsvermögen jedoch erforderlich.
**Einkehr:** In Horneburg östlich des Bahnhofs, unterwegs keine.
**Tipp:** In Horneburg Handwerksmuseum für das Fuhrwesen des 17. bis 19. Jahrhunderts.

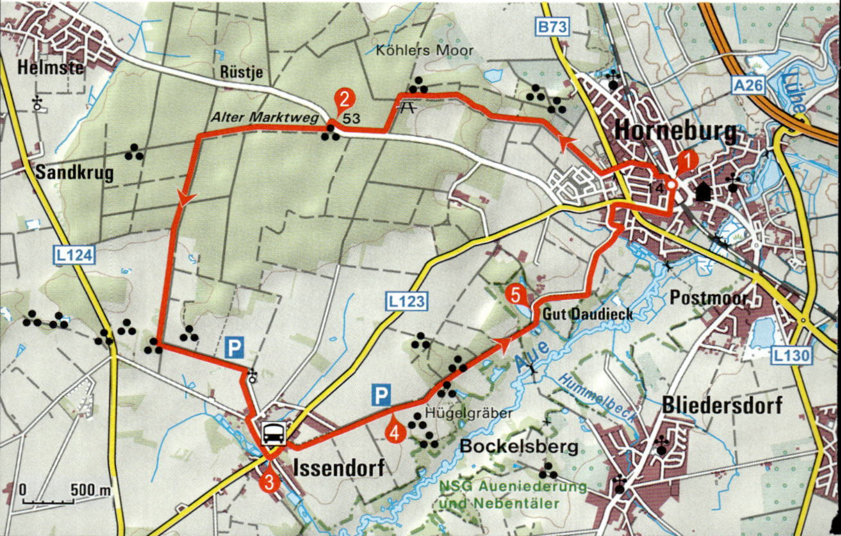

Den **Bahnhof** in **Horneburg** ❶ verlassen wir an seinem Nordende über die Brücke und laufen auf dieser nach links zum Leineweberstieg. Dort nach rechts gehen wir zunächst an der Schule vorbei, um dann links einem Fußweg zu folgen, der uns zur Schanzenstraße bringt. Auf ihr nach rechts, dann können wir nach der links liegenden Oberschule einen Fußweg benutzen, der an der Schule entlang zur Bürgermeister-Löhden-Straße führt. Auf dieser Straße links weiter und gleich am Freibad vorbei. Dann unterqueren wir mittels einer Unterführung die B 73 und folgen dem Bürgermeister-zum-Felde-Weg bis zu seinem Ende. Dort treffen wir auf eine Querstraße mit dem Namen Blumenthal.

Hier rechts ab und am Rand der Sportanlagen entlang, dann durch die Felder bis zum Waldrand. Nun halten wir uns immer geradeaus bzw. westwärts. Zunächst geht es außen am Rand des Walds entlang und nach einer Kreuzung mit einfacher Ruhebank ein Stück durch Felder, bevor wir dann in den Wald

*Foto oben: Wegweiser am Dollerner Weg. Links: Inschrift »Alter Marktweg« auf Findlingstein.*

eintauchen. Es folgt ein Wegstück mit Wald nur auf der rechten Seite, links dagegen Felder. Dann wandern wir wieder im Wald zu einer Kreuzung mit Wegweiser und Rastplätzen. Hier zweigen wir links auf den Dollerner Weg ab und folgen ihm bis zur K 44, einer Autostraße, die durch den Rüstjer Forst führt. Dieses Waldgebiet ist das größte der Stader Geest. Auf dem Fuß- und Radweg gehen wir für etwa 10 Min. nach rechts neben der Autostraße bis zu einer Rechtskurve. Dort liegt sich ein **Findling** mit der Aufschrift **»Alter Marktweg«** ❷.

Dort links ab und gleich per Rechtskurve weiter westwärts durch den Wald. Bei der zweiten Wegkreuzung, rund 15 Min. von der Autostraße entfernt, biegen wir nach links auf einen breiten, von Kastanienbäumen gesäumten Weg südwärts ab. Der Grefenweg, dem wir hier folgen, ist auch als Jakobsweg gekennzeichnet. Ab dem Waldrand, 15 Min. nach Beginn des Grefenwegs, verläuft unser Weg als Baumallee. Am folgenden rechts liegenden kleinen Waldstück beginnt wieder der Asphaltbelag. Danach folgt ein kurzes Wiesenstück, bevor rechts erneut Wald beginnt. Dort biegen wir links auf einen Feldweg ab und wandern in östlicher Richtung Issendorf. An seinem Ende treffen wir auf einen Querweg. Auf diesem, dem Lerchenkampweg, am Friedhof mit Parkplatz vorbei, dann per Linkskurve nach **Issendorf**. Dort treffen wir auf die Dorfstraße und folgen ihr nach rechts. Sie biegt dann an der Einmündung des Stader Weges links um und führt ins Zentrum, wo wir die **Horneburger Straße (L 123)** ❸ erreichen. Dort gibt es auch eine Bushaltestelle.

Auf der Horneburger Straße geht es nun links weiter, leicht aufwärts und vorbei an einem etwas höher liegenden alten Hof. Nach 3 Min. zweigen wir rechts auf den Daudieker Weg ab. Hinter dem dort liegenden Hof wandern wir in einer Linkskurve weiter zum Ende einer kleinen Siedlung und dort geradeaus auf einem gepflasterten Fahrweg bis zu seinem Ende bei einem kleinen **Parkplatz**. Dort finden wir eine Informationstafel zu den ca. 50 jungsteinzeitlichen **Hügelgräbern** ❹, die hier in der Feldmark liegen und durch einen archäologischen Lehrpfad teilweise erschlossen sind.

Vom Parkplatz folgen wir dem Feldweg geradeaus weiter zum Waldrand. Bei der dortigen Weggabelung biegen wir nicht rechts zu den Hügelgräbern ab, sondern orientieren uns links weiter Richtung Daudieck. Aus dem Wald wieder heraus, folgen wir in bisheriger Richtung der Harsefelder Allee und kommen zur Abzweigung eines Weges nach Bliedersdorf. Dort halten wir uns geradeaus und gehen anschließend in einer Linkskurve zum **Gut Daudieck** ❺.

Links sehen wir den großen Mühlenteich, rechts ein schönes Reetdach-Wohnhaus, einst eine Wassermühle, aus der Zeit um 1600. Nach rechts durchqueren wir die Hofanlage, biegen danach nicht links ab, sondern setzen unsere Wanderung halb rechts auf dem Asphalt-Fahrweg fort. Der Stucks Weg macht dann eine Linkskurve, wo geradeaus ein Fußweg weiterführt. Wir folgen weiterhin dem Sträßchen und nähern uns in nördlicher Richtung dem Ortsrand von **Horneburg**. Dort treffen wir auf eine Querstraße. Ihr folgen wir nach links und kommen am Ende dieser Straße Im Stuck zur Issendorfer Straße (L 123), die wir bei einer Bushaltestelle erreichen. Auf ihr nach rechts, über die B 73 und weiter nach Horneburg hinein, dann links ab und auf dem Leineweberstieg nordwärts bis zur Brücke über die Bahngleise bzw. zum **Bahnhof** ❶.

*Schönes Reetdachhaus in Issendorf.*

↗ 140 m | ↘ 110 m | 25.5 km

# 59 Auf der Via Romea von Stade nach Harsefeld

6.15 h

### Durch die Stader Geest

*Abt Albert von Stade machte 1236 eine Pilgerreise zum Papst nach Rom. Daran erinnert dieser alte Pilgerweg, dessen erste Etappe wir erwandern. Am Beginn der Tour steht die wunderschöne Altstadt der Hansestadt Stade mit dem ehemaligen Franziskanerkloster. Auf Nebenwegen und meist im Bereich von Grünzonen verlassen wir die Stadt. An unserem Weg durch die Stader Geest liegen zahlreiche Naturschutzgebiete, In Harsefeld erwartet uns dann schon das nächste ehemalige Kloster mit Klostergarten. Der größte Teil der Strecke ist mit der Markierung der Via Romea versehen.*

**Ausgangspunkt:** Bhf. Stade an der Strecke Hamburg–Cuxhaven, Endstation der S 3, Haltepunkt weiterer Regionalzüge.
**Endpunkt:** Bhf. Harsefeld an der Strecke Buxtehude–Bremerhaven, Rückfahrt mit Umstieg in Buxtehude.

**Anforderungen:** Unterschiedliche, jedoch unschwierige Wege. Die Länge der Tour erfordert aber unbedingt eine entsprechende Fitness!
**Einkehr:** In Stade und Harsefeld, unterwegs in Deinste.

*Statue von Abt Albert von Stade im Innenhof des Klosters.*

Wir verlassen den **Bahnhof** von **Stade** ❶ nach links und zweigen dann rechts ab, um per Brücke den Burggraben zu überqueren. Wir kommen nordwärts auf der Bahnhofstraße zur Wallstraße, die per Ampel überquert wird. Jetzt sind wir in der Altstadt und Fußgängerzone von Stade mit unzähligen Geschäften und Restaurants. Von der Ampel leicht links versetzt in bisheriger Laufrichtung zur quer verlaufenden Holzstraße. Auf dieser nach links bzw. nordwärts zum Pferdemarkt mit dem ZOB. Rechts am Alten Zeughaus vorbei, danach biegen wir rechter Hand in die Sattelmacherstraße ab. An ihrem Ende geradeaus über eine Querstraße, dann halb rechts auf der Kleinen Schmiedestraße weiter, dort links auf den Hagedorn. Nach

*Blick über den Horstsee.*

einem Rechtsbogen zweigen wir links in die Johannisstraße ab. Von dieser Straße geht gleich links ein Fußweg ab, der in den Klosterhof führt, wo eine Statue von Abt Albert steht, der das St.-Johannis-Kloster vermutlich um 1230/40 gegründet hat. Die Gebäude des alten **Franziskanerklosters** ❷ wurden bei einem Stadtbrand 1659 zerstört. An ihrer Stelle entstand ein neues Fachwerkgebäude, das einst als Armenhaus diente. 2013 fand man bei Straßenbauarbeiten Bögen eines Kellergewölbes aus der Ursprungszeit des Klosters.

Im Klosterhof beginnt die Markierung des Pilgerwegs. Wir verlassen den Hof durch eine schmale Gasse, biegen dann links um, um gleich wieder rechts zu einer kleinen Querstraße zu kommen. Nach ihrer Überquerung an der Nordseite der **Kirche St. Cosmae** entlang und per Linkskurve zur Westseite. Die Kirche St. Cosmae et Damiani wurde im 13. Jh. im Stil der Backsteingotik erbaut und ist nach verschiedenen Erweiterungen und Umbauten eine der beiden Hauptkirchen von Stade. Ihr weithin sichtbares Zeichen ist der achteckige Turm mit seiner Barockhaube.

Von der Kirche nach rechts zur Hökerstraße, ebenfalls Teil der Fußgängerzone. An ihr liegen hübsche Fachwerkbauten; linker Hand das historische Rathaus. Auf dieser Einkaufsstraße ganz kurz rechts, dann gleich links ab auf die Neue Straße. Sie führt leicht abwärts zu einer Querstraße und nach deren Überquerung geradeaus durch das Schiffertor. Weiter auf der Kalk-

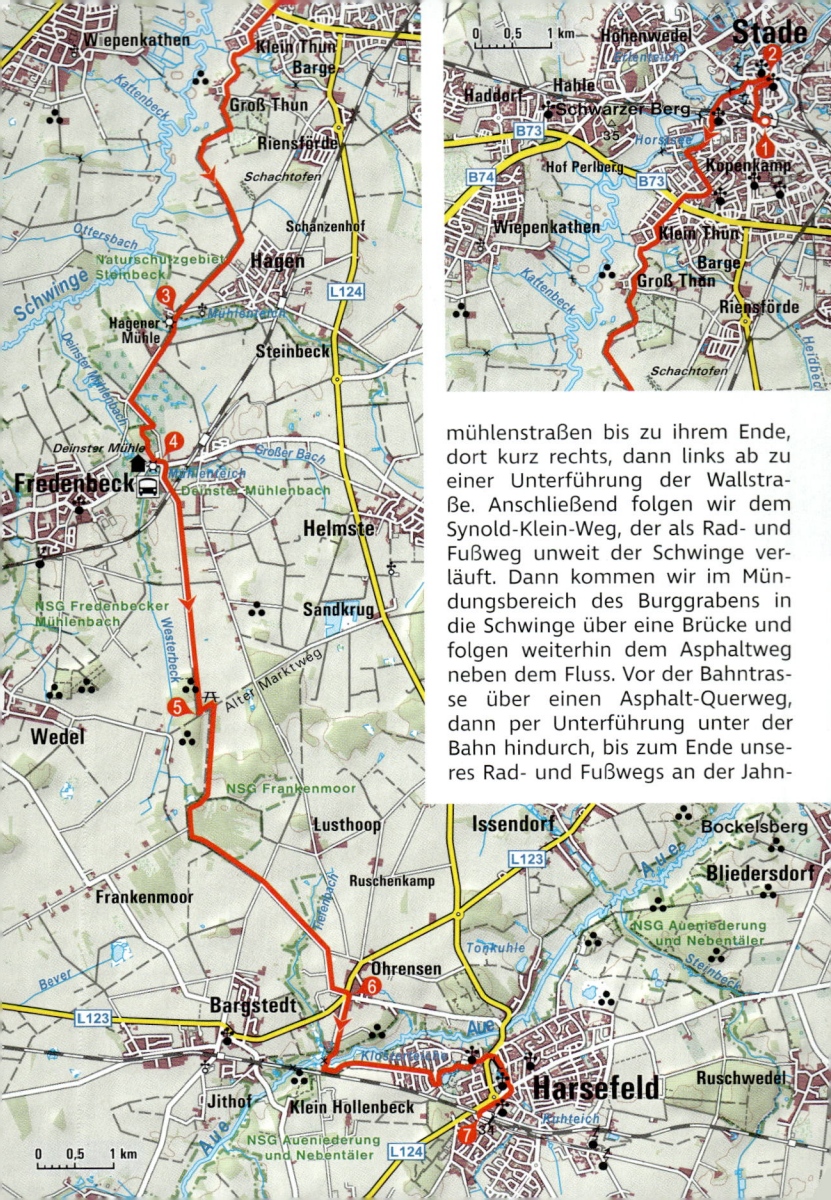

mühlenstraßen bis zu ihrem Ende, dort kurz rechts, dann links ab zu einer Unterführung der Wallstraße. Anschließend folgen wir dem Synold-Klein-Weg, der als Rad- und Fußweg unweit der Schwinge verläuft. Dann kommen wir im Mündungsbereich des Burggrabens in die Schwinge über eine Brücke und folgen weiterhin dem Asphaltweg neben dem Fluss. Vor der Bahntrasse über einen Asphalt-Querweg, dann per Unterführung unter der Bahn hindurch, bis zum Ende unseres Rad- und Fußwegs an der Jahn-

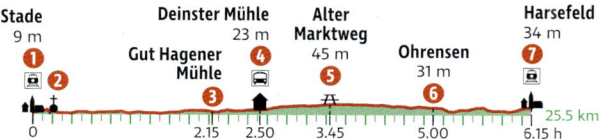

straße. Nach ihrer Überquerung geht es etwas nach rechts versetzt gegenüber auf der Töpferstraße weiter. In einer Linkskurve zweigen wir rechts auf einen Verbindungsweg zur Horststraße ab, die wir beim Restaurant Horst Casino erreichen. Gegenüber wandern wir auf einem Rad- und Fußweg mittels eines langen Linksbogens am **Horstsee** entlang. Am Ende des Sees folgen wir dem Fuß- und Radweg links vom See weg, kreuzen einen Nebenweg und überqueren danach geradeaus die Karl-Kühlke-Straße. Unser Weg verläuft immer neben einem kleinen Bach in einem Grünstreifen zwischen den Häusern. Nach Überquerung der Teichstraße geht es gegenüber etwas nach rechts versetzt weiter, dann auf der Wynekenstraße zur Dankersstraße. Auch diese wird überquert, wir laufen in bisheriger Richtung bis zur Thuner Straße. Auf dieser rechts, dann per Linkskurve zur B 73, die wir per Ampel überqueren. Gegenüber geht es geradeaus auf der Thuner Straße weiter. Wo diese dann etwas rechts umbiegt, zweigen wir links auf die Straße Am Mühlenkamp ab und treffen dann auf die Straße Am Mühlenteich. Auf dieser rechts und per Rechts-links-Schlenker aus Stade heraus.

Wir kommen über den Graben Heidbeck und folgen immer der kleinen Straße zu einem Waldstreifen mit Bank. Dort laufen wir rechts weiter zur Siedlung Groß Thun. Am ihrem Südende wandern wir in einer Linkkurve der Straße geradeaus auf dem Schotterweg weiter. Nach einer weiteren Linkskurve zweigen wir an einer Gabelung rechts ab. Entlang von Büschen und Bäumen kommen wir zum Wasserwerk Süd und laufen am eingezäunten Gelände entlang. Danach macht der Hauptweg eine Linkskurve und führt am Waldrand entlang. Nach dem Waldstück geht es für einige Zeit geradeaus. Wir befinden uns jetzt auf dem Heinkampweg. Er trifft an seinem Ende auf den quer verlaufenden Fredenbecker Weg. Auf diesem rechts haltend, kommen wir bald zu einer Kreuzung. Wir bleiben hier geradeaus auf dem Feldweg (nicht links nach Hagen), überqueren die nächste Kreuzung in bisheriger Richtung und erreichen das **Gut Hagener Mühle** ❸.

Dort mündet von links die Pflasterstraße Zur Mühle ein, linker Hand liegt der Mühlenteich. Wir wandern geradeaus auf dem Fredenbecker Weg weiter, passieren die Hagener Mühle und überqueren den Bach Steinbeck. Er bildet zusammen mit dem Mühlenteich ein Naturschutzgebiet, das sich Richtung Hagen erstreckt. Immer auf der kleinen Straße südwestwärts kommen wir in der kleinen Siedlung **Hagel** geradeaus über eine Kreuzung. Dann geht es am Golfpark Deinster Mühle entlang. Bei einer Häusergruppe biegen wir an der Kreuzung links ab und folgen der Schrankenstraße im Wald. Wir treffen auf einen Verbindungsweg zwischen den Golfanlagen. Hier zweigen wir gemäß Markierung rechts ab, biegen gleich wieder links um und laufen in südlicher Richtung am Golfgelände entlang. Geradeaus über einen breiten Waldweg erreichen wir dann die Autostraße Im Mühlenfeld (K 1) bei der **Bushaltestelle Deinster Mühle** ❹. Zur Einkehr geht es hier ein Stück nach rechts.

Wir folgen nun kurz der Autostraße nach links zu einer Kreuzung. Dort überqueren wir die Straße nach rechts und gehen südwärts auf dem Loher Weg, einem Fahrsträßchen, das nun durch das NSG Deinster Mühlenbach führt. Vorbei an Waldteichen wandern wir weiter und kommen nach einer Linkskurve aus dem Wald heraus. Wenig später kreuzen wir eine Museumsbahnstrecke. Dahinter zweigt der Loher Weg links ab, während wir geradeaus nun einer schnurgeraden Baumallee, dem Torfweg, folgen, vorbei an Gewächshäusern sowie einer Biogasanlage. Dann unterqueren wir insgesamt vier Überland-Stromleitungen. Bald danach treffen wir im Wald auf einen Querweg mit Ruhebank, den **Alten Marktweg** ❺.

Wir folgen ihm für 3 Min. nach links, bis rechts ein Feldweg abzweigt und wieder südwärts führt. An einem kleinen Waldstück entlang, dann auf einem Grasweg durch Felder zum nächsten Waldrand. An ihm in bisheriger Richtung entlang, wenig später durch Felder weiter. Es folgt eine Rechtskurve, dann sind wir am Rand des **NSG Frankenmoor.** Dort kommt von links ein Weg, wir halten uns aber rechts. Wenig später folgt eine Linkskurve, bald danach zweigt rechts der Fahrweg Königsdamm ab. Wir laufen geradeaus weiter, dann biegt der Weg links um. An der Abzweigung eines kleinen Nebenwegs erreichen wir am Rand des NSG einen überdachten Rastplatz bei einem Tümpel. Auf dem breiten Sand-Fahrweg geradeaus weiter und unter einer Stromleitung hindurch. Dann beginnt Asphaltbelag, und wir kreuzen den Frankenholzweg. An einem Schuppen vorbei und durch einen Waldstreifen beiderseits des Tiefenbachs, Teil des NSG Aueniederung und Nebentäler. Wieder außerhalb des Walds biegen wir bei einer Kreuzung halb rechts ab und folgen nun südwärts dem Herbert-Henry-Dow-Weg. Vor einer Pumpenstation biegen wir links um und kommen nach **Ohrensen** hinein. Wir überqueren die **Hauptstraße (L 123)** ❻; der dortige Gasthof ist nur für Übernachtungsgäste und Feiern geöffnet.

Gegenüber laufen wir nun nicht geradeaus weiter, sondern zweigen rechts auf die Nebenstraße Walkmühle ab. Schon bald verlassen wir Ohrensen, an der Walkmühle vorbei und zum Waldrand. Dort auf einem Sandweg weiter, erneut im zuvor erwähnten NSG, und per Rechts-links-Kurve südwärts zu einer Holzbrücke über die Aue. Kurz danach zweigen wir vor dem Bahndamm links ab. Dann kommen wir durch ein kleines Waldstück und laufen per Linkskurve vom Bahndamm weg. Vor einem weiteren Waldstreifen macht der Weg einen Rechtsbogen, danach beginnt Asphaltbelag. Nun geht es immer ostwärts auf dem Fahrweg Am Bockelfeld Richtung **Harsefeld**.

*Ruhebank an der Abzweigung des Alten Marktweges.*

Am Ortsrand kommen wir über einen Wendehammer, laufen auf der Wohnstraße immer geradeaus und treffen mittels Rechtsbogen auf die Steinfeldstraße. Ihr folgen wir rechts bis zu einer Ampel. Dort links in den Park, am Klosterteich entlang, per Rechtskurve am Piraten-Spielplatz und an zwei weiteren kleineren Teichen vorbei. Nach dem letzten Teich rechts ab und gleich wieder links weiter bis zum Schulweg. Auf dieser Straße links, an ihrem Ende auf dem Fußweg weiter zum Eishallenweg. Dort zweigt rechts ein Fußweg ab, der am Rathaus vorbeiführt. An seinem Ende überqueren wir per Ampel die Herrenstraße und folgen ihr kurz nach links bzw. nordwärts. Dann zweigt rechts ein Fußweg in den Klosterpark ab und erreicht eine Holzbrücke über den **Rellerbach**.

Danach rechts bzw. südwärts auf dem Bohlenweg bis zu einem Querweg. Auf diesem nach rechts, erneut über den Rellerbach, dann gleich links bzw. südwärts in bisheriger Laufrichtung neben dem Bach weiter. Rechter Hand liegt dann ein Teich. Nach seinem Ende halten wir uns halb rechts, passieren das Museum und wandern auf die **Bartholomai-Kirche** von 1583 zu, einst die Stiftskirche des früheren Klosters (von dem aber nichts mehr erhalten ist). Auf der Kirchenstraße erreichen wir in Kürze die Marktstraße und folgen ihr nach rechts. Sie endet an einem Verkehrskreisel, den wir überqueren, um in bisheriger Richtung der Friedrich-Huth-Straße zu folgen. Vor der Bahnlinie zweigt links die Straße Am Bundesbahnhof ab und führt uns in Kürze zum **Bahnhof Harsefeld** ❼.

↗ 150 m | ↘ 150 m | 20.0 km

## 60 Auf den Deutschen Olymp und zum Balksee

5.00 h

### Durch die Wingst

*Die Rundwanderung verläuft meist auf breiten und ausreichend beschilderten Wegen, überwiegend im hügeligen Mischwald der Wingst, einem kleinen Geestrücken, der aus einer eiszeitlichen Moräne entstanden ist und aus dem Marschumland herausragt. Vom Deutschen Olymp (früher der Fahlenberg) hat man eine weite Aussicht, insbesondere Richtung Cuxhaven und zur Elbe. Der südliche Teil der Wanderung führt durch das Moorland nördlich des Balksees.*

**Ausgangspunkt:** Bhf. Wingst an der Strecke Hamburg–Cuxhaven.
**Anforderungen:** Leichte Wald-, Wiesen- und Moorwanderung im hügeligen Gelände, überwiegend als W3, W4 oder W5 markiert.
**Einkehr:** Beim Bahnhof, ferner Imbiss Melkhus in Süderbusch sowie Kiosk im Kurpark.
**Tipp:** Für Familien mit kleineren Kindern ist auch eine kürzere Rundtour unschwierig möglich, sodass Zeit für einen Besuch des Waldspielplatzes oder des Zoos in der Wingst bleibt.

*Der Aussichtsturm »Deutscher Olymp« bietet eine weite Rundsicht.*

Vom **Bahnhofsgebäude Wingst** ❶ laufen wir südwärts zur Bahnhofstraße und folgen dieser rechts über die Bahngleise bis zur Stader Straße (B 73). Auf dieser kurz nordwärts, bis links die Molkereistraße abzweigt, die uns durch den Ort **Wassermühle** bringt. So heißt auch die Autostraße nach der Apotheke. Von dieser zweigt dann rechts die Straße Am Olymp ab und führt zu einem großen Parkplatz nördlich des Zoos in der Wingst. Vom Parkplatz weiter geradeaus auf dem Asphalt- bzw. Pflasterweg. Nach einem kurzen Anstieg, zuletzt über Treppen, erreichen wir den vollkommen im Wald gelegenen **Aussichtsturm Deutscher Olymp** ❷, 61 m (geöffnet März–Oktober außer Montag). Das Panorama reicht weit über das Alte Land Richtung Hamburg, auf Elbe und Nordsee.

Vom Aussichtsturm wandern wir südwestwärts auf einem breiten Weg weiter und kommen geradeaus über eine Kreuzung, an der links unser späterer Rückweg durch den Kurpark abzweigt. Auf der rechten Seite des Wanderwegs liegt dann ein erdmagnetisches Observatorium. Nach einer Linkskurve erreichen wir den beliebten Waldspielplatz. Danach geradeaus weiter auf dem Weg An der Königstanne. Im Wald überschreiten wir zwei Kreuzungen, dann erreichen wir einen Gedenkstein, der an eine alte Königstanne erinnert, die bei einem Sturm 1949 umstürzte. Bei der danach

folgenden Wegverzweigung biegen wir rechts mit den Markierungen W3 und W5 auf der Heidkamp-Bahn ab. An der nächsten Kreuzung im Wald zweigen wir links ab und laufen südwärts weiter. Nach 5 Min. haben wir wieder eine Verzweigung erreicht, hier halb rechts, um nach weiteren 5 Min. rechts auf die Silberbergbahn abzuzweigen. Nach minimalem Anstieg stehen wir nach 100 m auf dem Waldbuckel **Silberberg**, mit 74 m höchster Punkt der Wingst.

Nun folgen wir der Silberbergbahn im Wald abwärts und kommen dabei über zwei Kreuzungen. Auch bei der zweiten Kreuzung geradeaus und unmarkiert weiter bis zu einem breiten Querweg. Diesem Sand-Fahrweg folgen wir links bzw. südwärts. Wir kommen aus dem Wald heraus und an einem Einzelhaus vorbei. Immer geradeaus weiter, dann trifft von links wieder die Markierung auf unseren Weg. Weiterhin geradeaus bis zu einer Gabelung, dort zweigen wir rechts ab und nehmen Weg W5 Richtung Balksee. Aus dem Wald heraus kreuzen wir nochmals einen anderen Weg und erreichen schließlich die K 21 bei einer Bushaltestelle. Hier rechts weiter, in den Ort **Süderbusch** hinein, bis zu einer Linkskurve der Straße. Dort liegt das **Melkhus** ❸, eine sogenannte Milchtankstelle mit Imbiss. Gegenüber zweigt links die Anglerstraße ab. Auf ihr laufen wir durch den ruhigen Ort zu einer Kreuzung, bei der wir der Balkseestraße nach links folgen. Auf Höhe des Schüt-

*Wanderin im Moorgebiet nördlich des Balksees.*

zenhauses gabelt sich der Wanderweg. Wir laufen zunächst geradeaus bzw. südwärts weiter. Wo die Straße nach rechts umbiegt, folgen wir dem Asphalt-Fahrweg in bisheriger Richtung durch Wiesen. Wir kommen in das NSG Balksee und Randmoore und erreichen einen kleinen Parkplatz. Von dort führt ein Fußweg durch den Waldstreifen bis zu einem Schutzhaus direkt am **Balksee** ❹. Innen steigen wir eine Etage höher und genießen von der Aussichtsplattform einen schönen Blick über den See. Der See wurde früher stark touristisch genutzt, steht aber heute gemeinsam mit den angrenzenden Moorgebieten unter Naturschutz.

Vom Balksee laufen wir zunächst zurück bis zum Schützenhaus. Dort zweigt rechts der Seemoorweg ab und führt schnell wieder aus Süderbusch heraus. Mittels Linksbogen betreten wir das Moorgebiet und folgen einem Graben. Der naturnahe Weg biegt dann nach rechts ab und führt durch das **Balkseemoor** wieder Richtung See. Schließlich erreichen wir eine Gabelung. Geradeaus könnten wir hier nochmals einen Abstecher zum See machen, unser markierter Weg zweigt jedoch links ab und trifft nach einigen Minuten auf einen Querweg. Diesem folgen wir nach links und wandern nun nordwärts wieder aus dem Moor heraus. Nach Unterquerung einer Stromleitung folgen wir einem Pflasterweg vorbei an Einzelhäusern. Schließlich treffen wir wieder auf die K 21, wo wir auf dem Hinweg nach Süderbusch abgezweigt sind. Nun folgen wir aber rechts dem Rad- und Fußweg neben der Autostraße und kommen bald wieder in den Wald. Nach einer Rechtskurve und vorbei an einer Kriegsgräberstätte erreichen wir die Siedlung Ellerbruch. Dort liegt an der Straße die **Försterei Wingst** ❺.

Gegenüber dem Forsthaus zweigt links von der Straße der Russenweg ab. Auf ihm wandern wir durch den Wald, kommen bald an einer links liegenden Lichtung vorbei und wählen bei der Gabelung nach einer Linkskurve den Weg geradeaus. So erreichen wir eine Kreuzung. Dort folgen wir rechts dem Weg mit der Markierung W3 und kommen an zwei Teichen und einem Einzelhaus vorbei. Nun geht es zunächst ostwärts, bis unweit des Waldrands von rechts ein weiterer Weg mit der Markierung W4 hinzukommt. Wir orientieren uns jetzt immer nordwärts und folgen den ausreichend vorhandenen Markierungen W3 und W4.

Mit etlichen Schlenkern wandern wir durch den dichten Wald und ignorieren alle Abzweigungen. Dann kreuzen wir die Gretenberg Bahn, kommen bald danach über eine Nebenweg-Kreuzung und erreichen eine Linkskurve, wo rechts ein anderer Weg abzweigt. Links haltend kommen wir an einem ehemaligen Ausflugslokal vorbei und stoßen auf eine Kreuzung, die wir vom Hinweg kennen. Dort nun halb rechts zum nahen Waldspielplatz, am Observatorium vorbei bis zur Abzweigung eines Weges, der rechts in den Kurpark führt. Diesem Weg folgen wir nun und kommen an einem Kiosk vorbei, wo es auch einen Minigolfplatz gibt. An der Rückseite des **Zoos in der Wingst** entlang treffen wir wieder auf die Straße Am Olymp und laufen auf bekanntem Weg zurück zum **Bahnhof** ❶.

# STICHWORTVERZEICHNIS

**A**

Alster 58
Alsterquelle 58
Alte Mühle Wieren 184
Alte Rader Schule 62
Alter Postweg 192
Alter Sandkrug 144
Alte Salzstraße 144
Alt Wendischthun 153
Anforderungen 10
Anreise 22
Appelbeck 236
Appelbecker See 240
Archäologisches Zentrum Hitzacker 162
Auetal 252
Auf dem Töps 208
Aukrug 46
Aumühle 136, 140
Ausrüstung 11

**B**

Bad Bevensen 176, 180
Bad Bodenteich 184
Bad Bramstedt 50
Bade 242
Bademühlen 245
Bad Oldesloe 70
Bad Schwartau 92
Bad Segeberg 66
Bahlburg 196
Bäk 114
Balksee 262
Bantin 134
Bardowick 170
Barmstedt 40
Behlendorf 111
Behlendorfer See 111
Behler See 74
Bekmissenteich 82
Benzin 105
Beuthiner Holz 74
Bienenbüttel 170, 176
Billetal 136
Bilsbek 45
Bio-Gut Wulksfelde 62
Biosphärenreservat Flusslandschaft Elbe 21
Biosphärenreservat Niedersächsische Elbtalaue 21, 152, 156
Biosphärenreservat Schaalsee 21, 114, 132
Bismarck-Museum 136
Bleckede 152
Böhmetal 212
Boissow 134
Boissower See 132
Boizenburg 148
Bokelseß 37, 39
Bokelseßer Moor 37
Bollenberg 151
Bordesholm 54
Bordesholmer See 54
Bötersheim 236
Boxberg 46
Brauel 244
Breitenburger Fähre 36
Breitenburger Wald 34
Bruchtorf 176
Brunsberg 216
Buchholz 111
Bungsberg 82
Büsenbachtal 216
Buxtehude 247

**C**

Café-Restaurant Am Boxberg 46
Cismar 85
Costa Kiesa 58

**D**

Dachtmissen 193
Dannenberg 162
Dat ole Fösterhuus 204
Dauenhof 37
Deinste 256
Deutsche Fachwerkstraße 162, 166
Deutscher Olymp 262
Diekseee 74
Doktorbrücke 139
Donnerschleuse 124
Dörphus 196
Dosenmoor 54
Drägerweg 96
Drawehn 156
Drüsensee 126
Düneberg 143
Duvenstedt 58

**E**

Ehestorf 220
Einemhof 192
Einfeld 54
Einfelder See 54
Eiscafé Bruhn 118
Eisenbahnmuseum Gadebusch 107
Eisenbahnmuseum Lokschuppen 136
Elbe 140, 148, 152, 156
Elbe-Lübeck-Kanal 122, 131
Elbe-Seitenkanal 180, 184
Elbtalaue 152
Elisabeth-Turm 83
Elmshorn 40
Elwkieker 148
Energiepark Geesthacht 144
Ertheneburg 144
Escheburg 140
Este 236, 247
Eulenspiegel-Museum 125, 126
Eutin 74, 78

**F**

Fährhaus Rothenhusen 97
Fegetasche 74, 77
Feldsteinkirche Ratekau 92
Feldsteinkirche Wieren 184
Fernwanderwege 12
Fintau 232
Fischbeker Heide 224
Fischerklause 108
Fissau 78
Fissauer Fährhaus 79
Forst Beutz 92
Försterei Brendel 139
Försterei Wingst 265
Forsthaus Bartelsbusch 113
Forsthaus Hahnheide 120

# WANDERN IM HAMBURGER UMLAND IST SCHÖN – ABER WARUM NICHT MAL …

## ZU FUSS ÜBER DIE ALPEN: AUF DEM E5 UND AUF ALTERNATIVEN ROUTEN

**Unser Summit-Versprechen**
- Über 60 Jahre Erfahrung am Berg
- Staatlich geprüfte Berg- & Skiführer, ausgebildete Bergwanderführer
- Kleine Gruppen
- Sorgfältig ausgearbeitete Programme

**7 Tage von Oberstdorf nach Meran\***  ab € 945,–
\* auch mit Gepäcktransport, in 10 Tagen oder als Familienreise buchbar
www.davsc.de/ **AQOBE**

**7 Tage von Meran nach Trento**  ab € 785,–
www.davsc.de/ **AQTRE**

**13 Tage von München nach Venedig**  ab € 2185,–
mit Gepäcktransport und Hotelübernachtung
www.davsc.de/ **AQVENKOM**

**7 Tage vom Brenner nach Meran**  ab € 1150,–
mit Gepäcktransport und Hotelübernachtung
www.davsc.de/ **AQMATREI**

**7 Tage vom Königssee zu den Drei Zinnen\*\***  ab € 940,–
\*\*auch mit Gepäcktransport buchbar
www.davsc.de/ **AQBGD**

**ÜBER 500 WANDER- UND TREKKINGREISEN WELTWEIT ZUR AUSWAHL.**

Informationen, Beratung und Katalogbestellung unter:

www.davsc.de |

DAV Summit Club GmbH
Bergsteigerschule des Deutschen Alpenvereins
Am Perlacher Forst 186
81545 München
Telefon +49 89 64240-194

Forsthaus Kalkhütte 116
Forst Neukoppel 88
Freiluftmuseum Kiekeberg 220
Fremdenverkehrsämter 23
Freudenthalweg 204, 212
Friedrichsruh 136, 138
FWW E1 78, 82, 88, 92, 136, 216, 226
FWW E6 78, 82
FWW E9 93
FWW Schlei-Eider-Elbe 30, 36, 37

### G
Gadebusch 104
Gasthaus Freibeuter 108
Gasthof Waldeslust 119
Gasthof Zum Kiekeberg 220
Geest 18
Geesthacht 140, 144
Gehzeit 11
Geologie 17
Gesundbrunnen 51
Gostorf 102
Gothmann 148
Grenzlandmuseum Grenzhus 114
Grevesmühlen 100
Gronenberg 88
Grönwohldshorst 87
Großensee 110
Großer Bullensee 231
Großer Eutiner See 78
Großer Plöner See 74
Großer Pönitzer See 90
Großer Segeberger See 66
Große Wildkoppel 82
Groß Grönau 98
Groß Sarau 96
Grünes Band 96
Gudow 129
Gudower Mühle 131
Gudower See 129
Gühlitz 167
Güster 129
Gut Garkau 88
Gut Gayen 53

Gut Hagener Mühle 259
Gut Haidehof 26
Gut Schnede 198
Gut Schnellenberg 192

### H
Haffkrug 88
Hahnheider Berg 119
Halstenbek 30
Hamberge 100
Hamfelde 119
Handeloh 216
Handwerksmuseum Horneburg 252
Hanstedt 208
Harburger Berge 220
Hardau 188
Hardausee 190
Harmsdorf 111
Harsefeld 256
Hartmannshof 228
Heber 212
Heide 19
Heide-Erlebniszentrum 201
Heidemuseum Dat ole Huus 200
Heidschnucken 20, 232
Heidschnuckenweg 212, 224
Heimatmuseum Hitzacker 156
Heimatmuseum Scheeßel 232
Hellbachbrücke 127
Herrenteich 70
Himmelmoor 44
Himmelswiese 111
Hitzacker 156, 162
Hof Grafel 231
Hof Hohenkamp 72
Hof Klostersee 85
Hof Möhr 212
Hogenmoor 32
Hoher Berg 185
Hollenstedt 236
Holmer Sandberge 26
Holm-Seppensen 204
Homfeld 47
Horneburg 252
Horstsee 259

Hösseringen 188
Hotel Alster Au 62
Hotel-Restaurant Müggenbusch 96
Hotel-Restaurant Seehof 108
Hotel-Restaurant Waldfrieden 152
Hügelgräber (Horneburg) 255
Hünengrab (Kleckerwald) 204

### I
Ilmenau 170, 176
Ilsmoor 250
Issendorf 255
Itzehoe 34
Itzenbüttel 204

### J
Jabel 168
Jagdschloss Uklei 80
Jahreszeit 23
Jakobsweg Via Scandinavia 170, 176
Jastorfer See 180

### K
Kakenstorf 236
Kalkberg (Bad Segeberg) 66
Kalkberghöhlen 66
Kalkberg (Lüneburg) 192
Karl-May-Spiele 66
Karlstein 224
Kasseedorf 82
Kellersee 78
Kiekeberg 220
Klecken 204
Kleinbahn-Museum Wohldorf 62
Klein Bünstorfer Heide 180
Klein Disnack 112
Kleiner Bullensee 231
Kleiner Pönitzer See 89
Kleine Waldschänke 29
Klein Kühren 156
Klein Rönnau 66
Klima 22
Klingberg 88
Kloster Cismar 85

# Noch mehr Wanderglück ...

**ROTHER** | WWW.ROTHER.DE

Klosterkirche Bordesholm 54
Klosterkirche Oldenstadt 183
Kloster Medingen 178
Kloster Rehna 105
Kloster Stade 256
Kloster Zarrentin 132
Kloster Zeven 242
Klövensteen 26, 30
Klüthseehof 66
Knicks 18
Kniepenberg 156
Kolonnenweg 148
Köpelberg 149
Kreuzkamper Seengebiet 92
Krückau 40
Krückau-Wanderweg 40
Krümmel 144
Kücknitz 92

## L
Landgasthof Brandt 126
Landhaus Absalonshorst 96
Landhaus Jägerhof 220
Landhaus Ohlstedt 62
Langenrehm 224
Lankau 122
Lankauer See 122
Lauenbrück 232
Lauenburg 144, 148
Lensterstrand 85
Literatur 13
Lödings Hofladen 111
Lübeck 96
Lübeln 166
Lüchow 166
Luhdorf 196
Luhe 196
Luhmühlen 196
Lüneburg 170, 192
Lütauer See 126
Lütjensee 108

## M
Margarethenschanze 55
Marsch 18
Mechow 114
Mechower Holz 114
Mechower See 114

Meeschensee 58
Mehde 242
Melkhus 264
Moisburg 236
Mölln 122, 126
Mühbrook 54
Mühlenmuseum 236
Mühlenteich 249
Museumsdorf Hösseringen 188
Museumszug Bergedorf–Geesthacht 140

## N
NABU-Informationshaus Duvenstedter Brook 63
Naturkundliches Museum Handeloh 216
Naturpark Aukrug 20, 46
Naturpark Elbhöhen-Wendland 21, 156
Naturpark Holsteinische Schweiz 20
Naturpark Lauenburgische Seen 20, 126, 129
Naturpark Lüneburger Heide 21, 208
Naturschutzgebiete 20
Neddersee 107
Nenndorf 224
Neu Benzin 106
Neu Darchau 156
Neugrabener Heide 223
Neuhof 34
Neukloster 247
Neuklosterforst 247
Neuwiedenthal 220
Niederkleveez 74
Nienhöfen 32
Nordpfade 228, 232, 242
NSG Besenhorster Sandberge 140
NSG Böhmetal 212
NSG Bollenberg 148
NSG Duvenstedter Brook 62
NSG Frankenmoor 260
NSG Hahnheide 119
NSG Hellbachtal 126
NSG Henstedter Moor 59
NSG Hohes Elbufer 144

NSG Kalkberg 195
NSG Santower See 100
NSG Sielbachtal 92
NSG Steinerne Rinne und Mechower Holz 116
NSG Wakenitz 97
NSG Wittmoor 61
NSG Wohldorfer Wald 62

## O
Oelixdorf 35
Offenau 37, 42
Ohlstedt 62
Ohrensen 260
Oldenstadt 180
Oldenstädter See 180
ÖPNV 23
Oste 242
Osterberg 156
Ostholstein-Museum 78

## P
Pahlhuus 132
Palmschleuse 148
Pansdorf 88
Pastor-Bode-Weg 201
Pietzmoor 212
Ploggensee 100
Plön 74
Pogeez 96
Pönitz am See 88
Pony-Waldschänke 30
Prinzeninsel (Plön) 74
Prisser 164

## Q
Quickborn 44

## R
Rachut 74
Radbruch 192
Rade 62
Radegast 104
Radenbach 200
Radwandern 12
Rantzauer See 40
Rateku 92
Ratzeburg 111, 114
Ratzeburger Dominsel 114
Ratzeburger See 96, 111, 114
Reetze 168
Regionalpark Rosengarten 21, 220, 224, 236

Rehna 104
Reinfeld 70
Renzel 44
Reppenstedt 192
Restaurant Fährhaus 74
Restaurant Heidehaus 46
Restaurant Hof & Gut 206
Restaurant Il Lago 108
Rhen 59
Ripdorf 180
Römnitz 115
Rotenburg (Wümme) 228
Rote Schleuse 170
Rothenhusen 96
Rundling 162
Rundlingsdörfer 166
Rüstjer Forst 252

**S**
Sachsenwald 136, 140
Salzhausen 196
Sandberge 152
Sängershöh 176
Santow 102
Sarnekower See 129
Satemin 166
Schaalmühle 134
Schaalsee 132
Schäferhof 212
Schaliß 132
Scheeßel 232
Schlagsdorf 114
Schloss Bleckede 152
Schlossgarten (Plön) 74
Schlossinsel (Barmstedt) 40
Schmalsee 126
Schmetterlingsgarten (Friedrichsruh) 136
Schneverdingen 212
Schönwalde 82

Schürsdorf 88
Schwartau 92
Schwentine 79
Seerau 167
Segeberger See 66
Seppenser Mühle 207
Sielbeck 78
Skulpturenpfad 175
Soltau 212
Stade 256
Stader Geest 256
Stadtscheide 221
Stellmacherei 224
Stipsdorf 69
Stoof Mudders Kroog 220
Stör 34
Suderburg 188
Süderbusch 264
Suerhop 219
Sülldorf 30

**T**
Tannrähm 188
Tempelberg 227
Tesperhude 144
Thunpadel 162
Tierwelt 19
Trave 66, 70
Trelde 236
Trittau 119

**U**
Uelzen 180
Uklei-Fährhaus 80
Ukleisee 78
Undeloh 200
Unterstedt 228

**V**
Varel 232
Vareler Heide 232
Via Jutlandica 35
Via Romea 256

Vier 148
Voßloch 37, 42

**W**
Wakenitz 96
Waldhotel Riesebusch 92
Waldhusener Forst 92
Waldhütten (Siedlung) 48
Wanderkarten 13
Wandervereine 15
Warnow 103
Wedel 26
Wedeler Au 26, 31
Wegmarkierungen 11
Wehlen 208
Wehlener Heide 208
Weinberg 156
Wenzel-Hablik-Museum 36
Wesel 208
Weseler Heide 209
Wichmannsburg 176
Wieren 184
Wierener Berge 184
Wietingsbek 114
Wildpark Schwarze Berge 220
Wilsede 200
Wilseder Berg 200
Wilstedt 61
Wingst 262
Winsen (Luhe) 196
Wintermoor 208
Wohldorf-Ohlstedt 62
Wulksfelder Schleuse 64
Wümme 232

**Z**
Zarrentin 132
Zeven 242
Zevener Geest 242
Zoo in der Wingst 262
Zur alten Ziegelei 124

Umschlagbild: Hamburg, Blankenese (Foto: Ralf Gantzhorn).

Bild im Innentitel: Das Dosenmoor bei Einfeld (Tour 9).

Bild auf den Seiten 24/25: Blick von der Seepromenade in Eutin zum Schloss (Tour 15).

Alle Fotos vom Autor, ausgenommen die Bilder auf den Seiten 20 (Tourismusverband Lüneburger Heide), 98 (Raphael Reischuk/Pixelio), 125 (Kurverwaltung Mölln) sowie 145 (Stadt Lauenburg).

Kartografie:
60 Wanderkärtchen im Maßstab 1:75.000 / 1:100.000
Geodaten © OpenStreetMap und Mitwirkende
Kartografisches Design: Freytag & Berndt, www.freytagberndt.cz
sowie 2 Übersichtskärtchen im Maßstab 1:1.000.000 und 1:2.000.000
© Freytag & Berndt, Wien

Die Ausarbeitung aller in diesem Führer beschriebenen Wanderungen erfolgte nach bestem Wissen und Gewissen des Autors. Die Benutzung dieses Führers geschieht auf eigenes Risiko. Soweit gesetzlich zulässig, wird eine Haftung für etwaige Unfälle und Schäden jeder Art aus keinem Rechtsgrund übernommen.

4., neu bearbeitete und erweiterte Auflage 2021
© Bergverlag Rother GmbH, München
ISBN 978-3-7633-4314-0

Wir freuen uns über jeden Korrekturhinweis zu diesem Wanderführer!
**Bitte per E-Mail an: leserzuschrift@rother.de**

**ROTHER BERGVERLAG** · Keltenring 17 · D-82041 Oberhaching
Tel. +49 89 608669-0 · www.rother.de